本书系国家社科基金教育学一般课题
"制造强国战略背景下普通高校本科课程体系创新研究"
（课题批准号：BIA106127）成果

制造强国战略
与高校课程体系创新

周海银 ◎ 著

中国社会科学出版社

图书在版编目（CIP）数据

制造强国战略与高校课程体系创新/周海银著.—北京：中国社会科学出版社，2022.12
ISBN 978-7-5227-1149-2

Ⅰ.①制… Ⅱ.①周… Ⅲ.①高等学校—课程体系—研究—中国 Ⅳ.①G642.3

中国版本图书馆 CIP 数据核字（2022）第 238501 号

出 版 人	赵剑英
责任编辑	张　林
责任校对	冯英爽
责任印制	戴　宽

出　　版	中国社会科学出版社
社　　址	北京鼓楼西大街甲 158 号
邮　　编	100720
网　　址	http://www.csspw.cn
发 行 部	010-84083685
门 市 部	010-84029450
经　　销	新华书店及其他书店
印　　刷	北京明恒达印务有限公司
装　　订	廊坊市广阳区广增装订厂
版　　次	2022 年 12 月第 1 版
印　　次	2022 年 12 月第 1 次印刷
开　　本	710×1000　1/16
印　　张	20
插　　页	2
字　　数	319 千字
定　　价	108.00 元

凡购买中国社会科学出版社图书，如有质量问题请与本社营销中心联系调换
电话：010-84083683
版权所有　侵权必究

目 录

绪 论 …………………………………………………………（1）
 第一节　研究背景与缘由 ………………………………………（1）
 第二节　研究意义 ………………………………………………（5）
 第三节　研究设计 ………………………………………………（8）

第一章　普通高校本科课程体系研究的学术史考察 …………（13）
 第一节　我国普通高校本科课程体系研究的现状考察 ………（13）
 第二节　国外高校本科课程体系研究现状检视 ………………（20）
 第三节　我国普通高校本科课程体系研究存在的问题 ………（26）

第二章　制造强国战略下普通高校本科课程体系
    创新的理论阐释 ………………………………………（29）
 第一节　普通高校本科课程体系与制造强国战略需求 ………（30）
 第二节　制造强国战略背景下普通高校本科课程体系的内涵 ……（35）
 第三节　普通高校本科课程体系建设的维度 …………………（45）

第三章　我国普通高校本科课程体系发展的历程 ……………（50）
 第一节　中华人民共和国成立至"文化大革命"结束：
    高校本科课程体系的曲折探索 …………………………（50）
 第二节　改革开放至党的十九大前：高校本科课程
    体系的创立与深化 ………………………………………（58）
 第三节　党的十九大以来：高校本科课程体系
    多元发展与重建 …………………………………………（73）

第四章　普通高校本科课程体系满意度调查 ………………… （80）
第一节　普通高校课程满意度的理论阐释与指标体系的确立 ……（81）
第二节　普通高校课程满意度量表（UCSS）的编制 ……………（87）
第三节　普通高校课程满意度的现状调查 ………………………（102）

第五章　普通高校本科课程体系与毕业生职业能力 …………（107）
第一节　课程体系与职业能力 ……………………………………（107）
第二节　课程体系对大学毕业生职业能力影响的模型建构 ……（113）
第三节　课程体系对大学毕业生职业能力的影响 ………………（126）

第六章　普通高校本科课程体系与先进制造业人才需求 ……（149）
第一节　课程体系创新与先进制造业人才需求 …………………（149）
第二节　研究方法与数据来源 ……………………………………（154）
第三节　研究结果与分析 …………………………………………（162）

第七章　西方发达国家普通高校本科课程体系的特点及启示 …（175）
第一节　美国普通高校本科课程体系 ……………………………（175）
第二节　英国普通高校本科课程体系 ……………………………（188）
第三节　德国普通高校本科课程体系 ……………………………（200）
第四节　日本普通高校本科课程体系 ……………………………（212）
第五节　法国普通高校本科课程体系 ……………………………（222）
第六节　西方发达国家本科课程体系创新启示 …………………（234）

第八章　制造强国战略下普通高校本科课程体系研究结论与反思 ……………………………………………（238）
第一节　研究结论与讨论 …………………………………………（238）
第二节　制造强国战略背景下普通高校本科课程体系建设反思 …………………………………………………（246）

第九章 制造强国战略背景下普通高校本科课程体系建构 …… (253)
第一节 制造强国战略背景下普通高校本科课程体系建设的逻辑向度 …… (253)
第二节 制造强国战略背景下普通高校本科课程体系建设的教育自觉 …… (265)
第三节 制造强国战略背景下普通高校本科课程体系的创新路径 …… (273)

附 录 …… (285)
附录一 高校本科课程体系对大学毕业生职业能力影响的调查问卷（毕业生） …… (285)
附录二 大学生课程满意度调查问卷（大学毕业生问卷） …… (292)
附录三 用人单位对毕业生职业能力评价访谈提纲（主要负责人） …… (297)
附录四 高校本科课程体系对大学毕业生职业能力影响访谈提纲（每单位的10个毕业生） …… (300)
附录五 用人单位人力资源部门访谈提纲 …… (302)
附录六 用人单位各部门主管访谈提纲 …… (303)

参考文献 …… (304)

绪　　论

德国"工业4.0"、美国"先进制造业国家战略计划"、英国"高价值制造业战略"、日本"产业复兴计划"、法国"新工业战略"、"中国制造2025"的实施，拉开了大国经济、科技、教育等领域的深刻变革和新一轮综合国力竞争的序幕，对高等教育提出了前所未有的颠覆性变革需求。我国普通高校如何培养与制造强国战略相适应的人才，成为当前高等教育创新发展的重大战略选择。要真正解决培养什么人的问题，又必须依托于科学的大学课程体系。当前面对一个人终生学习也难以学完的浩瀚知识，更需要体系化、结构化的课程体系才能培养学生把握全局的意识与处理重大问题时的宏大视野和正确的综合判断力。我国高等教育课程体系研究较为薄弱，即使近年来从国家政策和大学课程实践上非常关注课程与教学，但仍缺乏对课程体系顶层设计的科学化探讨和有针对性的改进策略。在制造强国战略背景下亟须普通高校本科课程体系的创新研究，以承载这一时代责任，保证大学课程与制造强国战略之间的良性互动。

第一节　研究背景与缘由

一　时代的呼唤："中国制造2025"对高等教育的要求

综观前三次工业革命不难发现，其核心主要解决的是人类的动力、工具问题：第一次科技革命解决的是生产的动力问题，以工人与技师的工具改革为载体，以蒸汽机发明与创制为标志，解决了当时的动力问题，实现了生产的机器化；第二次科技革命解决的是生产的机器化与自动化的动力问题，是以通信工具的创制为主要内容，仍以动力的更新为目的，为工业发展提供了更便捷的动力；第三次科技革命以信息技术、原子能应用、航天技术、分子合成技术与生物工程为主要内容，动力的更新仍然是核心内容，进一步解决了人类的动力问题。对人才培养的要求是发展适应低、中端经济发展的人，因此学会模仿成为主流人才标准。而第四次工业革命的实质是实现信息化与自动化技术的智能合成。在这一过程中，需要的是适应中、高端经济发展的人，人才成为第一资源，同时，创新是经济结构调整的原动力，然而恰恰在这些方面，我国与世界上的先进国家还存在较大差距。

在此背景下，中国制造业面临着前所未有的挑战，即受到高端制造业向发达国家回流和制造业向低成本国家转移的双重挤压。"中国制造2025"的提出，是适应世界经济发展趋势和中国制造业发展要求的战略选择，是推动中国制造业转型升级的良方。中国能否由工业大国走向工业强国，如何在全球化背景下成为工业强国，这是关系到中华民族伟大复兴的问题。实现"中国制造2025"的宏伟目标是一个复杂的系统工程，但最重要的是创新型人才的培养。可以说，"德国制造"屹立不倒之谜在于其拥有受过良好教育的技术力量；"美国制造"的复苏在于拥有训练有素的产业工人；"中国制造2025"之困则在于既缺少高端技术创新者又缺少训练有素的一线产业工人，制造业人才技术水平已影响了企业的产品质量、转型升级和技术创新。因此，"中国制造2025"最大的问题仍然是人力资本问题。国务院办公厅2015年5月13日印发的《关于深化高等学校创新创业教育改革的实施意见》明确提出深化高等学校创新创业教育改革。作为社会组织存在的高校，到底该如何肩负起相应的社会责任和使命，发挥其对产业经济的"引擎"作用？当前高等教育课程到底要做出怎样的改变？随着国家之间综合国力竞争加剧，高等教育成为各国争夺竞争优势的着力点，课程体系创新作为高等教育强国的核心，如何适应时代需求、服务国家创新发展战略，是亟待解决的重大问题。因此，高校作为实施"中国制造2025"战略的重要力量以及建设一流大学和一流学科的主要力量，必须履行好推进制造强国战略的历史使命，加速推进课程体系创新。本书正是基于这一背景而提出的。

二 课程的变革：国外大学课程改革的启示

随着高等教育进入后大众化发展阶段，高等教育质量成为世界关注的热点，人才培养的质量是衡量高校办学水平的关键指标，而课程作为人才培养的主要载体，是决定一所大学办学质量的重要指标。"好的大学，就是能够提供更多更好课程的大学；好的教授，也就是能够提供更高质量课程的教授。"① 国外著名大学的校长均非常重视课程改革，并将课程建设作为学校发展的重点。如美国哈佛大学从1872年至1975年，先后有几代校长亲自推动课程改革，并以学生的发展作为评价课程好坏的重要标准，由此创立了哈佛大学的特色。纵观美国三百多年高等教育的发展史，其实就是一部课程改革史。课程改革使美国高等教育始终保持良性的运行状态，通过大学课程改革，实现了大学与社会发展的连接。世界上的其他发达国家也同美国一样，随着时代和社会的发展，不断推进高校的课程改革，培育出更多的优秀人才。因此，我国高校应立足我国发展实际，借鉴发达国家先进经验，构建科学的课程体系，充分发挥人才摇篮的作用。

三 现实的省察：基于当今普通高校本科课程反思

（一）高校本科课程建设深陷困境与危机

受传统课程观念和教育惯性的影响，我国高校课程实体化、同质化严重，深陷发展的困境与危机之中：课程定位不能精准指向社会需求、课程建设难以学生为本、课程内容不能迅速反映新知识和新科技创新成果、课程设置不能培养学生的跨学科能力、课程价值观迷失等。这种危机对高等教育发展产生了巨大冲击，并受到社会广泛关注。当下，高等教育课程体系建设处于新的十字路口，亟须确立新的发展思维和路向。

（二）基于高校毕业生课程学习的调查

学生课程学习满意度是衡量高校教育质量的重要标准。2015年笔者曾对山东省9所普通本科院校，包括青岛科技大学、临沂大学、聊城大学、山东理工大学、青岛大学、山东建筑大学、曲阜师范大学以及山东

---

① 张楚廷：《高等教育哲学》，湖南教育出版社2004年版，第298页。

农业大学等在内的9所大学的9057名在校生进行调查，了解在校大学生课程学习及课程满意度状况。抽取其中32个试题进行分析（满意度程度记分从高到低依次为5分、4分、3分、2分、1分），结果如表1、图1所示，在校大学生的整体课程满意度较低。从表1和图1可知，在校生的课程满意度最高得分仅为3.889，属于一般；最低得分为1.507，接近"非常不满意"。所以，在校生对课程学习的总体满意度较低。学生课程满意度测评的调查结果也为本书的开展指明了一定的方向。

表0-1　　　　　　在校大学生课程满意度调查

维度	题号	满意度平均数
课程目标	1	3.636
	2	3.516
	3	3.596
	4	3.222
	5	3.635
	6	3.256
	7	3.302
	8	3.229
	9	3.167
	10	3.244
	11	3.889
课程内容	12	3.737
	13	3.560
	14	3.334
	15	3.354
课程实施	16	3.830
	17	3.757
课程资源	18	3.875
	19	3.764
	20	3.387
	21	3.520

续表

维度	题号	满意度平均数
课程评价	22	3.698
	23	3.653
	24	3.232
	25	1.605
	26	3.778
	27	1.507
	28	3.639
	29	3.531
	30	3.398
	31	3.621
	32	3.661

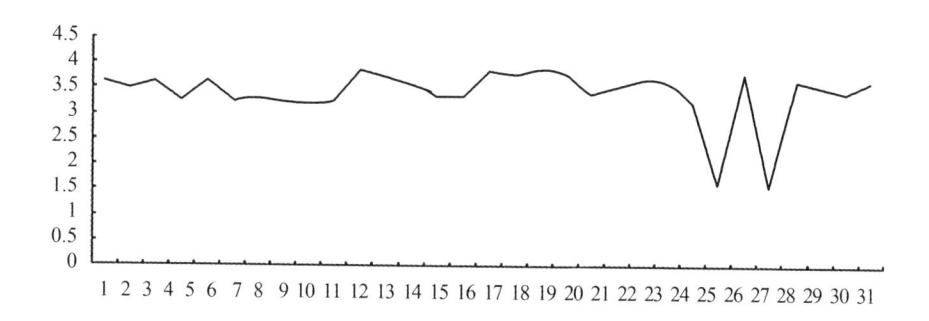

图 0-1 在校大学生课程学习满意度

第二节 研究意义

本书力图通过基于证据的研究，探讨人才培养与社会需求的互动关系，大学生课程满意度、本科课程体系与毕业生职业适应性、职业能力之间的关系，以及先进制造业人才需求现状，为高等教育人才培养和本科课程体系改革提供参考。

一 理论意义

(一) 丰富高等教育强国的理论研究

时代和社会需求视域下,普通高校本科课程体系建构的过程实际上是重新审视高校组织的性质以及高校与社会关系的过程。从高等教育强国角度看,高校如何构建与社会之间的关系、如何认定自身的性质,并因时因势调整自身定位,是各国高等教育面临的共同困惑。面对制造强国战略的新形势,中国高校应做什么选择,课程建设应往哪里走,着力点、创新点、突破点应放在哪里,是亟待解答的重大理论问题。

(二) 为高校课程改革提供实证依据

目前,我国本科课程体系建设的理论研究较为薄弱,更缺乏基于高校、企业等用人单位的实证研究。至今没有开发出具有全国效力的满意度测评量表,缺乏先进制造业企业转型升级对毕业生的需求、高校课程对毕业生职业能力的影响等方面的实证研究。本书致力于弥补这些空白,为高校课程改革和大学生职业能力的可持续发展提供数据参考,为提升高等学校竞争力和优化服务结构发挥重要的作用,从而为政府在对全国高等教育质量进行动态监控方面提供"基于事实"依据。

(三) 拓展高校本科课程建设理论研究

首先,本书从制造强国战略视角出发,对普通高校本科课程体系进行全面的梳理、分析,探寻普通高校本科课程体系存在的问题,揭示普通高校本科课程体系变革与社会需求之间的互动机理,探讨普通高校本科课程体系创新的路径,为高校本科课程建设提供新的思路与视角。其次,拓展高等教育创新的理论视野,形成新的视角。加深对高等教育认识论和政治哲学之间关系的认识,进一步丰富我国高等教育创新的内涵和理论方法,推动中国特色社会主义大学办学理念与时俱进,填补高校本科课程建设理论的一些空白。

二 实践意义

本书立足新的时代背景,坚持问题导向,从大学内部课程体系对国家战略需求、社会需求的认知入手,深入分析普通高校本科课程体系变革对制造强国战略的回应,探讨普通高校本科课程体系的建构目标、机理和机制，为高等教育实现跨越式发展，为建设创新型国家、保障服务制造强国战略提供有力支撑。

（一）促进高等教育课程改革

普通高校是人才培养的摇篮，本科课程体系直接关系创新型人才培养，支撑保障我国经济社会发展，是构筑制造强国的原动力。受传统课程观念和教育惯性的影响，我国高校课程价值观迷失、课程目标定位不精准、课程建设难以学生为本、课程内容陈旧等问题阻滞着高等教育的良性发展，这引起社会各界的广泛关注。当下是"十四五"时期的开局之年，我国高等教育步入普及化阶段，加强课程改革与治理、实现高质量课程育人已成为一个迫在眉睫的现实课题。在制造强国战略背景下，加强普通高校本科课程体系研究，能为我国高等教育课程改革提供决策参考。

（二）促进高等教育强国战略的实现

普通高校本科课程体系创新的研究，是高等教育强国最核心的内容和途径。创新型课程体系的构建应立足大学生能力培养和长远发展，以国家战略需求、社会需求、学生职业需求为导引，以问题为导向，以学生发展为标尺，坚持服务需求，加强顶层设计，实现重点突破。对制造强国战略视野下普通高校本科课程体系的目标、路径、机制的探讨，能够引起学生、社会的认同，并为国家推行高等教育强国战略提供可参考性方案。本书立足国际、国内发展两个大局，与高校、企业、教育行政部门、社会人士进行多方互动，综合比较各种选项和观点，提出普通高校本科课程体系创新的标准、路径和评价指标体系，为解决当前存在的深层次问题提供决策和行动参考。

（三）丰富高校教育实践工作者的认识

当前，一些高校教师未能扎根大学教育的真实情境场域，凭借自身的学习经历和从教经验，盲目而随意开设课程，致使学生所学与专业教育课程目标相脱离。本书致力于帮助普通高校的教育管理者和课程建设者有效认识此类教育的规律和特点，帮助高校教师厘清课程建设的问题，提高其对大学课程的本质认识，找到课程设计、实施和评价工作中与学生发展不相适应的地方及其影响因素，进一步拓宽本科课程建设的思路。同时，对普通高校教育的发展走向与本科课程体系的构建提供一些参考，进而实现高质量课程培育高素质综合型人才的目的。

第三节 研究设计

一 研究目标

通过本书的研究，意欲探求和解决如下几个问题。

1. 勾勒、分析、揭示普通高校本科课程体系变革与社会需求之间的互动机理，确定我国创新型普通高校本科课程体系的内涵、特征与标准。

2. 探讨当前普通高校本科课程体系建设过程中存在的问题及其影响因素，创新与完善普通高校本科课程体系建设的发展路径。

3. 为高校本科课程建设提供新的思路与视角，拓展高等教育创新的理论视野。

二 研究的思路与总体框架

（一）研究思路

首先，以普通高校本科课程体系创新为核心，分析制造强国战略需求与高校本科课程体系之间的内在联系；其次，根据国家战略需求、社会发展需求、学生成长成才需求以及学科体系内在逻辑，通过两个大型调查，分析普通高校本科课程体系不适应国家战略需求、社会需求和学生发展需求的深层次问题，从而探讨课程体系创新的标准，这是本书的基础性工作，也是本书研究的一个重要内容。同时尝试建立本科课程体系创新的影响因素模型，确立本科课程体系创新的科学性、实效性评价指标体系；再次，深入开展调查研究，梳理分析普通高校本科课程体系建设方面存在的问题；最后，综合考虑各种要素，研究课程体系创新的总体思路和基本架构，并着眼实践，提出课程体系创新的路径与制度保障。

（二）研究总体框架

本书主要围绕以下问题展开研究：制造强国战略与普通高校本科课程体系的互动机理、内涵与特征是什么？当前普通高校本科课程体系有哪些不适切的问题？西方发达国家的课程运作模式是怎样的？制造强国战略背景下普通高校本科课程体系创新的标准、架构与机制如何？应建立怎样的制度保障？

1. 制造强国战略背景下普通高校本科课程体系的内涵和特征。通过分析制造强国战略对高等教育和高校课程体系的要求，探讨普通高校本科课程体系变革与国家战略需求、社会需求之间的互动机理，进而揭示创新型普通高校本科课程体系的内涵与特征。

2. 普通高校本科课程体系存在的问题研究。主要通过两个大型调查和对发达国家的比较研究，探讨制造强国战略背景下普通高校本科课程体系存在的问题，在此基础上提出我国普通高校课程体系创新的标准。

（1）普通高校课程满意度的调查研究。选择京鲁地区的几所有代表性的普通高校，对其在校大学生与大学毕业生进行课程满意度调查研究。

（2）制造业企业等用人单位对已就业大学生人才需求和工作适应性评价的调查研究。首先，选择中关村和山东省典型的创新企业和制造业企业进行深入的田野调查、座谈交流，了解制造业企业等用人单位对已就业大学生人才需求和工作适应性评价。其次，召开部分高校教师、企业家、高教司（处）行政人员小型座谈会，深入探讨症结性问题，广泛听取意见建议，汲取已有实践成果；基于此实证调查，分析普通高校本科课程建设在适应国家创新发展、培养创新人才、培育创新文化等方面存在的深层次问题。

（3）发达国家高校本科课程体系创新的比较研究。选取有代表性的国家，如美、英、德、法、日，通过对这些国家高校课程体系创新的比较研究，梳理其共性特征，以对我国普通高校本科课程体系创新与改革提供反思与借鉴。

（4）普通高校本科课程体系创新的标准研究。在以上两个大型调查和对发达国家比较研究的基础上，提出我国普通高校本科课程体系建构的实践路径。

3. 普通高校本科课程体系框架构想

（1）普通高校本科课程体系创新的总体思路：立足大学生能力培养和长远发展，以国家战略需求、社会需求、学生职业需求为导引，以问题为导向，以学生满意为标尺，坚持服务需求、加强顶层设计、系统推进改革、突出突破重点，建立科学的课程体系。

(2) 普通高校本科课程体系创新的框架

一是立足培养目标，凝练课程体系，建立真正对学生发展有益的核心课程框架；二是立足方法论视野，围绕学生科学能力训练、分析解决问题能力，设计科学史、哲学史类课程；三是立足国际视野，设计国际化课程模块；四是立足专业意识，渗透就业能力，加强实践课程；五是增加跨学科课程，树立跨学科理念，培养跨学科复合型教师，加大课程研究投入，跨院、跨校、跨界统筹课程资源，建立开放性、科学性课程设置准入机制，将最新科技纳入课程内容，拓宽学生知识视野，使学生得到多角度思维方式的训练。

(3) 普通高校本科课程体系建构机制

一是建立跨学科创新创业人才培养新机制；二是建立不断吸纳、及时提供最新科技成果和创新知识的课程管理体系；三是建立培育创新文化、引领整个社会形成创新氛围的开放课程机制。

4. 普通高校本科课程体系建构的制度保障

借鉴美、德、日等发达国家成熟的高校创新政策体系，探索我国高校本科课程体系创新的政策和制度，包括：建立符合国际发展趋势、有中国特色的课程管理制度，完善以学生发展为本的课程评价体系，创立提升教师课程实施能力的教学学术制度，完善教研结合、研教转化的激励机制，建立卓越教师培育和课程创新表彰制度，确立以课程体系创新为重点的全国高校本科教学评估制度。

三　研究方法

以制造强国战略背景下普通高校本科课程体系创新为研究对象，从制造强国战略人才需求和创新文化培育入手，综合运用教育学、社会学、系统工程等学科的理论与研究方法，对创新型普通高校本科课程体系的目标、特征、标准、路径、制度保障等进行系统研究，试图构建普通高校本科课程体系建设的全景图。本书主要采用的研究方法如下。

(一) 文献研究法

文献研究法是指搜集、鉴别、整理文献，并通过对文献的研究形成对事实的科学认识的方法。本书通过中国知网、读秀、微信读书等中文数据库及 *Science Direct* 等英文数据库搜集相关文献，获取了解已有的研究情况，从中发现研究的局限和尚未开发的研究领域。通过百度、Google，各部委、厅局官网等搜索引擎收集统计数据、政策法规、招聘信息等资料，并对收集的资料进行整理、编码、内容分析等。

（二）问卷调查法

问卷法是研究者用控制式的测量对所研究的问题进行度量，从而搜集到可靠资料的一种方法。本书在文本分析的基础上，结合开放式问卷的调查结果，编制了信度和效度较高的调查问卷，即"大学生课程满意度问卷"和"普通高校本科课程体系对大学毕业生职业能力影响的问卷"。采用邮寄、问卷星、到用人单位集体分发等多种方式发送问卷，由调查对象按照表格所问来填写答案。

1. 普通高校课程满意度测量工具"UCSS 量表"的创制。运用经典测量理论（CTT）、探索性因素分析（EFA）和验证性因素分析（CFA）等方法，创建普通高校课程满意度测量工具"UCSS 量表"。运用该工具，对包括大学毕业三年以内的学生分区域进行调查，以了解大学毕业生对高校课程学习的满意度状况。

2. 利用普通高校本科课程体系对大学毕业生职业能力影响的调查问卷，以大学毕业五年以内的毕业生为对象，请他们结合自身情况填写"普通高校本科课程体系对毕业生职业能力影响"的调查问卷，通过数据分析试图找寻高校课程体系与职业能力之间的内在联系，为普通高校课程体系改革提供实证依据。

（三）访谈法

访谈法是通过课题组成员对受访人进行面对面的交谈，了解受访人的相关状况的基本研究方法。为保证数据的真实性，本书设计了高校本科课程体系对大学毕业生职业能力影响的访谈提纲、用人单位对毕业生职业能力评价访谈提纲（主要负责人）、用人单位各部门主管对毕业生工作适应性和职业能力访谈提纲以及用人单位人力资源部负责人对毕业生工作适应性和职业能力访谈提纲。同时，在每个调查企业随机抽查 10 名毕业生进行实名制的问卷调查、访谈，并索要他们的大学课程及成绩单，对其工作适应性、职业能力以及大学课程与职业能力的关系进行全方位调查。此外，还对这些毕业生的分管领导和其所在人力资源部门的管理者进行面对面访谈。所收集的资料数据尽量做到客观、全面而系统，以此定量分析普通高校本科课程体系的职业适应性现状，进而透视普通高校本科课程体系的突出问题。

（四）内容分析法

内容分析法是对传播内容所含信息量及其变化的分析，是由表征的、有意义的词句推断出研究内容的过程。[1] 这个过程是把媒介上有交流价值的信息或文字符号转化为定量的数据，通过建立一定的类目分解交流内容，并以此来分析信息的某些特征。[2] 招聘信息是用人单位筛选潜在应聘者的手段，本书借助网络大数据收集《中国制造2025》中涉及的十大先进制造业的招聘信息，剔除无关、无效信息后，对收集到的资料进行整理、编码和内容分析等，据此考察先进制造业人才需求与大学培养之间的关联，为本书的开展提供充分的依据。

（五）统计分析法

运用SPSS、Nvivo、Amos等软件对调研资料的数据进行统计分析，揭示相关数据的统计特征。主要包括：样本基本情况的统计分析、问卷的信效度分析、各研究变量的描述统计分析、各维度变量之间的相关性分析以及在人口学特征上的差异性分析等，在此基础上得出研究结论，并以此为依据提出我国普通高校本科课程体系建构的发展趋向和改进策略。

---

[1] 董艳：《教育研究的方法与工具》，清华大学出版社2014年版，第91页。
[2] 王伟军、蔡国沛：《信息分析方法与应用》，清华大学出版社2010年版，第172页。

第一章

普通高校本科课程体系
研究的学术史考察

课程体系是高等学校人才培养的主要载体，是高校与社会联系的中介。课程体系的构建问题也是大学教育的核心问题，它关乎人才培养质量与规格，在很大程度上决定了受教育者的知识结构、能力结构和素质结构。因此课程体系研究成为当前高等教育学术界的一个高频词，很多研究者从不同的学科视角出发，对课程体系进行研究，取得了一些有价值的成果。本章通过对国内外相关研究学术史的梳理，以期为实现高等教育强国提供思考和借鉴。

第一节 我国普通高校本科课程体系
研究的现状考察

中华人民共和国成立以来，我国普通高校本科课程体系研究经历了模仿、探索、发展、创新，力图形成具有本土特色的课程体系，目前正在探索高质量的课程体系。

一 高度专业化的课程体系研究

中华人民共和国成立之初，我国高等教育主要是通过学习和改造苏联教育模式来建立社会主义高等教育体系。[1] 苏联模式以凯洛夫教育学为

---

[1] 陈兴明、郑政捷、陈孟威：《新中国 70 年高校本科课程体系的嬗变》，《中国大学教学》2020 年第 1 期。

理论基础，将课程置于教学的下位概念，用教学研究代替课程研究。在人才培养上以专门人才为目标，修订了241种教学计划，几乎涵盖了全国各类大学的所有专业。① 该模式基本上满足了中华人民共和国成立初期国家对人才的需求，建立了有计划培养适应社会主义建设需要专门人才的课程体系。课程体系采用"专业基础课+专业课"模式，即学界俗称的"两层楼模式"，专业类课程占据课程结构的绝对地位。但是由于高等院校调整违反了教育规律，因此造成了严重的不良后果，甚至是长远的，比如，把多学科的综合大学拆散，设立了许多单科独立学院，导致理工分家；撤销了私立大学和教会大学，否定了由它们创立的独立、自由、民主的大学精神，形成了集权制的教育体制，公办大学一统天下；废除了通识教育，代之以苏式的专业化教育，导致专业越分越细，学生的知识面越来越窄。②

二　以专业课程为主导的课程体系研究

1988年4月，国家教委高教司下发了《关于加强普通高等学校本科教育的工作意见》，强调高等教育要"为未来高级专门人才的成长打下必要的宽基础"，尤其是在1992年中共十四大我国社会主义市场经济体制确立后，高校课程体系的研究重心开始转变为如何满足社会主义市场经济的需要。以往过窄的专业人才培养已不能满足社会对人才多样化与灵活性的要求，高校应重新确定人才培养理念，拓宽课程基础，增强人才的适应性，培养学生的全面素质，使人才培养模式与社会主义市场经济相协调。有研究者提出建立多层次课程体系，课程结构为专业课、基础课，且专业类课程占据主要地位。③ 这满足了当时经济发展对人才的需要，起到了一定的积极作用。1994年，国家教委制定并实施"高等教育面向21世纪教学内容和课程体系改革计划"，推动对高校本科课程体系的研究。从1996年开始，研究热度一直呈上升趋势，研究领域越来越广，

---

① 田正平主编：《中外教育交流史》，广东教育出版社2004年版，第880页。
② 刘道玉：《论高校本科课程体系的改革》，《高教探索》2009年第1期。
③ 伊协远、马晖扬、庄礼贤：《流体力学多层次课程体系建设与教学改革》，《教育与现代化》1990年第2期。

视角越来越多。1998年召开了第一次全国普通高等学校教学工作会议，拉开了新时期提高本科教育质量的大幕，为改善本科教学质量提供了新的视角，注入了新的内容。高校本科课程体系的"三层楼"模式开始形成：公共基础课程+专业基础课程（技术基础课程）+专业课程。我国学者们不懈努力、勇于创新与实践，提出了诸多新的思路和观点（见表1-1），并开始尝试将设想付诸实践。与过去相比，此阶段采用的"三层楼"模式增加了公共基础课，主要包括思想政治、英语、计算机、军事体育等课程。这一时期的高校本科课程体系是对改革开放初期专业化课程弊端的反思，引进并改造了美国的通识教育课程模式，形成了"三层楼"课程体系，仍具有较明显的专业化特点。刘道玉将这一阶段的改革描述为"添枝加叶式的改良，没有触及课程体系的本源"。[①]

表1-1　　20世纪90年代我国学者对课程体系的构想概览

学者	发表年份	文章名称	对课程体系的构想
李正中等	1995	《更新课程体系 优化科技信息专门人才的培养模式》	基础课+专业基础课+专业课
黄忠益	1996	《高师本科教育类专业"211课程体系"初探》	基础课程+专业必修课程+专业选修课程
刘芳	1998	《新形势下如何改革教学内容和课程体系》	公共课+基础与技术基础课+专业课
李树屏等	1998	《香港高等体育教育课程体系简析》	公共必修课+专业必修课+专业选修课+任意选修课
吴慧敏、姜红	1998	《试论建构文化素质类课程体系的三个要素》	公共基础课+学科基础课+专业课+文化素质类
刘芳、张龙	1998	《新形势下如何改革教学内容与课程体系》	公共课+基础与技术课+专业课

三　通识教育与专业教育相结合的课程体系研究

20世纪90年代以来，高校培养的人才难以适应社会的飞速发展，通

---

① 刘道玉：《论高校本科课程体系的改革》，《高教探索》2009年第1期。

专之争也逐渐显现出来，通识教育课程开始进入人们的视野，李曼丽和汪永铨（1999）率先开始研究大学通识教育课程。后来陈向明（2006）、杨叔子和余东升（2007）也对通识教育进行研究。此后，《哈佛通识教育红皮书》《失去灵魂的卓越》《回归大学之道》等著作在中国被翻译出版，被学界逐渐接受，哈佛大学、哥伦比亚大学、芝加哥大学等西方大学的通识教育课程开始被关注和研究。

21世纪初，通识教育课程真正成为我国普通高校课程体系的重要组成部分。乐毅、汪霞等学者通过对九所高校（九校联盟）2010—2012年本科教育培养方案、本科教学质量报告、学校管理等进行系统研究，发现九所高校的本科课程结构均包含全校性课程（国家课程/通识课程）、大类/基础课程和专业课程（见表1-2）。

表1-2　　　　　　　　　九校联盟本科课程结构[①]

学校名称	本科课程结构
清华大学	公共基础课+文化素质基础课+数学和自然科学基础课程+专业相关课程+实践环节+综合论文训练
北京大学	全校课程+大类课程+院系课程+专业课程
复旦大学	通识教育课程+文理基础课程+专业课程+任选课
上海交通大学	通识教育课程+专业教育课程+专业实践类课程+个性化教育课程
西安交通大学	通识课程+学科课程+集中实践
浙江大学	通识课程+大类课程+专业课程+个性课程+第二课堂
中国科学技术大学	通修课+学科群基础课+专业课+毕业论文
哈尔滨工业大学	公共课+自然课程基础课+技术科学基础课+专业必修课+专业选修课+全校性选修课

注：表格所列大学依据教育部"985"工程一期名单中的顺序排列。

尽管课程名称表述有所不同，但各高校课程结构相似性较高，均重视通识课程以及大类/基础课程的设置。由于各大高校存在差异，在具体课程的设置上存有差异性，通识教育课程结构也不尽相同（见表1-3）。

---

① 乐毅、王霞：《试论本世纪以来"九校联盟"本科课程设置改革的现状与问题》，《现代大学教育》2014年第1期。

这表明开始形成具有中国本土特色的高校课程体系。

表1-3 九校联盟通识教育课程结构①

学校名称	通识类课程名称	各校通识类课程具体构成
清华大学	通识教育课程	思想政治理论、体育、中文、英语、数学、通识教育核心课程（文化素质教育核心课程）、新生研讨课
北京大学	文化素质通选课	共含6个领域，即A. 数学与自然科学；B. 社会科学；C. 哲学与心理学；D. 历史学；E. 语言学、文学、艺术与美学；F. 社会可持续发展
南京大学	通识通修课程	通识教育课、思想政治理论课、军事技能课、分层次通修课
复旦大学	通识教育课程	通识教育核心课程（六大模块）、通识教育专项课程、通识教育选修课程、暑期国际课程
上海交通大学	通识教育课程	公共课程类、人文学科、社会学科、自然科学与工程技术、数学与逻辑学、通识教育实践
西安交通大学	通识课程	思想政治教育与国防教育、体育、英语、计算机技术基础、基础通识类核心课程
浙江大学	通识课程	思政类＋军体类＋外语类＋计算机类＋导论类＋其他通识课程
中国科技大学	通修课	军事理论、人文科学素养、英语类、数学类、物理类、政治类、体育类、计算机类、生物类
哈尔滨工业大学	通识教育核心课	哈尔滨工业大学《2010年本科教学质量报告》提出的课程结构，但没有具体课程名称

四 选修课程和实践课程研究

随着高校课程体系改革的不断深入，选修课程在高校课程体系中的地位也越来越凸显。必修课程的设置保证了人才培养的基本规格和质量；选修课程拓宽了学生的知识面；开阔学生视野、发展学生的个性和促进人才培养的多元化，能及时将最新学科动态、新成果及新问题反映到教

---

① 乐毅、王霞：《试论本世纪以来"九校联盟"本科课程设置改革的现状与问题》，《现代大学教育》2014年第1期。

学中来。有学者进一步将九所高校的三类必修课程学分及其在课程中的比例进行了整理和分析,见表1-4,其表明,选修课程占有一定地位,但必修课程仍是课程学分构成的主力军。

表1-4　　　　　　　九校联盟本科必修课程学分配比[①]

学校名称	全校性课程必修课（占全校性课程学分%）	大类/基础课程必修课（占大类/基础课程学分%）	专业课程必修课（占专业课程学分%）
清华大学	24学分（61.54%）	25学分（75.76%）	57学分（83.82%）
北京大学	33学分（73.33%）	19学分（37.86%）	45学分（68.18%）
南京大学	48学分（均为必修课）	16学分（均为必修课）	40学分（57.14%）
复旦大学	约42学分（87.12%）	约22学分（75.60%）	约55学分（77.97%）
上海交通大学	27学分（56.25%）	77.5学分（均为必修课）	24学分（57.14%）
西安交通大学	26学分（72.22%）	45.5学分（均为必修课）	60.5学分（90%）
浙江大学	31学分（58.49%）	28.5学分（约74.03%）	36.5学分（61.34%）
中国科学技术大学	69学分（均为必修课）	51学分（均为必修课）	19学分（均为必修课）
哈尔滨工业大学	25学分（均为必修课）	97.5学分（均为必修课）	18学分（占81.82%）

《国家中长期教育改革与发展规划纲要》强调高校要支持学生参与科学研究,强化实践教学,既要加强基础理论知识的教学,又要保证基本技能的训练。李树屏等（1998）通过对香港中文大学、香港浸会大学的本科生培养方案研究发现,香港中文大学的课程方案中理论学分占专业必修课总学分的73.8%,在香港浸会大学则高达88.5%,而内地课程方案中理论课的比例为64.8%。[②] 重理论课程轻实践课程,学生们成为"四体不勤""五谷不分"的象牙塔之子。陈伏琴、李波、李晓英、李妍、黄勇荣等学者均重视选修课程研究,提出通过深化课程目标、整合课程结构、完善课程内容、优化课程实施及活化课程评价等方式,不断改进和

[①] 乐毅、王霞：《试论本世纪以来"九校联盟"本科课程设置改革的现状与问题》,《现代大学教育》2014年第1期。

[②] 李树屏等：《香港高等体育教育课程体系简析》,《天津体育学院学报》1998年第4期。

完善高校课程设置，以提升大学生的实践能力，[①] 并提出转变传统的课程观念，从整体上优化课程结构，系统规划各类课程，构建理论课与技能实践课、必修课与选修课、通识课与专业课配置合理的课程结构体系。

五 跨学科课程体系研究

随着知识数量的几何级数增长，课程中的知识容量也逐渐进入超负荷状态。2019 年 2 月，国务院印发《中国教育现代化 2035》，提出要加大应用型、复合型、技术技能型人才培养比重。同年，"六卓越一拔尖"计划 2.0 提出突破学科屏障，推进新工科、新医科、新农科和新文科建设，为课程研究领域加快学科融合、专业融合育人指引航向。如何在有限的教育时空内将有价值的知识传递给学生，成为教育研究者思考的重要问题。戴维·帕金斯（David N. Perkins）也在《为未来而教，为未来而学》中提出了"什么知识值得学习"的价值追问。在当今这个复杂的时代，我们已无法在某个单独的学科或领域中找到解决问题的方法，必须进行跨界、跨学科的对话，才有可能获得解答。[②] 跨学科课程体系研究成为高校课程体系研究的热点。戴波等（2014）针对培养方案中课程体系的设计、整合和实现问题，提出将培养目标、实现方式和实施效果统一定义在实现矩阵中。[③] 将课程体系放在一个三维空间中，从社会需要角度出发，指向学生能力的培养，在中国石油大学（北京）以及教育部"卓越工程师教育培养计划"试点工作中施行效果较好。巩建闽、萧蓓蕾（2013）还借鉴美国"标准化运动"中的 SLO 标准，提出了课程体系设计框架。这些研究为跨学科课程设置提供了理论基础，但由于受社会文化和教育体制的影响，同时也受到课程理论逻辑与实践运作的限制，"以跨学科为依托的人才培养体系至今尚未形成"[④]。

[①] 黄勇荣等：《基于提升大学生实践能力的高校课程改革研究》，《黑龙江高教研究》2014 年第 5 期。

[②] ［美］戴维·珀金斯：《为未知而教　为未来而学》，杨彦捷译，浙江人民出版社 2015 年版，第 156 页。

[③] 戴波等：《基于实现矩阵的课程体系及课程教学改革控制模型构建》，《高等工程教育研究》2014 年第 1 期。

[④] 伍超等：《跨学科教育的三重审视》，《浙江社会科学》2020 年第 8 期。

第二节　国外高校本科课程体系研究现状检视

国外高校重视课程体系研究，本科课程体系研究相对比较成熟，成果丰富，研究成果主要体现为以下几个方面。

一　重视课程体系分析模型研究

高水平的课程设计才会产出高水平的课程。我国高校课程设计至今仍存在因人设课、凭经验设课的问题，原因之一在于我国至今尚未形成科学的课程体系设计模型。国外研究较早，建树颇丰，已形成了一些有影响力且值得我们借鉴的课程体系设计框架和模型。

（一）阿克塞尔罗德课程分析模型的形成

1949 年，美国课程专家拉尔夫·泰勒（Ralph W. Tyler）提出了课程设计的基本原理，成为课程编制研究领域的理论架构。1968 年，为缓解美国大学因对课程与教学的认识不足而引发的一系列问题，加利福尼亚大学约瑟夫·阿克塞尔罗德（Joseph Axelrod）提出了一种新的课程分析模型：课程—教学子系统的理论模型（见图 1-1），提取课程的六个基本要素：课程内容、进度安排、考核、学生集体与个体的交互作用、学生体验、自由与控制。前三个要素作为"结构要素"，后三个要素作为"实施要素"。[1] 当六个要素相互作用时，该分析模型便处于一种动态过程。

（二）德罗塞尔五要素四统一的课程设计模型

1971 年，德罗塞尔（Paul Dressel）提出了一个高校课程编制框架，包含四个连续统一体和五个基本要素。四个连续统一体即具有内在联系的结构课程体系，包括"学生"与"学科"，"问题、对策、行动"与"抽象、概念、理论"，"灵活性、自主性"与"严谨性、统一性"，"贯穿于学生过程的整合、连续和统一"与"学习过程的差异、矛盾和对立"；五个基本要素分别是通识教育与专业教育、课程内容的宽度与深

---

[1] Axelrod Joseph, Curricular Change: A Model for Analysis, *Curriculum Development*, 1968, No. 3, pp. 1-4.

度、课程的连贯性与顺序性、教与学的理念以及持续的计划编制和评价。①

	要素间相互作用					
	Ⅰ内容	Ⅱ进度安排	Ⅲ认证	Ⅳ小组/个人互动	Ⅴ学生体验	Ⅵ自由/控制
Ⅰ内容		1	2	3	4	5
Ⅱ进度安排	1		6	7	8	9
Ⅲ认证	2	6		10	11	12
Ⅳ小组/个人互动	3	7	10		13	14
Ⅴ学生体验	4	8	11	13		15
Ⅵ自由/控制	5	9	12	14	15	

图1-1 阿克塞尔罗德分析模型

（三）康拉德的三步骤课程分析模型

1978年，康拉德（Clifton F. Conrad）提出一个本科课程体系设计框架，由三个步骤组成：步骤一是选择一项课程体系的组织原则。这些组织原则是课程开发的指导思想，具体包括：（1）学科，知识的组织需要通过成体系的学科进行；（2）学生发展，课程组织的主要目标是促进学生的发展；（3）名著和伟人的思想，康拉德认为，人类思想的大多贡献可以从名著和伟人的思想中获取，因此课程也应围绕一系列精心挑选的作品来组织和安排；（4）社会问题，这一组织原则关注解决当前社会问题所需知识的组织和交流，强调知识应用的重要性；（5）选择的能力，

---

① Paul Dressel, *College and University Curriculum 2nded*, Berkeley: McCutchan, 1971, pp. 22-24.

组织本科课程的一个重要方法是给学生提供教育经验,使学生具有选择的能力。步骤二是确定课程强调的重点。康拉德建议课程设计者考虑以下四个课程连续统一体:(1)学习的场所,这一连续体的两端分别是校园课堂学习和体验式学习。传统的大学课程偏重于课堂学习,但近年来,许多院校都为学生提供了各种体验式学习的机会,课程逐渐向连续体的中间位置靠拢;(2)课程内容及课程的广度和深度。虽然广度和深度似乎是相互排斥的,但它们是一个连续体的两点,可以相互补充,关键在于对各种知识领域的研究(广度)与对组织和传播知识的特定方法的深入研究(深度)相比较而得到的相对权重;(3)课程体系设计的主体。虽然在大多院校中,课程设计的权力通常在以教师为代表的权威人士的手中,但只要经过允许,学生也可以或多或少地参与到课程设计的过程;(4)课程的灵活性。主要涉及必修课、选修课和限选课在整个课程体系中的占比问题。步骤三是构建课程体系的结构。这一步需要将课程体系的组织原则和重点转化为一个综合的课程计划,包括整个学位计划的需要、专业计划的安排、通识教育的内容、实践学习等内容。该框架可以用来分析高校现有的本科课程体系,也可作为分析课程改革的工具。[1] 它鼓励课程设计者从组织原则和课程重点的角度进行思考,从而避免出现课程大杂烩现象。

(四)戴尔蒙德的课程建设模型

1998年,美国锡拉丘兹大学的罗伯特·戴尔蒙德(Robert M. Diamond)为课程体系和课程编制提供了一个从理论到实践、从概念到现实操作的框架,该模型将课程与课程体系的编制有机地融为一体。这是一种以学习者为中心的"两阶段顶层设计模型",从技术层面为课程设计的主体——大学教师,提供了切实可行的课程设计方案。[2] 戴尔蒙德的设计模型遵循特有的顺序(见图1-2):首先是需求评估和目标说明(从一般到特殊),然后依次是设计、实施、评价,最后是调整课程或课程体

---

[1] Conrad C. F., *The undergraduate Curriculum: A Guide toInnovation and Reform*, Colorado: Westview Press, 1978, pp. 5, 7, 12.

[2] Diamond R. M., *Designing and Assessing Courses and Curricula: A practical Guide*, San Francisco: Jossey - Bass Publishers, 1998, pp. 59 - 78.

系。这个顺序可以确保目标、教学和评价之间的相互协调，它适用于大范围的课程体系变革以及课程与专业规划的设计，其应用包括两个基本阶段：第一阶段是项目选择和设计，该阶段的重心在于整个课程体系的设计；第二阶段是各个单元的编写、实施和评价，重心在于课程体系中的各门课程。

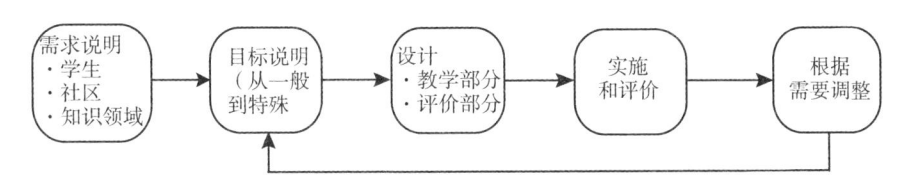

图 1-2 戴尔蒙德模型的基本设计顺序

2003 年，美国俄克拉荷马大学的迪·芬克（Dee L. Fink）教授提出了"教学应为学生创造有意义的学习体验"命题，提供了一种新的综合性课程设计模式（见图 1-3），[①] 该模式以学习为中心，包括初始阶段、中期阶段和最后阶段，每一阶段包括若干步骤。迪·芬克的课程设计模式虽然延续了大多教学设计模式的主要内容，但它更好地将这些内容组合成了一种彼此相关而又完整协调的模式，而不仅仅是一个线性的过程，有助于协调课程内外关系。[②] 另外，迪·芬克将反馈评估放在了教学活动之前，这是一种逆向设计的课程方案，是一种在面向目标的同时，又能确保目标得以实现的设计模式。

总之，泰勒、阿克塞尔罗德、德雷塞尔等人在高校课程体系设计中都强调了课程内容整合的重要性，德雷塞尔在高校课程体系编制的分析框架中，提出的基本要素之一就是要考虑课程内容的宽度与深度，这对我国普通高校本科课程体系研究具有可资借鉴之处。虽然上述几种模型并非十分完美，但相比较而言，西方学者的成果较为丰富，我国在这方面的研究还存在较大差距。他山之石可以攻玉，通过梳理西方国家代表

[①] ［美］L. 迪·芬克：《创造有意义的学习经历——综合性大学课程设计原则》，胡美馨、刘颖译，浙江大学出版社 2006 年版，第 8 页。

[②] 钟丽佳：《盛群力等促进意义学习体验的新路径——"大学课程设计综合方式"的架构》，《高校教育管理》2015 年第 2 期。

性的课程体系的设计模型,有助于我们吸取其精华,避其不足,为我国高校课程体系研究提供有益的经验。

```
初始阶段:确定课程的基本构成要素
  1. 确定重要的情境因素。
  2. 确定有意义的学习目标。
  3. 形成合理的反馈和评估体系。
  4. 挑选有效的教学活动。
  5. 确认这些基础因素互相综合。
中期阶段:将这些基础要素整合成一个动态、连贯的整体
  6. 构建课程的内容结构。
  7. 选择或创造教学策略。
  8. 将课程结构和教学策略相整合,建立起总体的学习活动计划。
最后阶段:处理好重要的细节问题
  9. 建立起评分体系。
  10. 预期可能出现的问题。
  11. 制定出课程大纲。
  12. 制定课程及教学评估计划。
```

图 1-3 综合性课程设计步骤

二 高校跨学科课程研究

跨学科课程整合一直是西方国家课程学者的一项重要研究课题。如夸美纽斯的"统整国民教育体系"、卢梭的"自然中心教育"、裴斯泰洛齐的"3H 和谐发展教育"、杜威的"经验中心教育"等,都强调课程的综合化。随着科学技术的发展,知识日益增多,新兴学科与交叉学科不断涌现,研究主题涉及跨学科融合、多学科交叉、不同专业知识的传授等。[1] 国外相关研究归纳起来大致可分为三种模式:以学群类为组织进行综合知识教学的筑波模式,以跨学科选课为主要特征的 MIT 模式,将文、

---

[1] 陶晓波、张欣瑞:《基于内容分析法的国外本科课程体系建设研究》,《管理观察》2017 年第 31 期。

理学科融为一体的牛津模式。① 美国在1986年发布的《本科科学、数学和工程教育》报告中就提出"科学、数学、工程和技术教育集成"的纲领性建议，之后一些大学开始开设文理渗透整合课程。美国卡内基教学促进基金会主席博耶（Ernest L. Boyer）也认为："现在给学生的课程设置像一只摸彩袋，里面装着各不相干的一门门课程。学生虽然完成了各门课程，却没有形成一种更贯通的知识观，更综合、更真实的生活观。"② 高校学科发展呈现出现代社会的人文科学、社会科学、自然科学等学术系统相互渗透的局面和学科大融合趋势。还有学者认为，"全球教育与学校现今科目的整合可以作为解决将全球教育融入传统学校课程这一障碍的有效途径"。③ 高校课程形成了依据学科群进行组织本科课程，不同学科的课程模块交叉融合形成不同的专业，以满足不同学生跨专业学习的需求。这使学生能更好地统整不同学科领域的知识，把握不同知识领域之间的关系，使其具有多学科的视野和有效的思考能力。

三 高校课程国际化研究

早在20世纪七八十年代，联合国及一些教育者便开始关注国际课程的探讨，国际课程体现了尊重多元文化、促进国际理解的全球大视野。大学校长国际协会也倡议推动本科课程国际化，强调培养具有国际流动性、全球视野和面向和平的本科生。④ 21世纪以来，美国的一流大学也越来越重视本科教育的国际化。如杜克大学2009年提出"质量提升计划"（QEP，Quality Enhancement Plan），主题即"全球化的杜克大学：提升学生作为世界公民（world citizenship）的能力"，强调培养学生的世界公民

---

① 白宗新：《发达国家大学课程改革趋势》，《教育探索》2007年第1期。
② ［美］欧内斯特·L. 博耶：《关于美国教育改革的演讲》，涂艳国译，北京教育科学出版社2002年版，第24页。
③ ［美］派纳等：《理解课程：历史与当代课程话语研究导论》，张华等译，教育科学出版社2003年版，第825页。
④ Oxenham J., Internationalizing the undergraduate curriculum: An initiative by the International Association of University Presidents (IAUP), *International Review of Education*, 1982, No. 28, p. 489.

意识，向学生传授成为世界公民必备的知识、技能、态度与价值观。[1] 美国普林斯顿大学校训"服务国家，服务全球"，体现了培养具有全球风范和国际视野的人才目标。哈佛大学课程委员会致力于对本科课程国际化的实践研究，强调本科课程应该高度重视国际化和全球性研究学习，使更多哈佛学院学生有机会到国外学习研究。[2]

课程国际化是教育国际化的重要载体，也是高等教育国际化内涵发展的重要体现。[3] Knight & de Wit 认为在高等教育国际化的近 20 个元素中，没有哪一个可以和课程的重要地位相提并论。[4] 但由于学术界"课程国际化"存在多种理解，至今难以形成科学的课程框架。

第三节 我国普通高校本科课程体系研究存在的问题

国内外学术界对高校本科课程体系的研究做出了大量基础性贡献，如研究主题的多样化、多学科研究渗透等，但我国相关研究还存在一些缺陷。

一 研究方法多思辨而轻实证

从研究方法来看，我国高校课程体系研究中，应然研究多，实然研究少；自上而下的研究即从理论到实践的演绎法较多，自下而上的研究即从实际入手从而总结、提升出理论的归纳法少，多是纯思辨研究，缺少真正的实证研究，因而，出现研究的泛化和过于主观的现象。有学者通过对高等教育研究中使用的研究方法进行统计，发现大多数研究停留在现象层面的例举和对策层面的"应然"想象，真正建立在实证实验基

---

[1] 孙志强：《杜克大学本科生科研训练措施对我国本科生创新能力培养的启示》，《创新与创业教育》2013 年第 4 期。

[2] 张家勇、张家智：《新世纪哈佛大学本科生课程改革及启示》，《比较教育研究》2006 年第 1 期。

[3] 黄福涛：《"全球化"时代的高等教育国际化——历史与比较的视角》，《大学教育评论》2003 年第 2 期。

[4] Knight J., de Wit H., *Strategies for Internationalization of Higher Education: Historical and Conceptual Perspectives*, Amsterdam: European Association of International Education (EAIE), 1995, pp. 5 – 32.

础上的研究还比较缺乏。如徐辉、季诚钧等学者对2000—2001年《高等教育研究》的所有文章（书评、会议综述除外）使用的研究方法进行了统计，统计结果显示：在高等教育研究中，定性与思辨方法占主导，定量与实证方法运用较少，重思辨研究轻实证研究，研究者往往从个人经验、感悟出发进行论述。[1] 张庆通过选取2007—2009年《高等教育研究》《北京大学教育评论》《中国高教研究》《江苏高教》《中国高等教育》《学位与研究生教育》6个主要核心期刊的4897篇文章进行研究方法分析得出的结论是，"高等教育研究中理论思辨方法和质的研究是学者进行研究的主要研究方法"。[2] 田虎伟通过对中美两国高等教育期刊中研究方法的现状进行对比分析发现，在我国高等教育研究中，思辨研究结构有待优化，实证研究有待加强。[3]

二 本科院校的研究主体缺位，课程同质化现象严重

从研究主体上来看，理工类大学一直是高校课程体系研究的主要力量。以"课程体系"为篇名进行检索（基于CNKI数据库），文献发表数量的机构分布为：吉林大学（109篇）、中国矿业大学（101篇）、华东师范大学（101篇）、武汉大学（93篇）、湖南农业大学（86篇）、浙江大学（84篇）、中南大学（81篇）、中国石油大学（华东）（78篇）、东北师范大学（77篇）、国防科学技术大学（75篇）、北京师范大学（75篇）、武汉理工大学（73篇）、大连理工大学（71篇）、苏州大学（70篇）、河南大学（70篇）。研究成果多来源于理工类高校，文科类高校相关成果少，且主要集中在师范类院校的研究成果中。另外，重点院校对课程体系的研究多于普通院校。如清华大学、北京大学、厦门大学等重点院校关于课程体系的研究成果较为丰硕，并尝试建立具有本校特色的课程体系，对中国普通高校课程体系建设具有一定的引领作用。清华大学强化"厚基础、重实践、求创新"的人才培养特色，不断完善通识教

---

[1] 徐辉、季诚钧：《高等教育研究方法现状及分析》，《中国高教研究》2004年第1期。
[2] 张庆：《近三年我国高等教育研究方法现状分析》，硕士学位论文，西北师范大学，2010年，第26—33页。
[3] 田虎伟：《中美两国高等教育研究方法现状的比较分析》，《中国高教研究》2008年第4期。

育基础上的宽口径专业教育，提出培养"研究型、管理型、创新型、国际型"的卓越工程人才，并将人才培养理念落实到以提升学生能力为指向的课程体系调整之中。① 2003 年，北京大学在低年级实行通识教育，在高年级实行宽口径的专业教育，并在教学计划和导师指导下推行"学生自由选课学分制"②。各高校的培养目标与课程体系趋同或相近，高校缺乏主动改革与深入研究课程的意识。

三 研究多借鉴改造而少自主创新

中华人民共和国成立 70 年以来的高校课程研究，主要以对苏联模式的移植与形成、反思与调整、改造与突破为主线。课程体系构建的理论研究不够成熟，课程体系的实践探索也因缺乏系统的理论基础，缺少与用人单位和高校的三方印证，致使研究成果难以孵化，理论脱离实践。原因概在于：一是高校课程体系建设没有受到足够的重视；二是课程体系研究缺乏整体思维方式；三是缺乏整体视野的课程体系研究，很多研究仅限于局部研究，即一个专业或一门课程的研究。当前，制造强国战略对我国人才培养提出了新标准、新要求，高校本科课程体系必须积极进行调整才能回应国家和社会对新型人才的呼唤和渴求，而这正是当今课程研究者们不可回避的历史重任。

总之，当前课程体系研究的"泛化现象"，使得我国高校课程体系建设既缺少大学毕业生课程满意度的实证研究，也缺少用人单位对大学毕业生满意度的实证数据。同时也缺少对大学整体课程的测评研究，一些零散的问卷建构方法简单，缺乏统计学的理论支持，影响因子建构的随意性、因子权重确立的简单化等，使得课程体系建设缺乏科学的依据。另外，在当前课程体系研究中，普通高校本科课程体系创新标准、实现路径和监测指标的研究成果几近空白，本书旨在探究和填补当前这一研究的不足和空白。

---

① 林健：《面向"卓越工程师"培养的课程体系和教学内容改革》，《高等工程教育研究》2011 年第 5 期。

② 谢鑫、张红霞：《一流大学本科教育的课程体系建设：优先属性与基本架构》，《江苏高教》2019 年第 7 期。

第二章

制造强国战略下普通高校本科课程体系创新的理论阐释

任何概念理论体系的建构都是该领域必须搞清楚的基础问题，也是最核心的问题，它不仅决定着这项研究的清晰程度，也决定了该领域存在和发展的趋势与前途。"所有科学努力的目标，是要形成一个系统"①，因此有人说"科学始于概念体系"②。我国较认同的概念体系是"根据概念间相互关系建构结构化的概念的集合"③。通过相关事物特征的研究与联系，在理性过程中慢慢形成基于经验与逻辑相统一的概念体系，建构一种关于该领域的科学理论，从而成为建构指导实践的工具。"对基本概念和相关理论的研究是任何研究的基础"④，要建构制造强国战略背景下的普通高校本科课程体系，首先要对制造强国战略背景下普通高校本科课程体系进行理论阐释，搞清其内涵、维度以及高校本科课程体系与制造强国战略的互动关系，这是建构与之相应课程体系的基础。

---

① ［奥］赫尔穆特·费尔伯:《术语学、知识论和知识技术》，商务印书馆2011年版，第125页。
② 杨晓雍:《科学始于概念》，《科学技术与辩证法》1990年第4期。
③ 中华人民共和国国家质量监督检验检疫总局:《中华人民共和国国家标准术语工作词汇第1部分：理论与应用》，中国标准出版社2001年版，第2页。
④ 周海银:《学校课程管理运作过程》，山东人民出版社2009年版，第36页。

第一节　普通高校本科课程体系与制造强国战略需求

社会对人才的需求主要是通过高校人才培养的数量和人才素质能力来实现的,大学的根本目的是培养什么人的问题,而要真正解决培养什么人的问题,又必须依托科学的大学课程体系。制造强国战略背景下判断一所高校的本科课程体系是否合理的标准主要是看其培养的人才与制造强国战略需求的契合度,主要包括人才数量和人才素质结构。其中人才数量是指满足制造业企业对人才需要的数量;人才素质结构是指制造业对人才的质量和能力结构的要求。高校本科课程体系建设应以制造业的供给能力为支撑点,充分考虑经济发展的承载能力和人才需求。因此制造业人才的需求结构是高校本科课程体系建设的最直接因素,人才的需求结构又取决于制造业经济结构和产业结构的变化。经济结构和产业结构模式不同,高校本科课程体系的结构、内容和目标也不同。

一　我国普通高校本科课程体系与社会需求互动关系的历史考察

课程是一定社会历史政治经济的反映,受制约于社会的发展,与时代政治风云的变化息息相关,体现出各时期特色,计划经济、社会转型时期、制造强国战略时期社会需求不同,课程体系也相应发生变化。二者之间的互动关系在不同时期呈现出不同的作用,我国大致分为以下三个阶段。

(一) 计划经济时期课程体系主导人才供给

20世纪50年代初,高等教育改革是"以前苏联的大学制度为蓝本,在大学体制、结构、教育、教学等各个方面对旧的大学制度进行了根本的改造,由此建立了全新的社会主义大学制度"[①]。改革不仅构建起以单科大学为主、包括文理科综合大学的大学体制,而且建立了有计划培养适应社会主义需要的专门人才的课程体系。20世纪50年代的课程体系是

---

① 胡建华:《现代中国大学制度的原点:50年代初期的大学改革》,南京师范大学出版社2001年版,第70页。

面向行业的专业调整，废除旧课程，增加专业对口性课程，编写全国统一的教学计划、教学大纲和教科书，形成了全国"大一统"的课程体系。

这一时期大学课程体系的特点可以归纳为以下几个方面：一是统一性，各大学课程体系均统一在中央政府的直接指导下，1954年制订的全国统一的教学计划就是这种统一的直接体现；二是计划性，学生进入大学前，四年所学课程完全被有目的、有计划地安排好，学生没有任何选择性，课程学习过程即是这一课程体系的展开过程；三是逻辑性，课程体系是依据专业培养目标，按照知识的逻辑顺序组成的一个结构性体系，但计划经济时期的课程体系更重视专业与行业的"对口"，因此知识的碎片化亦很严重，致使毕业生知识面窄，适应性和创造性不足。

（二）社会转型时期人才供给对课程体系的影响

计划经济体制向市场经济体制的转轨使大学所处的社会环境发生了某些根本性变化，必然对大学生的思想观念、行为模式等产生全面而深刻的影响。高校培养的人才不仅要拥有知识，而且要具备运用这些知识和技能解决问题的能力。20世纪末我国开始对高等教育人才培养模式、教学内容、课程体系、教学方法等进行了综合改革研究与实践。大学课程开始关注大学生就业能力，学界开始注重大学生的课程学习满意度、学习参与度以及通过对大学生学习投入度的研究构建普通高校本科课程体系，提倡以核心课程为主线的通识教育课程体系，培养适应我国现代化建设所需要的具有创新精神、实践能力和创业精神的高素质人才。

这个时期课程体系改革的特点主要表现为：一是校本性。本科课程体系基本上是由各校自主确定，高校一方面依据该校的传统和该专业教师资源情况去建构课程体系；另一方面为了使学生毕业后有应对市场的竞争优势，课程体系建设必须依据社会的需求。二是宽博性。宽博性是指与计划经济时期的高校本科课程体系的"专""窄"相比较而言，这一时期高校本科课程体系所包括的学科、知识趋于丰富、多样。在计划经济时代，由于培养与社会各行业对口的专门人才是政府对大学的基本要求，因此高校本科课程体系是围绕各专业专门人才所需知识而确立的，内容方面呈现专而窄的特征。随着市场经济改革的逐步深入，培养适应性强、就业面宽的人才成为社会对大学提出的新要求，课程体系改革逐渐朝着拓宽基础、扩大学生知识面方向发展，其中最为引人注目的是

"通识教育"在中国大学的开展。三是选择性。选择性是指高校本科课程体系中选修课所占的比重明显提高,这使大学生有了较大的自主选择空间。以复旦大学为例,复旦大学近年来的改革除构建由综合教育课程、文理基础教育课程、专业教育课程组成的新课程体系之外,大幅提高选修课程的比例也是其重要特色之一。[1]

(三) 制造强国战略需求对本科课程体系产生重大影响

当前,高校对社会需求的一大特点是反应快、时段小,如国家提出自贸区、乡村振兴、新旧动能转换等计划与政策,高校与研究机构在很短时间内就成立了自贸区研究院、乡村振兴研究院、新旧动能研究院、产业研究院等。很多高校还设立了相应的专业、制定人才培养目标、建构了相应的课程体系。高校积极探索制造强国战略提出的十大重点领域和五类人才的培养目标,对课程体系、专业进行调整,建立与制造强国战略相适应的高校本科课程体系,满足强国战略的需求。同时高校课程积极发挥立德树人功能,以培养跨学科、高素质、有创造性的复合型人才,尽量使高校培养目标与职业、课程体系与培养目标保持一致性。但目前很多高校还没有做出合理性调整,短期内仍存在"高技能人才严重不足,重点领域高技能人才缺乏的结构性矛盾"[2],学科专业与产业需求不衔接,课程体系设计理念与制造业需求理念不匹配等问题。笔者通过对12个制造业企业的调研发现,"创新人才紧缺""中高层次研发和技能人才培养明显缺失",以及大学毕业生"独立解决问题能力偏弱""缺乏整体思维"等,严重影响制造业产业的升级与发展。这些都要求高校能够根据社会需求、产业特色以及自身特点做出顶层设计与规划。因此,深化高校课程改革,做好顶层设计是当前亟须解决的问题。

二 普通高校本科课程体系与制造强国战略需求的互动关系

潘懋元先生认为:"高校课程是教育内外部关系的交汇点。"[3] 高校本科课程体系是高校与社会互动关系的中介,高校本科课程体系创新的程

---

[1] 胡建华:《中国大学课程体系改革分析》,《南京师大学报》(社会科学版) 2007 年第 3 版。
[2] 田慧生等:《完善先进制造业重点领域人才培养体系研究》,《教育研究》2016 年第 1 期。
[3] 张圻福:《大学课程论》,江苏教育出版社 1992 年版,序。

度关系到一个国家政治、经济、文化、企业对人才的整体需求程度。制造强国战略背景下判断一所高校本科课程体系是否合理的标准主要是看其培养的人才与制造强国战略需求的契合度,二者良性的互动关系至关重要。

(一) 高校本科课程体系的变革有赖于社会企业创新驱动提供的强烈需求

社会与企业界的眼界、活力和创新需求是高校本科课程体系创新的动力,课程体系改革仅依靠高校内部的调整是难以满足的,需要政府、社会、企业的主导与推动。高校本科课程体系能否符合社会与企业的创新需求取决于社会对高校管理者与教师知识观、价值观、评价观的影响。只有当高校教师与管理者主动去认知、理解、筛选、判断社会需求时,社会的需求才能转化为课程变革的力量,这是高校课程变革的核心驱动力。通过社会、企业与高校的审议、合作促成高质量的高校本科课程体系,以此达成共赢。因此,课程内容的选择应体现时代与科技发展的需求,反映学科发展的前沿趋势,关注学生的需求。同时,针对经济发展和产业结构调整过程中出现的新领域、新职业和新需求,在做好科学的前期调查和可行性论证的基础上灵活开发新兴课程,以促进专业课程体系的发展与完善。①

(二) 高校本科课程体系创新又是制造强国战略实现的源头资源

高校课程体系是人才培养的主要载体,是教育思想转化为实践的介质,课程体系很大程度上决定了人才的素质结构。制造强国之争就是人才培养之争,人才的数量与质量决定了一国能否从制造大国向制造强国转变。《中国制造2025》将人才作为建设制造强国的根本,提出急需培养经营管理人才、专业技术人才、技能人才等高水平人才,这些高质量人才培养的重要载体是高校本科课程体系,高校本科课程体系是制造强国战略实现的源头资源,通过高校本科课程体系创新实现人才培养。因此,高校本科课程体系的创新是制造强国战略实现的源泉与动力。

---

① 汪霞等:《高校课程结构调整与大学生就业问题研究》,南京大学出版社2013年版,第224—231页。

(三）社会、企业与高校本科课程体系的良性互动关系促成强国战略的实现

据笔者对制造业企业的深度访谈发现，目前二者之间不是一种良性的互动关系。表现为：一是长期以来政府在高校中的主导作用消解了企业对高校的影响。高校对来自企业的要求反应消极、怠慢，比如企业界认为大学生就业能力弱，多数高校在课程上的反应是开设一门就业指导课应付了之，至于这门课的课程内容是什么、有无专职教师、能否胜任、如何评价等没有人会追究，也缺乏基本的框架。二是高校课程与社会、企业之间沟通和交流渠道不畅。尽管当前大学课程建设要考虑社会需求，但在大学课程实践中难以找到沟通的有效渠道，缺少政产学研用机制。三是高校本科课程体系变革中来自教师的消极抵制。课程改革往往会使老师脱离惯常的舒适地带，带来麻烦和不认同。因此，当前应充分调动高校教师与管理者对企业需求的重视、认同，使教师关心社会和企业需求，主动参与变革，达成高校本科课程体系与企业的平衡。挖掘高校和制造业企业的潜力，营造一种合作文化，实现企业与大学课程的良性循环。

因此，高校课程体系建设是一个团队行为，而不是一个个体行为。课程体系不是由零散的学科和内容组成的拼盘，而是强调整体大于部分之和，强调各环节、各要素以及人才培养目标的整体性。长期以来，我们的课程过于强调学科内容而忽视内容的基础，忽视科学探究的基本方式，缺乏体系和深度。在制造强国战略背景下，所有学校都应该检视：学生毕业时达到了教师们一致公认的培养目标吗？毕业生具备了专业相关的知识、能力、态度吗？在课程体系设计和课程开发时是否确保所有学生都能达到培养目标？鲁道夫·威格特纳（Weingartner R.）在《本科教育：目标和方式》中曾说："连贯课程体系的成功之处在于它能使学生理解那些把体系中多门独立课程串联起来的主体连接点，而解释这层关系是教师和教材的职能。但是，首要问题还是这些关系必须存在，以待揭示。"[1]

---

[1] Weingartner, R. (1993), *Undergraduate Education: Goals and Means*, Phoenex: Oryx Press.

第二节　制造强国战略背景下普通高校本科课程体系的内涵

高校课程体系的建构体现了课程的思维活动，人类思维主要有概念、判断和推理三种形式，其中最核心的便是概念思维，因为它是形成判断和推理的基础。用概念的基石构成理论的整体，绝不是简单的观念上的演绎，而是展现为一个复杂的、真实的历史过程。概念的形成是一个历史过程，用概念构成理论体系也是一个历史过程。[①] 从哲学的观念来说，概念是思维的基本单位，也是事物的根本属性，是一事物区别于其他任何事物的根本。课程体系概念是反映课程体系思维对象本质的思维形式。因此它既具有抽象性和普遍性，又是意义的重要载体，是作为主体的人对这一复杂过程的理解。"对概念体系的入门性讨论尽管难免会显得抽象，并因而给人以远离现实之感，但却几乎是不能省略的。"[②] 对课程体系澄清的过程也是对其本质逐渐清晰的过程，是研究者进行研究的前提条件和逻辑基础。厘清高校本科课程体系的内涵，首先应对课程、课程体系、课程结构进行阐述与辨析，只有对其本质特征有深刻理解与把握，才能对制造强国战略背景下普通高校本科课程体系的内涵进行科学阐述。

一　"课程"概念的理解及其反思

传统课程概念的定义方式尽管很多，总归起来可以分为三种，或者是由这三种定义所派生的概念：一是课程即知识；二是课程即经验；三是课程即活动。这三种概念代表了三种不同的课程观念，目前对此仍然纷争不断。我国教育学界对课程本质的理解，不仅受到我国古代典籍中如"宽着期限，紧着课程"等传统看法的影响，同时还受到国外课程观的影响，使得课程的定义越来越多，课程的边界也越来越模糊。"当人们使用课程这个概念时，只有在使用者自己对其作出解释之后……才能知

[①] 章小谦等：《中国课程概念从传统到近代的演变》，《华东师范大学学报》（教育科学版）2005年第4期。

[②] ［德］马克斯·韦伯：《社会科学方法论》，杨富斌译，华夏出版社1999年版，第34页。

道使用者指的是什么意思"①，因而有必要规范课程的界定方式和范围。超越传统学科课程教育内容的局限，赋予课程以新的含义，具体围绕以下几个维度对课程进行限定。

第一，超越目标维度的课程观，即力图超越传统的"课程即预期的学习结果和目标"的课程观。这是传统课程观中一种占主导地位的课程观，其认为课程不应该指向活动，而应该直接指向预期的学习结果和目标，要把重点从手段转向目的。这种课程观源于博比特（F. Bobbitt）、查特斯（W. Charters）的课程工学，经过泰勒的完善及莱顿斯通（LeytonSoto）等人的修改、发展成为至今仍占主导地位的课程编制的目标模式。此外，加涅（Robert M. Gagne）把学科内容、目标阐述、内容序列化等交织在一起来界定课程。约翰逊（M. Johnson）基本上同意加涅的观点，把课程定义为："预期学习结果的结构序列。"② 而波法姆（W. James Popham）和贝克（EvaL Baker）则更为明确地阐明课程就是目的，认为"课程是学校所担负的所有预期的学习结果"③。把课程定义为预期的学习结果，内容、经验的选择必须体现这些学习结果的要求。这种课程本质观体现出预期性、策略性的特征，强调"控制"和"效率"。可以说，在课程编制中，关于目标的分析是极其重要的步骤之一，然而，"把课程'应该干什么'作为限定课程内涵的基本内容，使课程本质的探讨变得朦胧不清"④。当我们把课程定义为"文化遗产的传承"时，便混淆了课程的目标与本质。而且，目标及预期结果是指向学生的变化的，它需要借助于一定的中介才能实现，这一中介就是课程，而目标及预期结果本身则不能构成课程的本质。正如奥利佛（Oliva. P. F.）所言："对课程意味着达到什么目的的阐述对于我们精确地确定课程是什么的定义没有什么帮助。"⑤

第二，超越经验维度的课程观，即力图超越"课程即经验"的课程

---

① [美]詹姆士·G. 亨德森等：《革新的课程领导》，志平等译，浙江教育出版社2005年版，第3页。
② Johnson M., Definitions and Models in Curriculum Theory, *Educational Theory*, 1967, No. 2, p. 130.
③ 郝德永：《课程研制方法论》，教育科学出版社2000年版，第55页。
④ 郝德永：《关于课程本质内涵的探讨》，《课程·教材·教法》1997年第8期。
⑤ Oliva P. F., *Developing the curriculum* (4th ed.), New York: Longman, 1997, p. 8.

观。"课程即经验"的课程观主要起源于杜威的实用主义教育理论，站在对"课程即知识"的批判基础上而建立起来的，认为传统的分科课程割裂了知识之间的联系、肢解了儿童的生活，因而主张课程应该注重有教育价值的那些经验，强调从学生学的角度确定课程的内涵。自 20 世纪 30 年代开始，从经验的角度定义课程成为又一重要的课程思想。卡斯威尔（Hollis L. Caswell）和坎贝尔（Doak S. Campbell）认为课程不是学科群，而是"儿童在教师指导下所获得的所有经验"。① 道尔（Ronalde Doll）把学校课程定义为："在学校的主持下，学生借以获得知识和理解、发展技能、改变态度和价值的正式的和非正式的内容和过程。"他认为课程定义已由学习内容或科目种类变为在学校指导、计划下学生获得的经验总和。② 那格里（R. L. Nagley）和伊凡斯（N. D. Evans）认为："课程是学校为了增进学习结果所提供的有计划的经验总和。"③ 还有的课程研究者把课程定义为学生通过教育环境获得的具有教育性的经验。可以说，课程的经验本质观支配了整个 60—70 年代的课程理论研究，而且直至今日这一观念在各种课程观中仍居主导地位。把课程的内涵定义为学生获得的经验，这一定义从理论上具有一定的吸引力，但是在实践中很难操作，例如，如何为学生制订合适的课程计划，各级各类学校是否还要制定相对统一的课程标准等都是有待回答的问题。

第三，超越活动维度的课程观。"活动课程观"批判以上两种课程观只从课程内容或经验的角度定义课程，强调把活动纳入课程的组成部分。这一观点起源于杜威的儿童中心课程论，强调通过活动使学术获得直接经验，活动在这里只是获取经验的途径。这种课程观也招致了不少批判：首先，活动是人类的基本存在方式，活动理论研究的对象是比较抽象和概括化的一般人类活动，因此活动理论的基本原理和具体观点对于课程研究应当是一种理论指导，而不是直接的运用。其次，活动概念比较宽

---

① Hollis L. Caswell, Doak S. Campbell, *Curriculum Development*, Newyork: American Book Company, 1935, p. 66.
② Ronalde C. Doll, *Curriculum Improvement: Decision Making and Process* (4th ed.), Boston: Allyn & Bacon. Inc, 1978, p. 6.
③ 欧用生：《课程研究方法论　课程研究的社会学分析》，台湾：复文图书出版社 1984 年版，第 6 页。

泛，在用于课程研究领域时会产生一些误解和混乱，因此必须加以说明，一是这种课程观并不是反对学校学科课程，而是能够将学科课程中无法纳入的那部分经验纳入课程体系；二是活动课程并不等于日常活动，只有那些有教育意义的活动才称得上是课程。总之，它力图超越既有的单一强调课程的知识观、经验观和活动观，力图使课程获得一个完整的图像。

因此，我们应从整体观上思考和把握课程，用动态生成的观点把握课程，把课程的重心从外在的规范转移到以"课业"为主体的现实的活动。以"课程链"的思维去考察课程，关注的不仅仅是课程知识的符号表征，更重视课程的逻辑表征和意义表征。

二　课程体系与课程结构

课程体系与课程结构是课程论中不可或缺的概念，二者有许多共通之处。系统科学认为，事物的结构是事物功能赖以存在的条件和形式，没有特定的结构，体系就无法产生特定的功能。[①] 课程结构是课程目标转化为教育成果的纽带，在课程体系的设计中发挥着承上启下的作用，一个合理的课程结构可以形成课程合力，能够最大限度地发挥课程体系的整体功能，实现课程体系目标。[②]

（一）课程体系概念的理解

体系，泛指一定范围内或同类的事物按照一定的秩序和内部联系组合而成的整体。体系与英语单词"system"和"programme"相匹配，《牛津词典》中对 system 一词的具体释义是"做事情过程中的思想、理论、现实方式等一套有组织的机制"。《牛津词典》中"programme"本身就有课程的意思，其具体表述为"学习的过程"；在词条中还有相关解释，如"事物发展进程中即将执行的事项规划或是融入的事项"，如同汉语中的计划、方案或是活动安排等意义。《日本语词典》中对"体系"的释义是系统、框架、整体的意思，这与我国汉语中的释义较为一致：是在某种理论框架内由若干事物组成的，是具有一定内在联系的相互促进、相互

[①] 姜凤春：《中美研究型高校本科课程结构比较研究》，《中国高教研究》2008 年第 6 期。
[②] 崔颖：《高校课程体系的构建研究》，《高教探索》2009 年第 3 期。

制约的整体。① 由此，可以将课程体系定义为是在一定价值理念和课程思想指导下，由若干要素组成的具有内在联系的课程整体，它指向未来社会对人才的需求，是实现大学培养目标的主要载体。课程体系概念作为反映课程体系思维对象本质的思维形式，既具有抽象性和普遍性，又是意义的重要载体，是作为主体的人对这一复杂过程的理解。课程体系作为一个系统，是一个具有特定功能、特定结构、特定内容的组合系统。这些功能要素、结构要素和内容要素便构成了课程体系的基本框架，分别体现高校本科课程体系建构的价值观、认识论和方法论。② 课程体系中的特定知识经验是课程的内容要素，即各门学科中特定的事实、观点、原理、问题及其处理方式，它是课程体系和培养目标的载体，体现高校培养目标，反映科学技术发展的现状与趋势以及科学的方法。③

　　课程体系所具有的整体性特征符合当前大中小学课程整体规划的指导思想，课程体系的系统规划属性有利于整合国家课程规定与教材有效融合，有利于先进的教育理念与现实的课堂教学合理契合，从而更好地体现教育工作中立德树人的核心意识和看齐意识。④ 高校本科课程体系的建构是课程思维活动的结果和产物。普通高校本科课程体系是一项由政府、社会、高校、企业参与的合作性事业，同时也是素质教育课程与专业课程、必修课程与选修课程、学科课程与跨学科课程、理论课程与实践课程的内在统一。课程体系具有内在牵引价值，其特定功能即课程体系的培养目标功能。制造强国战略背景下高校本科课程体系能否实现这一功能，取决于高校是否有清晰明确的培养目标，这是课程体系建设的逻辑前提。"培养目标的模糊必然导致课程体系设计及建构缺乏科学性、系统性和整体性，而成为一堆基于经验复制且缺失逻辑严谨性的知识堆积。"⑤ 当前，制造强国战略要求的人才规格，需要课程体系既有专业课

---

① 辞海编辑委员会编：《辞海　1979 年版　缩印本》，上海辞书出版社1989 年版，第 257 页。
② 胡弼成：《高等学校课程体系现代化研究》，博士学位论文，厦门大学，2004 年，第 25—27 页。
③ 孙根年：《课程体系优化的系统观及系统方法》，《高等教育研究》2001 年第 2 期。
④ 张伯成、吕立杰：《"课程体系"概念综述及审思》，《黑龙江高教研究》2018 年第 8 期。
⑤ 俞婷婕、眭依凡：《大学课程与人才培养：基于大学教学理性的思考》，《清华大学教育研究》2013 年第 6 期。

程的深度，又有通识课程的广度，还要有跨学科解决问题能力的挑战度。从课程体系组织结构上，需要素质教育课程与专业课程、必修课程与选修课程、学科课程与跨学科课程、理论课程与实践课程等跨学科、跨校、跨界的科学统一。习近平总书记指出，"世界那么大，问题那么多，国际社会期待听到中国声音、看到中国方案，中国不能缺席"。高校本科课程体系的建设不能被条条框框所束缚，其课程目标、内容、实施、评价要符合多元的全球发展趋势。面对产业结构调整过程中出现的新领域、新职业和新需求，在做好论证的基础上，引进和开发新兴课程，促进专业课程体系的发展与完善，为高校本科课程体系建设提供中国经验、中国方案。

（二）课程结构的内涵

"结构"即构成整体的各个部分及其结合方式，是组成一个系统的各要素之间稳定的相互联系。系统科学认为，事物的结构是事物功能赖以存在的条件和形式，没有特定的结构，就无法产生特定的功能。[1] 课程结构主要包括组织结构和内容结构。其中，组织结构是指某专业所设置的课程总和及其之间的组合关系，主要考虑的是各种内容、类型、形态以及各组成部分的组织、排列、配合形式的整体优化。内容结构是指一门课程内部知识的组织方式，它要解决的是每门课程的教学目标、教学内容、教学组织与教学评价等方面的内容。[2] 施良方指出，课程结构是指课程各部分的组织和配合，即探讨课程各组成部分如何有机地联系在一起的问题。[3] 总而言之，课程结构就是指学校中各种课程要素的组合排列方式，最终目的是各个要素之间的优化整合。

课程结构是构成大学课程体系各要素的组织方式，是课程体系的核心架构，是在一定价值观指导下对学科门类以及各学科时间比例关系的规定，如通识课与专业课、理论课与实践课、必修课与选修课的比例关系。课程结构作为课程目标转化为教育成果的纽带，在课程体系的设计中发挥着承上启下的作用，一个合理的课程结构可以形成课程合力，能

---

[1] 姜凤春：《中美研究型高校本科课程结构比较研究》，《中国高教研究》2008年第6期。
[2] 顾明远主编：《教育大辞典 简编本》，上海教育出版社1999年版，第282页。
[3] 施良方：《课程理论：课程的基础、原理与问题》，教育科学出版社1996年版，第123页。

够最大限度地发挥课程体系的整体功能,实现课程体系目标。[1] 当前,不少发达国家都高度重视高校课程结构改革,探索课程结构改革的着力点。高等教育作为中国特色社会主义事业的重要组成部分,肩负着建成具有中国特色、世界一流的高水平本科教育的重大使命。课程质量在一定程度上决定了人才培养的质量,高校的课程结构能否将各种形态的课程有机整合,便间接决定了人才培养的数量和质量,同时间接决定了我国能否抓住机会弯道超车,成就中国梦。在此背景下,优化课程结构便成为时代对高校课程体系发展提出的挑战,不仅要重视对学生素质的培养,而且要保障学生个性的发展,真正做到素质与个性发展的统一。一方面,高校应不断提升通识教育课程的比例,注重对人才基本能力和综合素质的培养;另一方面高校还应不断加强选修课的比重,减少必修课的比重,并且逐步增加选修课中任选课的比重,以适应学生不同的发展需求。

总之,课程结构探讨的是课程体系中各要素之间的逻辑关系,包括系统内部各组成要素、各要素间的组织方式和内在关系,以及组成要素之间的比例关系及其发展变化的条件和规律,是课程内部各要素、各成分的内在联系和相互结合的组成方式。而课程体系是将课程的各个构成要素加以排列组合,使各个课程要素在动态的系统中统一指向课程目标的实现,包括课程目标、课程结构、课程内容等。总的来看,课程结构从属于课程体系,属于课程体系的重要组成部分,是整个专业课程体系的骨架与核心,最终指向课程体系的整合与发展。

三 制造强国战略背景下普通高校本科课程体系的内涵

课程本质上是一种社会政治属性、个体属性和知识属性的多维载体,理应承担应有的责任。《中国制造2025》中要求的人才已不再是拉尔夫·泰勒所构建的那种客观的、单维的、一般性的"课程原理"能够培养出来的,也不是靠高校某一课程或某一专业的知识逻辑能够培养的,它"更加关注使课程顺应新问题、新思想或研究"的课程系统,[2] 需要从整

---

[1] 崔颖:《高校课程体系的构建研究》,《高教探索》2009年第3期。
[2] [美]派纳等:《课程理解:历史与当代课程话语研究导论》,张华等译,教育科学出版社2003年版,第2、15、687页。

体上思考课程的时代性和社会性提出的新问题、新方法。为此国家多次下发重要文件，如2017年教育部、人力资源和社会保障部、工业和信息化部联合出台的《制造业人才发展规划指南》，确立了建设制造强国的人才优势。2019年10月，教育部发布《关于一流本科课程建设的实施意见》，明确提出"课程是人才培养的核心要素，课程质量直接决定人才培养质量"，普通高校要注重"提升课程的高阶性、创新性和课程的挑战度"，以适应战略产业、转型升级所需要的人才，从政策上确立了高校本科课程体系建设的重要地位。但在实践中由于缺乏课程体系建设的理论与路径，至今没有形成好的范例。制造强国战略背景下普通高校本科课程体系就是以制造强国战略培养目标为出发点，采用校内外合作审议的课程决策，将各课程要素组合为相互联系的整体结构系统。它不仅是静态课程资源的知识体，而且更是一种复杂、动态的社会实践系统。从学科发展角度，它涵盖了知识的结构性、跨学科性、前瞻性、动态性和多维性特征；从学生发展角度而言，它包含了促进学生的探究性、创新性、挑战性以及综合解决问题的能力品质等特点。

（一）制造强国战略背景下人才特征

一是强调大学生要有良好的核心素养，学生的核心素养是指学生应具备的、能够适应终身发展和社会发展需要所必备的品格与关键能力；二是应具备良好社会能力，具体包括一般职业能力、从事某一职业的专业能力以及综合能力等；三是学生独立解决问题的能力；四是具备再学习的能力；五是具备制造强国战略需要的高阶思维和创新能力等。而当前我国以学科逻辑为本的课程体系，已不能满足这些需求，必须对课程体系进行全方位、结构性变革，包括大学理念、培养目标、大学管理与组织、教师课程能力、教学理念、教学模式、评价体系等方面。学校的课堂变革应聚焦于学生的高阶思维与关键能力，课程体系应体现学生的核心素养，建设灵活、常态化的课堂环境，构建学生主导、自主、探究、互动的教学模式等。[①]

[①] 张生、曹榕、陈丹：《"AI+"时代未来学校的建设框架与内容探究》，《中国电化教育》2018年第5期。

(二) 普通高校本科课程体系的内涵

课程体系重构，包括核心重构、理念重构、路径重构、学习方式重构、评价重构等。普通高校本科课程体系的建构主要是从构成要素、建构主体、组织结构上进行建构的。

1. 从构成要素上，课程体系是培养目标、课程结构与课程内容的有机统一。课程体系作为一个系统，是具有特定功能、特定结构、特定知识经验以及特定组织方式的系统。课程体系的特定功能，即课程体系的培养目标功能。制造强国战略背景下普通高校本科课程体系能否实现这一功能，取决于高校是否有清晰明确的培养目标，这是课程体系建设的逻辑前提。"培养目标的模糊必然导致课程体系设计及建构缺乏科学性、系统性和整体性，而成为一堆基于经验复制且缺失逻辑严谨性的知识堆积。"[①] 特定结构是构成大学课程体系各要素的组织方式，它是课程体系的核心架构，是在一定教育哲学指导之下对学科门类以及各学科时间比例关系的规定，课程结构体现了课程的合理性、合法性、整体性、逻辑性和层次性。特定知识经验是课程的内容要素，即各门学科中特定的事实、观点、原理、问题及其处理方式，它是课程体系和培养目标的载体，必须充分体现高校培养目标，反映科学技术发展的现状与趋势以及科学的方法。目标要素、结构要素和内容要素三大部分构成了课程体系的基本框架，分别体现了高校本科课程体系建构的价值观、认识论和方法论。

2. 从建构主体上，课程体系是一项由政府、社会、高校、企业参与的合作性事业。制造强国战略背景下普通高校本科课程体系的建设是多主体构成的一个关系共同体，它决定着高校培养人才的知识结构和能力结构。社会对高校提出的要求最终都要通过大学课程的改造而实现，如何将这些利益攸关方的需求转化为课程目标，让人才素质在课程中找到载体，如何使政产学研企深度融合、真正协调统一等，都是高校本科课程体系建设要解决的问题。高校本科课程体系的这一多维属性决定了其建构是一项合作性事业，理应采用"集体审议"（美国学者施瓦布语）的课程决策方式，让"课程集体"中的攸关方代表各抒己见，通过"折中

[①] 俞婷婕、眭依凡：《大学课程与人才培养——基于大学教学理性的思考》，《清华大学教育研究》2013年第6期。

的艺术,将各种观点、理论、知识与实践中的问题进行比较、修改、重组以及超越现存的各种理论、知识、观点,创造新的方案"[1],使参与者不断对话与交流,在课程决策和课程行动方面达成共识,最终形成一个"新的公众",并在成员之间形成了一种新的交流方式。[2]

3. 从组织结构上,课程体系是素质教育课程与专业课程、必修课程与选修课程、学科课程与跨学科课程、理论课程与实践课程的内在统一。课程组织结构是课程体系的核心内容,课程体系的不同主要表现为课程组织结构的差异,是在一定的课程哲学观念指导下按照某一课程组织方式对学科门类、学科内容、素质教育课程与专业课程、必修课程与选修课程、学科课程与跨学科课程、理论课程与实践课程等的构成方式和比例关系的组合。它体现了某一课程理念和课程价值取向,课程结构的差异并不表示某些课程之间是对立关系,而是高等教育不同发展阶段的不同选择。通过研究可见,现有的课程组织结构方式主要有四种形式:一是以专业为核心的课程组织,如精英化教育时期的课程体系;二是以核心课程(通识课程)为主体的课程组织,如美国哈佛大学的通识课程体系改革,21世纪以来我国南京大学、复旦大学、天津大学等课程体系中的通识课程改革;三是以能力为本的课程组织,如职业高校的课程体系改革;四是以行动为本的课程组织,如澳大利亚的 MES 课程体系是通过职业分析、职责分析、任务分析构建的课程体系。任何一种课程体系都是特定时期、特定社会背景的选择,都有其存在的价值。当前,制造强国战略要求的人才规格,需要课程体系既有专业课程的深度,又有通识课程的广度,还要有跨学科解决问题能力的挑战度。从课程体系组织结构上,需要素质教育课程与专业课程、必修课程与选修课程、学科课程与跨学科课程、理论课程与实践课程等跨学科、跨校、跨界的科学统一。

---

[1] Joseph J Schwab, The Practical: Arts of Eclectic, *The School Review*, 1971, No. 4, pp. 493 – 542.

[2] 施良方:《课程理论:课程的基础、原理与问题》,教育科学出版社1996年版,第99页。

第三节　普通高校本科课程体系建设的维度

高校本科课程体系建设离不开对知识的讨论，课程发展的历程就是一部知识论演进的过程。纽曼（John Henry Newman）曾明确提出，"大学是一个传授普遍知识的地方"。[①] 无论先哲们从何种角度思考大学问题，始终没有跨越"大学的核心问题是知识"的观念。不同学者的差异大概在于他们对知识的价值、知识内容的选择、知识的组织结构和方式等的不同认识而已，反映了不同时代课程价值观、知识论和方法论的差异。今天我们讨论高校本科课程体系的问题，当然不会跨越这一永恒的话题。通过对百余年来课程知识发展轨迹的反思与整合，三种关于课程知识价值的经典之问：斯宾塞（Herbert Spencer）的"什么知识最有价值"、阿普尔（Michael W. Apple）的"谁的知识最有价值"以及珀金斯（David N. Perkins）的"什么知识值得学习"主导着不同时期的课程建设，也为今天的我们提供了普通高校本科课程体系建设的知识论基础和三维向度。

一　"什么知识最有价值"——专业课程体系建构的时代之维

早在 19 世纪末，英国哲学家斯宾塞的"什么知识最有价值"的经典之问，成为课程思想史上的重要标志，也成为高校本科课程体系建设的核心命题，并确立了知识的比较价值是衡量课程知识的尺度，提出科学知识最有价值的命题，促成了科学化课程研究范式的形成，也促进了专业化课程体系向纵深发展的进程。今天反观这种课程范式，已"无法培养出我们期望或需要的公司员工或社区成员"[②]，但其专业知识的科学性和广深性依然有其他范式无法取代的优越性，当前应赋予这种高深专业课程体系以时代性。

首先，强调专业知识的储存性，更注重专业知识的实用性。当今社

[①]　[英] 约翰·亨利·纽曼：《大学的理想》，徐辉等译，浙江教育出版社 2001 年版，第 1 页。

[②]　黄忠敬：《谁的知识最有价值？——论衡量课程知识价值的"人的尺度"》，《课程·教材·教法》2019 年第 1 期。

会正处于信息化与知识大爆炸时代,专业知识作为令人朝拜的"圣经"时代已经过时,高校本科课程体系应积极应变并随时自动调整结构以顺应变化的灵活机制,将知识转化为解决问题的能力作为课程知识的价值追求,即课程知识的使用价值高于其记忆和储存价值。

其次,强调专业知识的广深性,更注重专业知识的发展性。人才需求决定了高校本科课程体系的样态,学校课程的价值"不是塞满人头脑的事实,而是能够发展学习者能力的知识"[①]。"中国学生核心素养"、美国的"21世纪必备能力"等人才目标需要的已不是线性的层级知识结构,而是一种复杂的网状知识结构,重视的是知识的发展价值和知识之间的整合关系,而非事实性知识本身。"知识不单单是关于外部实在的实体,更重要的是它导向批判的理解和解放的自我认识。"[②]

最后,强调专业知识的科学性和统一性,更重视专业知识的多样性与特色化。特色化、多样化是当前高校本科课程建设的重要追求,这是由当前多样化、特色化的社会需求决定的。社会需求的特色化、多样化与高校本科课程体系本身的同质化、单一化之间的矛盾,已成为大学课程体系的突出问题。很多专家学者将学生能力差、高校课程同质化等问题仅仅归结为专业化课程体系所致,这是不公平的。伯顿·克拉克(Clark, Burton R.)曾说:"高等教育的任务是以知识为中心,正因为那令人眼花缭乱的高深学科及其自体生殖和自治的倾向,高等教育才变得独一无二。"[③] 站在时代的背景下有必要重新审视专业课程体系,赋予其时代的任务与追求。

二 "谁的知识最有价值"——通识课程体系建构的导向之维

由于斯宾塞的"什么知识最有价值"过分强调课程知识的工具理性,忽视了其价值理性,且知识分化越来越细,因此,20世纪六七十年代美

---

① [美]克利夫顿·康拉德、劳拉·达内克:《培养探究驱动型学习者:21世纪的大学教育》,卓泽林译,上海科技教育出版社2017年版,第54页。

② [美]亨利·A. 吉鲁:《教师作为知识分子:迈向批判教育学》,朱红文译,教育科学出版社2008年版,第24—25页。

③ [美]伯顿·R. 克拉克:《高等教育系统》,王承绪等译,杭州大学出版社1995年版,第42页。

国一流大学反思科学化专业课程体系存在的问题：一方面批评把专业知识分割过细、缺乏联系，主张建立一种能够容纳全部西方知识精华的通识教育课程体系；另一方面，阿普尔等课程社会学者认为斯宾塞提出的"什么知识最有价值"并没有错，但"具有迷惑性的简单化"色彩。1979年阿普尔提出"谁的知识最有价值"的经典追问取代了"什么知识最有价值"，其认为课程本质上是一种政治意识形态，学校课程知识选择的过程是主观意义上的知识价值审视过程，[①] 肯定了国家意识形态和主流价值观对课程的导向作用。我国高校本科课程体系建设应使学生形成正确的社会主义核心价值观，培养学生正确的政治理性，形成理智习惯和社会伦理。高校课程是学生世界观、人生观、价值观形成的主渠道，因此应将个人价值追求与为实现中华民族伟大复兴中国梦、制造强国战略等相结合。

高校本科课程体系建设本质上不是一个简单的技术过程，而是国家和中华民族主流价值取向的载体。课程体系应体现以人的发展为根本的理念，以马克思主义"人的全面发展学说"为主要理论依据，将人的全面发展贯穿于高校本科课程体系建设中。但是长期以来在高校本科课程体系建设过程中，我们更关注的是课程知识的工具理性，忽视了课程知识的价值理性。通识教育课程的弱化使高校往往将课程建设的重点放在课程知识的逻辑上，似乎一直在力图回答"什么知识最有价值"，而对课程知识背后的政治、权力、意识形态以及课程知识的复杂性重视不够，对价值理性的重视不够。在实践中，课程的价值理性似乎仅仅体现在教育目的或培养目标的文本表述中。"大学培养的人虽能满足社会对职业和科技人才的一时需求，但往往缺乏远见与创造力，对社会的责任心和道德素质亦显不足"[②]，如精致的利己主义即是其表现之一。社会主流文化与传统文化精华在高校中的渗透主要是通过通识教育课程实现的，"通识教育是高等教育中的交通工具，它带给学生认知的方法、整合性知识、

[①] [美] 迈克尔·阿普尔：《教科书政治学》，侯定凯译，华东师范大学出版社 2005 年版，第 16 页。

[②] 谢鑫、张红霞：《一流大学本科教育的课程体系建设：优先属性与基本架构》，《江苏高教》2019 年第 7 期。

对人类经验的历史背景和共同主题的认识、社会责任感，并培养学生的实践能力和反思性思维习惯"①。科学的通识课程能够使学生实现对多元世界观、各种方法论和多个研究范式的认知，把握整体世界和整体文化，使他们具有运用多维视角审视世界与解决问题的能力，获取丰富的人生体验，认识世界原初的真、善、美，形成高尚的人格。当前，制造强国战略需要高校本科课程体系处理好课程建设的工具价值和理性价值的关系、专业课程与通识课程的关系。因此对"谁的知识最有价值"的科学回答是高校本科课程体系建设的方向。

三 "什么知识值得学习"——统整课程体系的意义之维

"未来已来"，我们正在经历着全球产业格局调整和经济发展环境的巨大变革，新信息技术与产业的深度融合引发了新的产业变革，形成了新的生产方式、产业形态和商业模式。由于传统本科课程体系存在分科过早、通识课程不足等弊端，本科生所学知识无法满足变革的要求。珀金斯的"什么知识值得学习"的时代之问，为高校本科课程体系改革提供了一种思维向度。珀金斯在《为未知而教，为未来而学》中提出了"六大超越"，②既是对"什么知识值得学习"的时代之问的注疏，也为高等教育课程建设提供了教育学框架。

未来产业对人才的需求要求高校本科课程体系建设更加注重对学生学习能力和思维的培养，使学生具备在面临各种未知与复杂问题时能够运用恰当的思维去思考和解决问题的能力。为此，世界一流大学正在进行新一轮课程改革，如美国麻省理工学院认为新的产业人才应具备12种思维：学习如何学习、制造、发现、人际交往技能、个体技能与态度、创造性思维、系统性思维、批判与元认知、分析性思维、计算性思维、实验性思维及人本主义思维。③这为我们回答"什么知识值得学习"提供

---

① The University of California Commission on General Education. General Education in the 21st Century, Center For Studies in Higher Education, 2007, p.10、20.

② ［美］戴维·珀金斯：《为未知而教，为未来而学》，杨彦捷译，浙江人民出版社2015年版，前言。

③ MIT School of Engineering. Learning to learn – NEET as an Education in Ways of Thinking, http：//neet.mit.edu/neet－ways－of－thinking/learning－tolearn/.

了思考的框架。人才知识结构的变化，使学科结构之变、课程结构之变、能力结构之变成为必然。由此，课程体系必须符合学科发展的前沿方向，我们必须对高校本科课程体系进行逻辑重构、内容重构、方法重构和能力重构。从专业互通到人文科学素养的提升，再到数字化科学素养以及面向产业的专业素养、职业素养等融入课程体系。为培养具有先进企业观、社会观、科学观和具有国际视野的优秀企业家、高水平经营管理人才、高层次专业技术人才和创新型人才提供了框架，引领全球课程发展的新方向。

通过对课程体系历时性与共时性的研究，我国形成了普通高校本科课程体系建设三维向度的知识论基础。对"什么知识最有价值"的经典之问的回答，澄清了当前高深专业知识的时代性追求。对"谁的知识最有价值"经典追问的慎思，彰显了我国高校广博的通识课程体系建设中的社会主义核心价值观和立德树人的基本方向。对"什么知识值得学习"的时代之问的回答，体现了当下我国高校本科课程体系建设的战略意义和追求，凸显了不同学科知识的特有价值以及真正统合课程的意义。

第三章

我国普通高校本科课程体系发展的历程

自中华人民共和国成立以来,我国普通高校本科课程体系经历了几次较大的变革,从对苏联模式的移植,到对苏联模式的反思、改造和调整,最后探索符合中国特色的高校本科课程体系。本章系统梳理并反思中华人民共和国成立以来我国普通高校本科课程体系建设的轨迹及成效,以图归纳中国经验,追寻今后我国普通高校本科课程体系的未来发展之路。

第一节 中华人民共和国成立至"文化大革命"结束:高校本科课程体系的曲折探索

高校课程体系建设不是一个封闭的自我演进的逻辑过程,它不仅受制于外部社会环境的影响,而且还要遵循学校文化、学生需求以及课程建设的逻辑规律。因而良好的课程体系方案是内外部因素交互作用的结果。

一 苏联课程体系的引入:1949—1956 年

中华人民共和国成立后我国的社会政治制度发生了改变,确立了社会主义的发展方向,开始向社会主义过渡。社会主义经济建设迫切需要对口的专业人才。旧的课程体系已无法满足中国的发展需求,必须对其进行全面化的改造。我国开始全面学习苏联的专才教育模式,对课程体系进行系统改造与建设。1949年12月在北京召开的第一次全国教育工作会议提出,"以老解放区新教育经验为基础,吸取旧教育有用经验,借助苏联经验"[①]。在1950年6月召开的第一次全国高等教育会议的开幕式上,教育部长马叙伦提出,新中国具有坚强的政治经济统一性,需要改变旧教育的"无政府状态",统一地、有计划地部署高等教育。苏联专家阿尔辛节夫在会上也指出:"旧式高等学校的办学教育不适应经济建设的迫切需要,专才教育才是与新中国社会主义建设需要相符的,新中国高等学校的任务不应是从大学里培养大而无当的博学通才,而是培养具体的专门人才。"[②] 正式明确了高等教育通过学习苏联经验来进行自身建设,发展中国高等教育事业。这一阶段,我国普通高校对苏联模式的学习最开始是探索前进的,在中国人民大学和哈尔滨工业大学先行开展试点工作,试验苏联课程教学改革的经验。在取得一定成就后,在全国高校开始推广,这一时期高校本科课程体系建设主要采取了以下措施。

(一) 开始进行专业设置

1950年7月由政务院批准的《教育部关于实施高等学校课程改革的决定》中明确提出,"高等学校应以学系为培养专门人才的教学单位",改变以前"大学—学院—系"的结构,转变为"大学—系"的二层结构,在课程设置上采用苏联高等学校的"职业—专业—课程"模式。根据社会需求和职业需求,在一定的学科基础上设置相应的专业,然后再设计课程体系,制订相应的教学计划。[③] 1954年11月颁布了中华人民共和国成立后的第一份专业目录,即《高等学校专业目录分类设置(草案)》,整个目录分为11个行业部门、40个专业门类和257种专业(见表3-1)。专业设置使得我国高校在人才培养上以专业为基础,通过确定不同专业的培养目标来制定各专业的课程体系,体现出高度的专门化倾向,标志着我国由原先的"通才模式"转向"专才模式"。同时,以专业设置为中心建设的课程体系在课程结构上形成了"三层楼"式结构,即"基

---

① 郝维谦、龙正中:《高等教育史》,海南出版社2000年版,第42页。
② 陈兴明:《60年来大学课程体系改革指导思想的转变》,《福州大学学报》(哲学社会科学版) 2010年第4期。
③ 季诚钧、付淑琼:《大学课程与教学》,上海教育出版社2018年版,第48页。

础课—专业基础课—专业课",这一课程结构一直影响着我国普通高校本科课程体系的建设。

表3-1　　　　　高等学校专业目录分类设置（草案）①

行业部门	专业门类		专业类数量	专业数量	专业数量比例
工业部门	工科		16	106	41.2%
建筑部门			3	20	7.8%
运输部门			3	16	6.2%
教育部门	大学	文科	2	25	9.7%
		理科	1	21	8.2%
	高等师范	师范	1	16	6.2%
财政经济部门	财经		1	16	6.2%
农业部门	农科		4	13	5.1%
艺术部门	艺术		4	13	5.1%
保健部门	医科		2	5	1.9%
林业部门	林科		1	3	1.2%
法律部门	政法		1	2	0.8%
体育部门	体育		1	1	0.4%
总数			40	257	100%

（二）统一教学计划

苏联模式的一个显著特点是其高度的计划性和统一性，通过统一的专业设置和教学计划等保障了国家对高等学校的集中管理，保障了教育教学工作的顺利开展，培养了大批对口的专业化人才。这一时期，我国积极学习苏联的做法，由教育部组织，按不同专业的培养目标制订了各专业统一的教学计划，这不仅使得不同学校的相同专业具备了同样的课程体系，而且对总学时、周学时、考试时间等也做出了十分详细具体的规定。由原来的"课程计划"变为"教学计划"，意味着纳入教学计划的各门课程已高度结构化、体系化，而统一的教学计划更意味着教学计划

---

① 郭雷振：《我国高校本科专业目录修订的演变——兼论目录对高校专业设置数量的调节》，《现代教育科学》2013年第3期。

执行刚性的增强。① 如 1954—1955 年度，西南大学师范类专业已基本执行了教育部颁发和批准的教学计划，并根据教学计划规定的课程设计相应的教学大纲，② 增强了学校教学工作的计划性。同时，在制订统一教学计划的基础上，高教部开始着手统一的教学大纲。据统计，截至 1955 年 6 月高教部已制定并颁发 348 种统一教学大纲，其中包含工科教学大纲 210 种，农科教学大纲 44 种，医科教学大纲 57 种，文理科教学大纲 16 种，师范教学大纲 21 种。③ 这种高度统一性在一定程度上促进了我国普通高校教学水平和人才培养质量的提升，但由于没有考虑到各学校之间的差异性、不平衡性，在实施上缺乏灵活性，造成实际执行中的形式主义，在一定程度上使得课程体系更加僵化。

二 苏联模式的偏离与回归：1957—1965 年

"苏联模式"的课程体系使我国高等教育事业取得了一定的成就，但由于后期表现出机械照搬的现象，也给我国高教事业的发展带来了不良影响，造成学生负担过重，缺乏独立思考及创新性思维能力。1957 年之后，高教部开始反思苏联模式的种种弊端，积极探索建设符合中国高等教育实际情况的课程体系。这一时期高校本科课程体系建设可以分为两个阶段，即偏离苏联模式阶段和回归苏联模式阶段，两阶段的分界点是 1961 年。1957—1960 年在"大跃进"思想的指引下，我国在高教方面由于太过激进造成了高等教育质量的下降。自 1961 年起，我国开始贯彻"八字方针"，纠正"大跃进"时期的工作偏差，教育部也积极对高等教育进行调整，力求恢复其正常的教学秩序及课程体系。

（一）苏联模式课程体系的偏离

中华人民共和国成立初期，为满足当时社会对专门化人才的需求，我国普通高校采取苏联的专门化人才培养模式，但后期的机械照搬带来

---

① 陈兴明：《中国大学"苏联模式"课程体系的形成与变革》，社会科学文献出版社 2012 年版，第 57 页。

② 黄蓉生、许增纮：《西南大学史》（第二卷），西南师范大学出版社 2016 年版，第 26 页。

③ 刘英杰：《中国教育大事典（1949—1990）》，浙江教育出版社 1993 年版，第 1255—1263 页。

了诸多不适应，并因具有强烈的政治倾向引发了高教部及学者的诸多反思。1957年2月，毛泽东同志提出了"应当使受教育者在德育、智育、体育几个方面都得到发展，能成为有社会主义思想觉悟的有文化的劳动者"的社会主义教育方针，① 明确了这一时期教育教学工作的总方向。随着1958年"大跃进"思潮在我国的兴起，为克服原来学习苏联的机械教条主义，全国范围内兴起为期两年的"教育大革命"，整体表现为对苏联模式的偏离发展。在偏离苏联模式的阶段，我国高校在课程体系建设方面的调整主要包括取消统一的教学计划以及强调生产劳动的重要地位。

1957年6月发布的《关于改变制订教学计划、教学大纲办法的通知》中指出，"学校可根据高等教育部所订关于各类专业教学计划的基本原则，按照现行学制和专业的限制，经过一定程序自行修订与执行，并报高教部备案"，这一举措大大提升了高校的自主权。例如，西南大学发动各系师生用一周的时间提出了428份新的教学计划，并交给群众讨论，最后制订出各系科的教学计划。② 该发展阶段的另一显著特点就是对生产劳动地位的强调。1958年4月教育部召开了第四次全国教育行政会议，明确各级各类学校要把劳动列入教学计划当中。同年9月国务院发表《关于教育工作的指示》，提出"党的教育工作方针，是教育为无产阶级的政治服务，教育与生产劳动相结合"。在中央的倡导以及国内大环境的影响下，全国高校积极响应号召，将教育教学工作与生产劳动相结合，并对原有的课程体系设置进行调整。多数学校提出按"一、三、八"比例安排，即全年一个月放假、三个月生产劳动、八个月课堂教学，也有学校提出"一、二、九"或"一、四、七"的安排方案。③ 1959年4月3日，《人民日报》发表了一篇题为《把教学、生产劳动、科学研究结合起来》的社论，指出"高等学校在贯彻执行教育与生产劳动相结合的方针时，必须把教学、生产劳动和科学研究密切结合起来，才能贯彻理论和实际

---

① 陈兴明：《中国大学"苏联模式"课程体系的形成与变革》，社会科学文献出版社2012年版，第135页。

② 黄蓉生、许增纮：《西南大学史》（第二卷），西南师范大学出版社2016年版，第47页。

③ 郝维谦、龙正中：《高等教育史》，海南出版社2000年版，第169页。

相结合的教育原则,不断提高教育质量,适应社会主义建设的要求"。①例如,清华大学组织学生承担了北京市火车站工程的设计工作,厦门大学中文系学生在工地进行"改造思想"的劳动等,②这些都体现出高校对生产劳动教育的强调。然而由于犯了"左"的错误,没有把握住改革的度,采取的手段过于激进,此次课程体系改革在教学方面虽突破以系统理论知识讲授为主的模式,采取课堂教学与生产劳动相结合的形式,但由于片面强调生产劳动,造成劳动课占时过多而理论课被削弱,违背了教育自身的规律,破坏了原有课程体系的系统性,严重影响了高校的教学质量。

(二) 苏联模式课程体系的回归

1958—1960年的"教育大革命"是为了改变机械照搬苏联模式的境况,但在错误思想的指导下,片面强调生产劳动,造成了教学秩序的混乱。1961年以后,为纠正"大跃进"以来的工作偏差,我国采取"调整、巩固、充实、提高"的方针,并对国民经济进行调整。高等教育事业也积极贯彻"八字"方针,总结上一阶段教育改革的经验与教训,探索符合中国实情的高校办学规律,进而恢复正常的教学秩序及系统完整的课程体系。1961年9月颁布的《高校六十一条》中明确高校的基本任务是"培养为社会主义建设所需要的各种专门人才",表现出回归苏联模式的特点。《高校六十一条》还强调高等学校要以教学为主,提升教育质量,并对生产劳动、科学研究、教师和学生等方面作出了系统的规范,起到了稳定教学秩序、提高教学质量的作用。

这一阶段是在总结前期经验的基础上进行改革的,既是对"教育大革命"的纠偏,也是对"教育大革命"有益经验的继承发展,表现在对生产劳动的正确认识上,能正确处理生产劳动与教学的关系,并坚持教学为主。在回归苏联模式阶段,仍将生产劳动纳入课程体系中,但明确规定参加生产劳动的目的是培养良好的劳动习惯,改善轻视体力劳动的思想观点,更好地将理论与实际相联系。《高校六十一条》中对学生进行生产劳动的形式和时间也作出了规定,主要形式是参加校内外的工农业

---

① 顾明远:《世界教育大事典》,江苏教育出版社2000年版,第784页。
② 魏曼华:《反思大跃进中的"教育革命"》,《教育学报》2013年第2期。

生产和其他体力劳动,劳动时间为一个月至一个半月之间,同时指出要根据各专业的特点确定具体的劳动形式和时间,相对偏离苏联模式阶段具备了更高的灵活性,有益于高校结合自身实际情况做出适当的调整。

同时,对前期经验的总结提升还表现在这一时期对高校本科课程体系建设的弹性和计划性。《高校六十条》中指出,"专业的设置、变更和取消,必须经过教育部批准,教学方案、教学计划、教学大纲和教材要力求稳定,不得轻易变动。课程和学科体系的重大改变,必须经过教育部批准"。这不仅增强了教育部对高校的控制,同时恢复对课程体系计划性的强调,表现出回归苏联模式的特征。为避免形成过于专门化的课程体系,强调课程体系的弹性化设置。《高校六十条》中明确提出,"切实加强基础理论和基本知识课程的教学。基础课程的教学,应该首先要求把本门课程的基础理论学好,不要过分强调结合专业和勉强联系当前实际。还要切实加强基本技能训练,专业课程的教学应该使学生掌握必需的专业知识和技能"。1962年5月24日至6月13日,教育部在北京召开了高等工业学校教学工作会议,会上指出要从实际出发,认真贯彻"少而精"原则,削减总课时和周学时,明确各门课程的基本要求,精选教学内容,适当地增加习题、实验、绘图等基本技能的训练时间。① 可见,这一时期对苏联模式的回归不同于以往的机械照搬,而是结合高校实际情况、在反思中的回归,更加重视基础理论知识和基本技能的培养,在课程体系上显示出计划性和灵活性的结合。

三 课程体系的混乱与停滞:1966—1976年

1966年5月的《五·七指示》对当时的教育现状进行了抨击,成为这一时期"教育革命"的总纲领。《五·七指示》批判了教育脱离生产劳动实际、脱离阶级斗争实际,理论与实践相脱离,指责学校用对付资产阶级的方法对待工农子女,用分数线将工农子女拒之门外,指出要打破"资产阶级知识分子统治"。由于没有考虑到教育自身的发展规律和需求,此时采取的一系列举措虽然给苏联模式带来了极大的冲击,但由于采取的手段过于激进,对高校课程也造成了十分严重的破坏。

---

① 顾明远:《世界教育大事典》,江苏教育出版社2000年版,第793页。

首先，倡导缩短高校的学制，将大学修业年限由原来的四年、五年、六年制变为两年或三年制，进一步压缩了高校课程的种类和时长，破坏了课程体系的完整性。其次，批判传统"老三段"的课程结构，认为其是"培养书呆子的方法"。1974年清华大学下发的《在批林批孔运动推动下深入开展教育革命的几点意见》中提出"大破老三段"，认为"以唯心论先验论为思想基础的'老三段'是教育战线资产阶级复辟的一个重要手段"。[①] 还提出了"打破三层楼，火烧三层楼"的口号，打破了基础课、专业基础课和专业课之间的衔接关系，是对课程设置规律秩序的漠视。同时，强调"结合典型工程教学""结合战斗任务教学"，打破传统的"教学中心论"，主张先干先学、边干边学，需要什么知识就上什么课程，大量缩减基础课和专业基础课。这不仅忽视了对基础理论知识的系统学习，也忽视了理论对实践的指导意义。例如，同济大学在"教育革命"中改为"五七公社"，推行结合典型工程教学，物理课被取消，高等数学课和基础力学课所占比例分别由原来的11.9%和10.7%变为3.7%和2.6%。[②]

图3-1 同济大学建筑系师生参加现场实习[③]

---

① 清华大学校史研究室编：《清华大学九十年》，清华大学出版社2001年版，第286页。
② 郝维谦、龙正中：《高等教育史》，海南出版社2000年版，第299页。
③ 华霞虹、郑时龄：《同济大学建筑设计院60年：1958—2018》，同济大学出版社2018年版，第129页。

这些举措忽视了知识本身的系统性和连续性,割裂了原本完整、系统的理论知识,使学生获得碎片化的知识;打破了学科体系的严密性,阻隔了理论与实践的结合。其初衷是为了将基础课与专业课更好地结合在一起,将教育与生产劳动有机结合,但由于改革存在极端实用主义倾向,导致基础课与专业课、教育与生产劳动的结合都呈现出低层次、表面化的特征,造成这一时期高校严密的本科课程体系遭受极大的破坏,进一步导致人才培养上的不均衡及人才质量的下降。1966年到1976年的十年间,教育事业遭受了前所未有的破坏,教育教学工作陷入混乱之中,教育学专业中断了,课程体系建设停滞了。

第二节 改革开放至党的十九大前:高校本科课程体系的创立与深化

一 课程体系的初创:1977—1992年

党的十一届三中全会后,社会处于新旧思想剧烈冲击的时期,高等教育事业也进入拨乱反正阶段。在改革开放初期,国民经济比例严重失调,针对这一情况,中央对国民经济采取"调整、改革、整顿、提高"的方针,高校也积极贯彻八字方针,尽快恢复正常的教学秩序。改革开放初期,各高校的人才培养模式仍以专才教育为主,专业大多按照具体的产品来设置,针对性极强。譬如设置"锅炉""木材水运"等高度专业化的专业,过分注重专业教育,造成了重理科轻文科、重功利轻素质的现象。[1] 随着我国科技的发展和社会经济体制的改变,原有的计划经济体制下实行的人才培养模式与市场经济对人才的需求不匹配。如何培育符合这一时期发展需求的人才,探索符合我国高教事业的发展道路,成为本时期高校本科课程体系建设面临的巨大现实问题。在这一背景下,各高校纷纷开展关于建立什么样的课程体系、怎样建设课程体系、为什么要建立这种课程体系的一系列研究,希冀为新中国培养建设性人才。

---

[1] 张继平:《60年反思:我国高等教育价值取向的转向与发展》,《现代教育管理》2011年第10期。

(一) 淡化专业，加强基础

1978年8月教育部发布《关于进行高等学校专业调查和调整工作的通知》，对改革开放前的专业设置进行调整。中华人民共和国成立初期，我国全面学习苏联，课程体系是以专业为基础的，如1954年我国颁布的第一份专业目录有257个专业门类，1963年颁布的《高等学校通用专业目录》中专业门类增长到432个。[①]"文化大革命"时期又增设了大批专业，专业设置总数达一千余种。改革开放初期迫切需要对高等教育的专业设置进行调整。教育部自1982年下半年开始组织专门人员有计划地对工科、理科、农科等专业目录做出科学的调整，并于1987年基本修订完成，将专业门类由原来的1300多种降为671种。对专业目录的调整先是从工科专业开始，1984年7月由教育部和国家计委联合批准的《高等学校工科本科专业目录》共包含255种工科专业（见表3-2），相较于1982年我国高等学校644种工科专业而言已有较大的精简。对专业进行系统的调整，拓宽了专业的口径及覆盖面，相比苏联模式而言是对专业的淡化。但这一时期高校在专业设置上仍存在分工过细的情况，部分专业也存在专业定位、业务方向不明确的问题。

这一时期的另一显著特点是基础知识及基础技能地位的提升，是对"文化大革命"时期极端实用主义的突破。1980年教育部召开的教育工作会议，明确了高等教育"质量第一""稳步发展"的发展方针。我国过去长期实行的计划经济体制与苏联模式相适应，苏联模式在人才培养上过于专业化，忽视基础知识技能的重要性。改革开放后我国实施市场经济，专才培养模式与之不相适应，如何淡化专业并加强基础，即从"专业化"转向"基础化"成为本时期高等学校课程体系建设的重点之一。1985年颁布的《中共中央关于教育体制改革的决定》中，明确提出扩大高等学校的办学自主权，高校可以自行制订教学计划和教学大纲、编写和选用教材。这一举措激发了高校改革的热情，纷纷制定了符合自身实际情况和发展需求的教学计划和课程体系。综观这一时期工科、理科、医科等专业的教学计划可以看出，高校课程注重基础知识和基础技能，更加强调基础理论课的地位，各高校均开设了丰富的公共课、基础课以扩大学

---

① 刘小强：《高等教育专业目录修订的回顾与思考》，《中国高教研究》2011年第3期。

生的知识面，有的科类基础课与专业课的比例可达 6∶4 或 7∶3。北京大学于 1989 年依据"淡化专业，加强基础"原则，制订了新的教学计划。其中所谓的"加强基础"，即加强基础知识、基础理论和基本技能的训练。其采取的新教学计划更着眼于学生能力的培养，保证学生最必要的基础理论、知识课程以及工具课。①

表 3-2　《高等学校工科本科专业目录》（1984 年 7 月）部分专业课程②

一、地质类	
0101　地质矿产勘查	0102　石油地质勘查
0103　煤田地质勘查	
0104　水文地质与工程地质	
0105　地球化学与勘查	
0106　勘查地球物理	0107　矿场地球物理
0108　探矿工程	
二、矿业类	
0201　采矿工程	0202　露天开采
0203　矿井建设	0204　矿山测量
0205　采油工程	0206　钻井工程
0207　选矿工程	0208　矿山通风与安全
三、冶金类	
0301　钢铁冶金	0302　有色金属冶金
0303　冶金物理化学	
四、材料类	
0401　金属材料与热处理	
0402　金属压力加工	0403　粉末冶金
0404　无机非金属材料	0405　硅酸盐工程
0406　高分子材料	0407　腐蚀与防护

---

①　陈兴明：《中国大学"苏联模式"课程体系的形成与变革》，社会科学文献出版社 2012 年版，第 108 页。

②　刘英杰：《中国教育大事典（1949—1990）》，浙江教育出版社 1993 年版，第 1181—1182 页。

(二）课程设置趋于弹性化

在这一时期，我国普通高校本科课程体系建设还表现出明显的弹性化，这种弹性化是相对于苏联模式下的高度统一性及计划性而言。弹性化课程体系设置首先表现在学分制的回归，1978 年在北京召开的全国科学大会，积极鼓励高校通过试行走读制、学分制等多种形式和途径，以扩大高校招生规模。① 此后清华大学、武汉大学、南京大学等一批高校陆续试行学分制。1985 年颁布的《中共中央关于教育体制改革的决定》中，正式确定了学分制的地位，推动了学分制的发展。据统计，1986 年我国试行学分制的高校达 200 多所。② 各高校试行的学分制类型多样，主要有学年学分制、复合学分制、全面加权学分制和绩点学分制，虽然各学校在具体做法上存在差异，但总体而言都是为了"计划性与灵活性的统一"。1988 年 5 月中国人民大学汉语言文学专业制定的《中国语文文学系本科汉语言文学专业学分制教学方案》中，对总学分、学分分配等作出了详细的规定（见表 3-3），但在具体实施上又留有余地。学分制具有学习时限的灵活性、学习内容的选择性及课程考察的变通性等特征，③ 学分制的推行带动了选修课的迅速发展，学分制将课程分为必修课、选修课两类，或必修课、指定选修课（或限定性选修课）、任意选修课三类，使得课程体系更具弹性及灵活性。

国内一些高校主动借鉴哈佛大学的课程选修制，积极调整课程结构，为整齐划一的高校本科课程体系增添了一抹亮色。如清华大学于 1978 年恢复高考后，依据"教育要面向现代化，面向世界，面向未来"的方针，结合自身经验对本科课程体系进行了较大的调整。如表 3-4，以清华大学电类专业为例，该专业全部课程由必修课程和选修课程组成，共计 500 学分。选修课程学分约为 120 分，其中任选课约为 60 学分，限定性选修课约为 60 学分，选修课程学分占总学分比例的 24%，可见选修课程正逐步成为课程学分构成的主力军。同时，清华大学允许有能力的学生提前

---

① 郝维谦、龙正中：《高等教育史》，海南出版社 2000 年版，第 341 页。
② 蔡先金、宋尚桂等：《大学学分制的理论与实践》，中国海洋大学出版社 2006 年版，第 96 页。
③ 邵丽：《学分制的发展历程及对我们的启示》，《中国高等教育》1999 年第 20 期。

表 3-3　　　　　　汉语言文学专业课程教学安排①

学群	序号	课程名称	学分	先修课	一	二	三	四	五	六	七	八	类别	应修学分
一	1	马克思主义原理	6				3	3					必修	4
	2	中国社会主义建设	4				4							
	3	中国革命史	4		4								指定选修	4
	4	世界政治经济与国际关系	4					4						
	5	科学社会主义	4											
	6	国际共产主义运动史	4											
二	1	外国语	16		4	4	4	4					必修	24
	2	写作	6		3	3								
	3	美学概论	2			2								
	4	逻辑学	3										指定选修	6
	5	中国古代史	4											
	6	中国近代史	4											
	7	世界古代史	4											
	8	世界近代史	4											
	9	社会学概论	3											
	10	计算机应用	4											
三	1	文学概论	4			4							必修	50
	2	中国当代文学	4											
	3	中国现代文学史	4					4						
	4	外国文学史	8					4	4					
	5	中国古代文学史	12					4		4				
	6	语言学概论	4			4								
	7	现代汉语	6			3								
	8	古代汉语	8		3	4								
	9	马克思主义文艺论著选讲	4						4				中国文学	
	10	中国文学批评史	6	中国古代文学						3	3			

选修课程，达到规定学分后可以提前毕业；允许学生根据本人条件及爱好跨专业选课，② 增加了学生的选课自由，给他们自由发展的空间和时间，提升了课程体系的灵活度。1980 年，北京大学开设了包括中文系、

---

① 刘英杰主编：《中国教育大事典（1949—1990）》（下），浙江教育出版社 1993 年版，第 1213—1214 页。

② 清华大学校史研究室编：《清华大学一百年（百年校庆）》，清华大学出版社 2011 年版，第 341 页。

经济系、图书馆学等多门学科在内的 28 门选修课。这些课程共分为两类：一种是仅供本系学生选课；另一种则允许学生跨系选课。据统计，参加选修课的学生共达 1100 多人次，① 颇受学生喜爱。1981 年秋季学期，北京大学又开设了《资本主义国家政治制度》《中国近现代政治思想》《中国古代东方专题》等 73 门新的选修课，任课教师也多由学有所长或者教学经验较为丰富的教授、副教授担任，给予学生选择的自由，同时为学生扩大知识面创设了有利条件，也普遍受到了学生的欢迎。

表 3-4　　　　　　　　　清华大学电机系课程设置②

课程类型		学分	占总学分比例
必修课（62%）	校定必修课	137	27.4%
	系定必修课	173	34.6%
选修课（24%）	限定性选修课	60	12.0%
	任选课	60	12.0%
论文（8%）		40	8.0%
实践教学（8%）		40	8.0%

二　课程体系改革的深化：1992—2016 年

1992 年 10 月，我国召开了中国共产党第十四次全国代表大会，标志着中国社会主义改革开放和现代化建设进入了一个新的阶段。会上明确了我国建设社会主义市场体制的方针，提出要将教育放在优先发展的战略地位。我国自改革开放以来实行市场体制的步伐逐渐加快，在一定程度上推动了我国高校本科课程体系在深度、宽度、广度上的调整，开始突破苏联模式的课程体系建设。1993 年 2 月党中央颁布的《中国教育改革和发展纲要》对我国教育面临的形势与任务作出了全面系统的分析，指出我国教育的发展目标。为了更好地落实《纲要》，1994 年 6 月中共中央、国务院在北京召开了改革开放后第二次全国教育工作会议，该会议

---

① 陈劲松：《我校文科、外语各系开设选修课》，《北京大学学报》（哲学社会科学版）1980 年第 3 期。

② 王孙禺、曾晓萱、寇世琪：《从比较中探索高等工程教育——清华大学与美国麻省理工学院的电类课程设置比较》，《清华大学教育研究》1988 年第 1 期。

成果之一是发布了《关于〈中国教育改革和发展纲要〉的实施意见》，强调"高等教育要重点发展应用性学科和专业，适度发展新兴学科、边缘交叉学科，稳定和提高基础学科；努力培养高层次复合型人才；合理调整学科和专业设置，拓宽专业面，优化课程结构，改革课程内容和方法，注重素质和能力的培养，增强学生对社会需要的适应性；逐步实行学分制，在确定必修课的同时，设立和增加选修课，拓宽学生的知识视野，激发学生学习的主动性和创造性"，明确了高校本科课程体系建设的努力方向。

《纲要》中明确规定，教育改革和发展的根本目的是提高民族素质，多出人才，出好人才。90年代后半期，面对世界新一轮科技革命的兴起以及知识经济时代持续不断的挑战，我国高等教育开始积极探索科学合理且行之有效的人才培养模式和课程体系，以适应国家和社会对人才数量和质量的新需求。1999年1月1日正式实施的《中华人民共和国高等教育法》是促进高等教育事业健康发展的又一重要保障，明确了高等教育的任务是培养具有创新精神和实践能力的高级专门人才，大力发展科学技术文化，以促进社会主义现代化建设，巩固了改革开放以来课程体系改革的成果。1999年1月13日颁布的《面向21世纪教育振兴行动计划》也指出，高校要成为知识创新和高层次创造性人才培养的基地。同年6月13日出台的《中共中央国务院关于深化教育改革全面推进素质教育的决定》提出，"高等教育要加快课程改革和教学改革，继续调整专业结构和设置，使学生尽早参与科技研究开发和创新活动，鼓励跨学科选修课程，培养基础扎实、知识面宽、具有创新能力的高素质专门人才"，为高校课程教学改革指出了正确的方向。这一阶段"211工程""985工程"的实施加强了高水平大学的建设，推动了人才培养质量的提升，为创新拔尖人才的培养提供了条件。有了前期打下的深厚基础，进入21世纪后，高等教育事业的发展更为迅猛。在这一阶段高校在课程体系建设方面已步入正轨、渐入佳境，是对苏联模式课程体系建设的全面突破，而如何通过建设科学合理的课程体系有效提升学生的创新实践能力、培养符合我国社会主义现代化建设的优秀人才则成为这一阶段高校普遍面临的问题与挑战。

(一) 厚基础，宽口径

改革开放后，我国高校开始淡化专业，提升基础课程的地位。随着改革深入开展，我国高校逐渐认识到不仅要培养专业化人才，也要使人才具备良好的思想政治素质、文化素养等。高校开始由苏联模式下的专才教育逐渐向通才教育转轨，在课程体系建设中更加注重使课程基础化，真正做到厚基础、宽口径。有学者认为，厚基础属于通才教育，指本科入学初期按大学科群不分专业进行教学，主要给予学生科学的、人文的、哲学的基础素质教育；宽口径是在学业中后期指导学生依据自身的兴趣、智能倾向选择感兴趣的专业，使其具有初步的专业定向。[①] 事实上，"厚基础、宽口径"既是一种人才培养模式，也是一种理念。1994年，国家教委开始实施"高等教育面向21世纪教学内容和课程体系改革计划"，该计划涉及221个大项目，985个子项目，涵盖文、理、工、农、医、财经、法律、外语等学科。该项改革的总目标是转变教育思想，更新教育理念，改变人才培养模式，实现教学内容、课程体系、教学方法等的现代化。同时，高校应淡化单一的隶属观念，秉承统一性与多样性相结合的理念，转变过去强调"对口"的思想观念，更加强调"适应"，注重对大学生进行素质教育，特别是文化素质教育。在这一时期，我国普通高校为真正做到厚基础、宽口径，主要采取了以下措施。

1. 调整专业结构，进行专业设置

1987年颁布的专业目录在一定程度上拓宽了专业口径，专业名称较"文化大革命"时期也更加规范化，充实并加强了新兴边缘学科和薄弱学科专业的设置，编写了专业简介以明确培养目标和业务要求，[②] 但仍存在专业分工过细、专业设置重复等问题。于是国家教委1989年开始着手修订新一轮专业目录，并于1993年颁布了《普通高等学校本科专业目录》，分设哲学、经济学、法学、教育学、文学、历史学、理学、工学、农学、医学十大门类，将专业总数降为504种（见表3-5），解决了专业归并的

---

① 崔玉良、于洋：《我国高校"通才"教育与"专才"教育的回顾与思考》，《中国成人教育》2012年第11期。

② 《中国教育年鉴》编辑部编：《中国教育年鉴（1988）》，人民教育出版社1989年版，第150页。

问题，形成体系完整、统一规范、比较科学合理的本科专业目录。同时建立专业设置评议委员会，注重学科专家在专业设置上的作用，为学校在专业设置与调整方面提高意见建议。

表3-5　　　　1993年版专业目录学科门类及专业数[①]

学科门类	哲学	经济学	法学	教育学	文学	历史学	理学	工学	农学	医学
专业数	9	31	19	13	106	13	55	181	40	37

在原有专业设置改革工作取得进展的基础上，国家教委于1997年开始新一轮的本科专业目录修订工作，按照"科学、规范、拓宽"的原则进行，并于1998年颁布实施新的本科专业目录，学科门类增至11个，增加了管理学，包含71个专业类，专业种类由504种调减到249种（见表3-6），在很大程度上拓宽了专业口径，改变了过去过分强调"专业对口"的教育观念和模式，确保培养的人才具有较强的适应性。国内高校纷纷开始探索改革，寻求拓宽专业口径的有效方案。例如，西南大学对学校各专业的优势和差距做出具体的评估，为拓宽专业口径、加强专业基础打下坚实基础，并在评估基础上调整专业设置。截至1999年，学校共设置包含教育科学学院、外国语学院、汉语言文学系等在内的15个院系，专业总数为35种。[②]

表3-6　　　　1998年版专业目录学科门类及专业数[③]

学科门类	哲学	经济学	法学	教育学	文学	历史学	理学	工学	农学	医学	管理学
专业数	3	4	12	9	66	5	30	70	16	16	18

21世纪以来，社会分工日益密切，原有的专业设置已不能适应经济

---

① 周光礼、吴越：《我国高校专业设置政策六十年回顾与反思——基于历史制度主义的分析》，《高等工程教育研究》2009年第5期。

② 黄蓉生、许增纮：《西南大学史》（第二卷），西南师范大学出版社2016年版，第197—198页。

③ 《教育部关于印发〈普通高等学校本科专业目录（1998年颁布）〉〈普通高等学校本科专业设置规定（1998年颁布）〉等文件的通知》，《教育部政报》1998年第10期。

社会发展，新兴学科和交叉学科专业设置困难。2010年教育部成立了由各领域专家组成的13个学科专家组，讨论修订新一轮专业目录，2012年颁布实施新的专业目录，学科门类由原来的11个增至12个，新增艺术学门类，专业种类增至506种（见表3-7）。高校开始按照新专业目录设置并调整本科招生计划、培养模式及课程体系等。例如，宁波大学基于原本专业设置过细、口径较窄造成的学生知识面窄、思维方式死板等问题，实行大类招生、大类培养，拓宽专业口径，柔性专业方向，为学生提供更广泛的专业选择。此外，还积极促进以学科群为基础的学院组建，克服原来的科系割裂等问题，进一步培养社会所需要的跨学科、创造型人才。

表3-7　　　　　2012年版专业目录学科门类及专业数①

学科门类	哲学	经济学	法学	教育学	文学	历史学	理学	工学	农学	医学	管理学	艺术学
专业数	4	17	32	16	76	6	36	169	27	44	46	33

2. 设置通识教育课程，增强课程基础性

21世纪初，国家相继出台系列政策，如《关于进一步加强高等学校本科教学工作的若干意见》（2005年）、《关于进一步深化本科教学改革全面提高教学质量的若干意见》（2007年）、《国家中长期教育改革和发展规划纲要（2010—2020年）》（2010年）、《关于全面提高高等教育质量的若干意见》（2012年），这些政策文件反映了对高校课程的期许：宽口径、素质能力取向、社会责任感、创新精神与能力、提高选修课比例、完善学分制和弹性学制、学科交叉、文理交融、与时俱进更新内容、实践训练、科研参与、新生研讨课等。增加通识课程，打破专业课程之间的壁垒，培养视野开阔、见识通达、人格健全的具有创新精神的复合型人才。北京大学率先进行通识教育课程改革，"元培计划"即大一大二年级开设通识教育课程，然后在大三大四年级开设宽口径的专业教育课程。后来清华大学、复旦大学、南京大学、厦门大学陆续实施"通识教育基

---

① 林冬华：《新中国成立70年来本科专业的演变轨迹与实践逻辑》，《黑龙江高教研究》2020年第9期。

础上的宽口径专业课程"模式，高校的通识教育课程通常采用"1+3""1.5+2.5""2+2""1+1+2"等多种模式，即进行1（或1.5、2）年通识教育，然后接受3（或2.5、2）年专业教育，或第1年先接受通识教育，第2年进行学科大类教育，最后进行2年专业教育。①

通识教育课程逐渐成为各高校的基础课程，拓宽了学生的知识面，开阔学生的知识视野，培养了学生解决复杂问题的能力。"九校联盟"的本科课程已由专业必修的单一课程结构与修读模式，逐步向"全校性课程（国家课程/通识课程）+大类/基础课程+专业课程"三大类板块的课程结构转变，并能依据各自学校的理念、价值观及办学特色开设不同的通识课程。②通过对我国教育部"985工程"一期大学的本科课程结构进行深度的剖析可以发现，通识教育课程在高校课程结构中已处于基础课程的地位。有学者总结了复旦大学、浙江大学、中国科学院大学、上海科技大学及中国科技大学五所学校的通识教育课程布局情况（见表3-8），通识教育课程学分占总学分比例达1:3至3:5，通识教育课程已经成为高校本科课程体系的重要组成部分，体现了高等教育课程的基础化，并与"宽口径、厚基础"的理念相适应，在人才培养中发挥着不可替代的作用。

（二）探索跨学科课程体系，培养跨学科人才

帕金斯在《为未来而教，为未来而学》中提出了"什么知识值得学习"这一全新的知识价值追问，并给出他的观点："在如今这个复杂的时代，我们已经无法从某个单独的学科或领域中找到解决问题的方法了。相反，只有靠跨界、跨学科的对话，才有可能获得解答。"③长期以来，我国以单学科、单专业培养高级专门人才，培养出来的人才在知识结构上往往比较单一，且缺乏解决综合性问题的能力。进入21世纪后，科学技术的迅猛发展使得国家社会迫切需要具有较强综合素质的人才，需要

---

① 李志义：《关于通识教育的思考》，《大连理工大学学报》（社会科学版）2008年第1期。
② 乐毅、王霞：《试论本世纪以来"九校联盟"本科课程设置改革的现状与问题》，《现代大学教育》2014年第1期。
③ ［美］戴维·珀金斯：《为未知而教，为未来而学》，杨彦捷译，浙江人民出版社2015年版，第156页。

第三章 我国普通高校本科课程体系发展的历程 / 69

表3-8 中国五所大学通识教育课程布局①

通识教育课程布局		复旦大学 亚类及具体要求	复旦大学 学分要求 必修/选修	浙江大学 亚类及具体要求	浙江大学 学分要求 必修/选修	中国科学院大学 亚类及具体要求	中国科学院大学 学分要求 必修/选修	上海科技大学 亚类及具体要求	上海科技大学 学分要求 必修/选修	中国科技大学 亚类及具体要求	中国科技大学 学分要求 必修/选修
基本知识领域	人文&艺术科学	①核心课：思想政治理论*16学分；核心课程模块*8—12学分：艺术创作与审美体验*文史经典与文化传承*哲学智慧与批评性思维*文明对话与世界视野*科学研究与当代中国*生态环境与生命关怀*每模块最多选2学分②专项：计算机*2学分	26 — 34 / 2 — 6	①必修（按专业要求）：思政类*13.5学分，自然科学基础*2.5学分，通识核心课*0—24.5学分②选修：通识领导力至少1门；人文社科类组、沟通与领导类组、科技与创新类组、医药卫生类组、艺术与审美类组、人文社科类至少选6学分	13.5 / 14 29.5	①必修：思政类*12学分②选修：任选8学分：哲学艺术类*历史文化类*身心健康类*政治经济类*	12 / 8	①必修：文明与经典阅读人文素养*10学分，艺术*2学分，经济与社会生活*8学分②选修：人文艺术社科类*8学分	12 / 8 15	①必修：政治类*②选修：人文素质类*2学分	— / 2
	社会科学	①选修：任选2—6学分：人文科学与艺术*社会科学与行为*科学与医药卫生*									
	自然科学&工程		40 — 48 / 2 29.5			①必修：数学类*20学分，物理类*17—22学分，计算机类*3—6学分②选修：科学素养类*	23 — 45 / 0 — 12	①必修（按专业要求）：数学课程群*4—8学分，物理化学课程群*4—8学分，生物课程群*3学分，工程课程群*4学分②选修（按专业要求）：自然科学基础类*0—12学分	30 — 47.5 / —	①必修（按专业要求）：数学类*16—25学分，物理类*11—22学分，计算机类*4—7.5学分②选修科学素质类*2学分	— / 2

① 谭宗颖、王颖、陶斯宇：《中美代表性高校通识教育比较研究及启示》，《科学与社会》2020年第3期。

续表

通识教育课程布局		复旦大学 学分要求 必修/选修	复旦大学 亚类及具体要求	浙江大学 学分要求 必修/选修	浙江大学 亚类及具体要求	中国科学院大学 学分要求 必修/选修	中国科学院大学 亚类及具体要求	上海科技大学 学分要求 必修/选修	上海科技大学 亚类及具体要求	中国科技大学 学分要求 必修/选修	中国科技大学 亚类及具体要求
基本技能	写作	—	—	—	—	2	写作类*	2	人文类写作，包含在艺术与心养*必修课中	—	—
	外语	8	英语修习4学期根据已有水平分层教学*	7	英语修习4学期分层教学	8	英语基础类必修，提高类选修	8	英语修习2学期分层教学	8	英语修习2-4学期分层教学
	定量推理	—	逻辑与数学推理可选	—	—	—	—	—	—	—	—
体育		4	体育*	6.5	体育*	4	体育*	4	体质与身体健康*	4	体育*
思维·创新		1	创新创意与行业发展课/学程课/讲堂	—	—	—	—	3	魔鬼创新思维、创新与创业类*选2学分	—	—
特色课程	军事国防	1	军事理论	2	军训	4	军事理论与训练	2	军训和国防教育	1	军事理论
	新生研讨讲座	—	书院新生研讨课*	—	新生研讨课*	5	科学与人文系列讲座*	2	博雅讲座	1	科学与社会研讨课*
	其他	—	—	—	通识核心课	—	—	3	实践领航计划	—	—
课程模式		(14—16门)必修+(1—3门)选修		(11—16门)必修+若干门选修		(23—24门)必修+若干门选修		(23—30门)必修+若干门选修		(16—22门)必修+若干门选修	
通识教育课数量											
通识教育课学分/总学分		36—51学分/144-239.5学分四年制约占1/5五年制约占1/5		47—74学分/164.207学分约占1/3—2/5		91—94学分/155-163学分约占3/5		87—97学分/149学分约占3/5		67.5—80.5学分/160学分约占2/5—1/2	

大量优秀的跨学科人才。由此，跨学科课程应运而生。跨学科课程是在厚基础、宽口径基础上形成的，能有效改善过于专业化的人才模式，注重知识体系的广博性，进而引导学生综合运用不同领域知识，增强学生跨学科思维能力。同时，跨学科课程适应了学科之间相互交融、相互交叉的发展趋势。在某种程度上，跨学科课程体系建设是全面系统的，是培养新发展阶段所需要的创新型人才的必经之路。高校作为人才培养的源头活水，纷纷开始探索建设跨学科课程体系，以培养具有宽厚基础理论和广博基础知识、具有两门及以上学科知识和技能、具有跨学科意识和创新精神的人才。为实现这一目标，这一阶段高校在课程体系建设上主要采取了以下措施。

1. 采用多种形式，开设跨学科课程

传统的专业课程体系造成完整知识体系的割裂，使学生形成碎片化的思维方式，缺乏综合分析问题和解决实际问题的能力。跨学科课程则可以弥补这种缺憾，赋予学生相互完整的知识，有助于学生拥有跨学科、甚至跨界解决问题的能力。这一时期，国内多所高校在开设跨学科课程时采取灵活多样的形式。例如，复旦大学在面向21世纪课程体系及教学内容变革方向时提出，在设计一套课程体系时，要允许学生根据自己的情况，有较多的选择自由，除本专业外，可以选择跨专业、跨学科乃至跨文理大类选修若干课程。[①] 并将跨学科知识视为人才培养的重要构成要素，设置丰富的跨学科选修课程来进行跨学科课程体系建设。选修课从横向广度和纵向深度两个方向扩展，为学生创造更多的选择机会，拓宽了学生思维的深度和广度。除了采取选修课的形式建设跨学科课程，江西师范大学采用"英语+国际金融专业"的跨学院、跨专业合作的形式建设跨学科课程（见表3-9），将传统的英语专业课程与嵌入式方向类课程，即与国际金融专业的有关课程有机结合在一起，在提升学生综合素质的同时培养学生的创新精神。

---

① 孙莱祥、沈永宝：《面向21世纪：复旦大学课程体系和教学内容改革》，《上海高等研究》1997年第5期。

表3-9 江西师范大学国际教育学院英语+国际金融专业的课程体系[①]

课程模块	课程类别	具体科目
公共基础课程模块	公共必修课	大学体育、两课、军事理论等
	公共选修课	计算机、人文与社会、艺术理论等
英语专业类课程模块	英语专业基础课	英语语音、语法等
	英语专业主干课	精读、泛读、口语、听力、写作、高级英语等
	英语专业选修课	二外、英语国家研究、翻译、跨文化交际学、英语语言学等
嵌入式方向类课程模块	方向类专业基础课	金融学、经济学等
	方向类专业主干课	统计学原理、国际金融学、财政学、金融市场学等
	方向类选修课	证券投资与分析、国际保险、国际结算等
实践教学课程模块	社会实践	暑期三下乡、红土地支教、见习等
	专业实习	国际金融企业实习
	毕业论文撰写	金融类英文论文
素质拓展模块	补充课程	微积分、高等数学等
	综合能力培养	英语综合技能竞赛、国际金融专业技能竞赛、专业资格证书考试等
	创新研究	讲座、投稿、社团活动等

2. 利用多种途径，设计跨学科课程

1998年教育部颁布了《关于加强大学生文化素质教育的若干意见》，对文科大学生的科学素养和理工科大学生的人文素养的培养提出了新要求。高校开始探索人文教育与科学教育的融合，如表3-8所示，复旦大学等高校采取了通识教育课程与跨学科课程相结合的方式，形成自然科学、人文社会科学的有机联动，实现人文教育与科学教育课程的融合，丰富了跨学科课程设计路径。2012年清华大学经管学院EMBA教育采用的新课程体系分为了"天""地""人""通"四个模块，其中"通"的模块是为了使学生达到古今会通、中西会通、文理会通及商工会通，包

[①] 刘春燕：《高校英语专业应用型人才的培养目标与跨学科课程设计》，《外语界》2010年第4期。

括《清华探究》《行知中国》《大历史观：从诸子争鸣到新文化运动》《中西文化：跨越与回归》等课程。"通"这一模块是四个模块中最具创新性的，也是跨学科课程体系建立的路径。

纵观学科的发展历程，大致经历了"综合—分化—综合"过程。社会日新月异的变化和科技的发展，当前出现的诸多前沿问题，仅靠单一学科知识难以解决，需要多学科、跨学科、跨领域、跨界的融合。学科之间的关系日益密切，新兴交叉学科大量兴起，利用学科群设计跨学科课程体系迫在眉睫。学科群即为适应现代社会、科学技术及经济发展的需要，由若干相关学科围绕某一共同领域以一定形式结合而成的学科群体。[①] 学科群作为跨学科组合体，各学科内部之间有着相同的理论基础，学科知识之间具有高度的关联性。如大学里开设的"城市规划""水资源管理"等课程都是以学科群为基础的跨学科课程，把握学科群的学科属性，则是跨学科课程设计的关键。有学者认为利用学科群设计跨学科课程体系应坚持以下基本原则：（1）从跨学科知识整体性出发，形成跨学科课程之间的网络知识架构；（2）协调各学科内部的关系，发挥核心学科课程的龙头带动作用，实现跨学科课程的整体优化；（3）把握跨学科的学科发展源流，学科上游一般设置基础理论和应用研究课程，学科下游一般设置与高科技产业接轨的应用技术课程，以促进跨学科教育的产业化进程。[②] 跨学科课程设计的路径是多样的，在跨学科课程设计上应秉持开放、综合、多元的观点，在形成牢固基础知识的基础上注重复合型知识结构的生成，提高学生创新能力和适应社会变化的能力。

第三节 党的十九大以来：高校本科课程体系多元发展与重建

2017年党的十九大对我国教育事业的发展提出了新的要求，强调重

[①] 吕改玲、蔡琼：《大学的学科群建设与研究生创新人才培养》，《中国高教研究》2007年第10期。

[②] 邱士刚：《关于大学跨学科教育的思考》，《河北师范大学学报》（教育科学版）2004年第1期。

视教育就是重视未来、重视教育才能赢得未来,把教育摆在优先发展的地位。高等教育作为中国特色社会主义事业的重要组成部分,是培养适应社会主义现代化建设人才的重要基地,肩负着形成具有中国特色、世界一流的高水平本科教育的重大使命。2018年10月教育部发布了《关于加快建设高水平本科教育全面提高人才培养能力的意见》(又称"新高校40条"),指出"本科生是高素质专门人才培养的最大群体,本科阶段是学生世界观、人生观、价值观形成的关键阶段,本科教育是提高高等教育质量的最重要基础"。而高校本科课程体系又直接反映了教育目的和培养目标,是提升人才素质、提高教育质量的核心环节。当前我国经济已转向高质量发展阶段,新一轮科技革命的兴起给我国发展带来了诸多机遇和挑战,各国纷纷推动教育体制及课程体系改革,我国也迫切需要高等教育进一步发挥其在人才培养的中心地位,培养大批有理想、有本领的高素质人才。面对激烈的国际竞争,一个国家能否在竞争中取得先机,越来越取决于一个国家人才的素质和质量,如何抓住这一"弯道超车"的宝贵机遇,厚植本科教育这一基础、培养卓越拔尖人才成为这一时期各个高校的主要任务,成为高校课程体系建设需要面对和思考的首要问题。

一 "以本为本",重建本科课程体系

高教大计,本科为本;本科不牢,地动山摇;人才培养为本,本科教育是根。目前,我国高等教育正处在社会转型和高等教育转型发展相互叠加的历史时期,是一个"前所未有"的时期,也是高等教育带来挑战和机遇的时期。高等教育正由精英教育走向大众化教育、由传统教育走向现代教育,带来了管理体制改革、办学体制改革、投资体制改革、招生就业体制改革、人才培养模式改革等方面的变化。[①] 2018年6月,教育部在四川成都召开了新时代全国高等学校本科教育工作会议,会议上发表了《一流本科教育宣言(成都宣言)》,提出坚持以本为本、推进"四个回归"。其中,"以本为本"并不是单纯地强调高校以本科教育为

[①] 邬大光、李国强:《〈教育规划纲要〉实施五年进展与高等教育未来方向的基本判断——〈高等教育第三方评估报告〉前言》,《中国高教研究》2016年第1期。

本，而是强调要以教书育人为本；"四个回归"则是指回归常识、回归本分、回归初心和回归梦想。在同年 10 月发布的"新高校 40 条"中，也强调建设高等教育强国必须要坚持"以本为本"，振兴本科教育以形成高水平的人才培养体系，并在全面实施"四个回归"的基础上，到 2035 年形成具有中国特色、世界一流的高水平本科教育。

  课程体系建设是本科教育质量的重要保障，决定了人才培养质量，而课程建设是目前中国普通高校的短板。2019 年 10 月，教育部印发《关于一流本科课程建设的实施意见》，提出消灭"水课"、建设"金课"，建设万门左右国家级和万门左右省级一流本科课程的计划（即"双万计划"）。"水课"即低阶性、陈旧性、对学生而言没有挑战性或挑战性不大的一类课程；"金课"则是指那些高阶性、创新性、对学生而言具有挑战性的课程。武汉大学计算机学院在"金课"标准指引下，构建了竞赛类实践课程群，主要分为引导类课程和培训类课程（见表 3-10），引导学生综合运用所学知识与技能，锻炼了学生的独立思考和创造性思维能力。有学者指出我国需要抓紧建设这样几类"金课"：线下"金课"、线上"金课"、线上线下混合式"金课"、虚拟仿真"金课"和社会实践"金课"。[①]"金科"以及"双万计划"的提出有效地推动了高校课程内容及时更新，提升了高校课程质量，推动一流本科课程建设的洪流奔涌向前，为更好地培养具有创新精神的现代化人才服务。其实，我国一流本科教育建设不应仅仅执着于课堂教学、网络教学、混合式教学等教学方式方法的改革，"金课"应是多类型的、多层次的、多模式的、多标准的。当前亟待建设的"金课"应首先是或至少同时是"金"课程体系，而不是跨越式地追求"金"课堂效果。课程改革是一项长期的工程，很难有立竿见影的效果，但基于松散、陈旧的课程体系的教学和学习改进只能起到"一俊遮百丑"的作用。[②] 在坚持"以本为本"重建本科课程体系时，还应注重平衡通识课程与专业课程、理论教学与实践教学之间的关系，提高课程内容的前瞻性和实用性，培养学生的问题意识和创新思维能力，

  [①] 吴岩：《建设中国"金课"》，《中国大学教学》2018 年第 12 期。
  [②] 谢鑫、张红霞：《一流大学本科教育的课程体系建设：优先属性与基本架构》，《江苏高教》2019 年第 7 期。

以适应新时代对创新型、复合型人才的新要求。

表3-10　武汉大学计算机学院竞赛类实践课群具体信息①

课程类型	课程名	实验课时	实践学分	授课对象	课程类型	实验类型
引导类	计算机导论	18	无	计算机专业全体新生（含转专业学生）	必修课	课间实验
	互联网思维	6	无	全校本科生	选修通识课	课间实验
	互联网创新创业实践	24	无	全校本科生	选修通识课	课间实验
培训类	嵌入式系统设计	36	1	计算机科学与技术专业、卓越工程师班	必修课	独立学分实验
	RFID综合系统设计	36	1	物联网工程专业	必修课	独立学分实验
	无线传感器网络综合设计	36	1	物联网工程专业	必修课	独立学分实验
	物联网应用系统综合设计	36	1	物联网工程专业	必修课	独立学分实验
	大数据处理与分析	54	无	计算机科学与技术、软件工程专业、卓越工程师班	必修课	课间实验
	计算机设计大赛实训实践	40	1	全校本科生	选修专业课	独立学分实验
	服务外包创新创业大赛实训实践	40	1	全校本科生	选修专业课	独立学分实验
	计算机创新素质训练	36	1	计算机学院本科生	选修专业课	独立学分实验

二 "六卓越一拔尖"人才培养计划2.0和"四新"建设

2019年2月中共中央、国务院印发了《中国教育现代化2035》，要求加大应用型、复合型、技术技能型人才培养比重。"六卓越一拔尖"人才培养计划2.0是在2009年启动的多个单项卓越拔尖人才教育培养计划和拔尖创新人才培养计划的基础上综合而成的，拓展了范围、提高了数

---

① 王毅、张沪寅、黄建忠：《新工科人才培养导向的竞赛类实践课程设计》，《实验技术与管理》2020年第8期。

量、创新了模式，是适应社会变化的积极调整，旨在全面深入提升我国高等教育人才培养质量。其中，"六卓越"指的是卓越工程师、卓越医生、卓越农林人才、卓越教师、卓越法治人才及卓越新闻传播人才，"一拔尖"则是指基础学科拔尖学生。2019年4月，教育部及相关部门在天津联合启动"六卓越一拔尖"人才培养计划2.0。教育部长陈宝生指出，启动实施"六卓越一拔尖"计划2.0，是将原先的单个计划变成系列计划的组合，由原来的"单兵作战"转向"集体发力"，标志着高等教育改革发展走向成形成熟，是新时代中国高等教育写好"奋进之笔"的一次"质量革命"。"四新"建设指的是建设新工科、新医科、新农科和新文科，大力发展"四新"是为了推动形成覆盖全部学科门类的、具有中国特色和世界一流水平的本科专业集群。新工科建设是为应对第四次工业革命的需要，面向未来培养一批创新能力强的高质量工程技术人才。新医科作为构建健康中国的重要基础，要实现从治疗为主到生命全周期、健康全过程的全覆盖，提升全民健康力。新农科要用现代科学技术改造升级涉农专业，为乡村振兴发展提供强有力的人才支撑。新文科建设则是要推动哲学社会科学与新科技革命交叉融合，培养新时代的哲学社会科学家，创造光耀时代、光耀世界的中华文化。

"六卓越一拔尖"人才培养计划2.0是"四新"建设的总抓手，"四新"建设是"六卓越一拔尖"人才培养计划2.0的总目标。基于"六卓越一拔尖"人才培养计划2.0及"四新"专业建设，我国普通高校在本科课程体系建设方面采取了一系列举措。如针对新工科专业多学科交叉融合的特征，以及对新工科专业卓越工程科技人才在知识、能力和素质上更高的要求，有学者指出在新工科课程体系建设方面需注重通识教育课程对专业教育课程的支撑作用，整合、重组和优化通识教育课程体系，以支持多学科交叉融合的专业教育的开展；注重体现多学科交叉融合的新专业课程的建设，以培养学生的跨学科思维和跨界整合能力；注重将新工科学科前沿知识和相关学科交叉知识、原理和方法融入专业教育课程体系，以开拓学生的视野，培养学生的未来能力。[①] 北京科技大学计算

---

① 林健：《新工科建设：强势打造"卓越计划"升级版》，《高等工程教育研究》2017年第3期。

机专业响应国家对大数据信息领域高科技人才的需求，紧跟时代形势，改革计算机专业课程体系，建设了大数据相关的课程群（见表3-11），注重基础知识的同时又注重培养学生大数据思维方式，从而逐步形成大数据开发和实践能力。当今，新文科建设也要求将云计算、大数据、人工智能、生物基因工程等新技术有机地融入中国特色人文社会科学的学科体系中。例如，新文科审计人才不仅要掌握学科专业知识，还应通过通识教育课程、人文素质课程、信息技术课程等汲取跨学科知识，提高技术修养和人文修养，培养整体性思维。同时要形成多角度、全方位的专业课程教育体系，在专业拓展课程设置方面也应注重相关边缘学科的协同创新发展，适当融入计算机、大数据技术、法学、社会学、统计学等学科知识。①

表3-11　　　　　　　北京科技大学计算机专业大数据课程群②

课程类型	课程名称
程序设计基础课	Python 程序设计
	Java 面向对象程序设计
	R 程序设计
专业基础课	Linux 操作系统
	数据库原理
	计算机网络
大数据基础课	大数据导论
专业基础课	Hadoop 技术实战
	大数据应用开发
	大数据工程综合实践
	数据分析与挖掘

---

① 唐衍军、蒋尧明：《论"四跨"融合下新时代新文科审计人才培养》，《财会月刊》2021年第6期。

② 崔晓龙、张敏、张磊、边胜琴、郭茜：《新工科背景下应用型大数据人才培养课程群研究与建设》，《实验技术与管理》2021年第2期。

习近平总书记曾说:"世界上不会有第二个哈佛、牛津、斯坦福、麻省理工、剑桥,但会有第一个北大、清华、浙大、复旦、南大等中国著名学府。我们要认真吸收世界上先进的办学治学经验,更要遵循教育规律,扎根中国大地办大学。"大学课程是大学教育过程最基本的要素,是影响学生发展最直接的中介和变量,可谓是大学教育质量的"阿基米德支点"。[1] 中华人民共和国成立以来,高校本科课程体系的研究成果枝繁叶茂,但也是问题丛生,甚至遮蔽了课程体系发展的视线。通过前文对中华人民共和国成立之后高校本科课程体系建设历程的梳理可以发现:中华人民共和国成立之后的很长一段时间内,高校的本科课程体系延续了苏联模式下的"老三层"课程体系结构;"文化大革命"时期又打破了"三层楼"模式,由于过于偏向实用主义,导致课程体系遭受严重破坏;改革开放至90年代初期,我国高校的本科课程体系是一种"两层楼"的专业课程模式;90年代以后,高校开始注重通识课程的作用,呈现出"新三层"课程模式。目前,我国高校人才培养工作已进入变轨超车的机遇期,坚持"以本为本",通过对中华人民共和国成立以来我国课程体系建设历程的深入剖析和反思,为建设科学合理的课程体系提供经验教训,获得"中国经验",使新的课程体系能主动适应社会经济发展和科技进步,促进我国普通高校本科课程体系未来的良性发展,凸显其开放性、灵活性及整体性,办好"中国大学"。

目前,我国高校课程体系改革取得了显著成就,注重课程的基础性、宽口径和学生通识能力甚至跨学科能力的培养,多所一流大学构建了通识核心课程、文化素质课程、学科大类课程等,并规定这类课程的学分不低于总学分的百分之三十。同时,增加了选修课程比例,满足学生的个性化分流培养等。这些理论研究和实践探索引领着普通高校课程体系的创新,反映了新时代人才培养理念的课程变革。但高校本科课程体系还存在着横向上跨学科课程不足和纵向上课程体系梯度设计不合理的结构性问题,这些都是未来课程体系研究应着重厘清的问题。

---

[1] 李枭鹰:《从高深知识到大学课程:一个学术性的生成过程》,《大学教育科学》2018年第2期。

第四章

普通高校本科课程体系
满意度调查

  高校本科课程体系建设是对高校课程蓝图的勾勒与践行过程，是大学整体发展与形成特色的核心，它全方位地反映着大学的办学思想。综观国内外一流大学的改革必定始于对课程的改造，并将课程建设作为学校发展的重点。"好的大学，就是能够提供更多更好课程的大学。好的教授，也就是能够提供更高质量课程的教授。"[1]"更好的课程""更高质量的课程"就是能够最大限度地满足社会需求和促进学生发展的课程，这样的课程必然获得学生高满意度的评价。当前，制造强国战略宏伟蓝图实现的关键是人才培养，高校课程作为人才培养的主要载体，能否落实《中国制造2025》战略中的使命责任，扎实培养具有创新精神和创新思维的人，高校毕业生课程满意度状况，是考核高校教育成效的重要指标，也是衡量供求双方相互作用的成效指标。美国学者弗雷泽（M. Frazer）也认为高等教育的质量首先是指学生的发展质量，即学生在整个学习历程中所学的"东西"，在认知、技能、态度等方面的收益是衡量高等教育质量的核心标准。在高等教育评估中心对普通高校的审核评估中，重点考察的内容之一就是学生和社会用人单位的满意度。因此本书通过对毕业生课程满意度考察，客观呈现高校本科课程体系的总体状况。

---

[1] 张楚廷：《高等教育哲学》，湖南教育出版社2004年版，第298页。

第一节 普通高校课程满意度的理论
阐释与指标体系的确立

基本概念和相关理论的研究是任何研究的基础。"概念是反映思维对象的本质和本质相同的全体的思维形式。"① 概念能够反映事物的本质，而本质又是事物本身所固有的，能够决定事物性质和发展的根本属性。韦伯曾经说："对概念的入门性讨论尽管难免会显得抽象，并因而给人以远离现实之感，但却几乎是不能省略的。"② 可见，概念的澄清是所有研究者进行研究的前提条件和逻辑基础。因此，本书首先应澄清基本概念。

一 相关研究的视点和视域

20 世纪 90 年代以来，随着顾客满意度理论在教育研究中的运用，大学生满意度的研究成果斐然。最早对大学生满意度的调查始于 1994 年美国的全国大学生满意度调查。我国最早的大学生满意度调查始于 2001 年清华大学刘西拉教授的调查，此后出现了一批相关研究成果。但总体来看，国内外对高校课程满意度的研究成果较少，国内的研究主要集中在三个方面：一是对某一专业课程设置满意度的研究。如孙建等采用结构方程模型从教学资源、教学水平、学生课程认知度三个维度，调查了重庆工商大学计量经济学课程的满意度，结果发现影响学生课程满意度的最大因素是学生课堂纪律和学生课前准备程度。③ 孙玉环从学生对课程设置的满意度以及对授课教师的满意度等方面，对东北财经大学的课程设置满意度进行了调研。④ 二是对某一学校课程设置的满意度研究。如魏会茹等对石家庄学院的师范生课程满意度进行调查研究，认为课程影响因素包含八个子维度的满意度：课程体系、教材与参考书、教学方法与手

---

① 钱为钢、杭仁童：《逻辑与方法论》，生活·读书·新知三联书店 2004 年版，第 16 页。
② ［德］马克斯·韦伯：《社会科学方法论》，杨富斌译，华夏出版社 1999 年版，第 34 页。
③ 孙建、毛明明：《计量经济学课程满意度 SEM 分析——以重庆工商大学为例》，《时代教育》2015 年第 3 期。
④ 孙玉环：《学分制下本科生满意度状况调查及分析——以东北财经大学为例》，《统计教育》2008 年第 7 期。

段、教学内容、师资配备、课堂教学效果、考试及考核方式、教学组织与管理。① 三是对某一类学生课程满意度的研究。如滕瀚等从课程规划、课程体系、课程设置、参与课程设计的机会以及课程实施的效果等方面，对教育部某直属师范大学免费师范生进行调查，结果表明免费师范生对课程的满意度较低。② 四是课堂教学满意度研究。如李国珍对武汉市5所学校在校大学生的课程学习满意度进行研究，结果表明大学生的某种功利性需要以及课堂互动的微观因素，如教师的教学水平、科研水平、同学意见、班主任建议等是影响课程满意度的重要因素。③

国外从20世纪80年代开始对学生满意度进行调查，关于课程满意度的研究成果主要有：瓦利德·安萨里（Walid El Ansari）先后对牛津布鲁克斯大学护理学专业学生课程满意度水平的影响因素进行研究，认为课程的学术水平、学习中方式和学习目标三个方面影响学生课程满意度。④ 曼纽拉·帕切尔（Manuela Paechter）等对奥地利29所大学的2196名学生进行调查，发现影响学生课程满意度的主要因素是大学生的学习期望和学习经验。⑤

通过对文献的梳理可以发现，这些研究对高校本科课程建设作出了基础性贡献，但研究仍较为薄弱，无论从研究工具还是从研究内容方面来说都较为零散：一是问卷调查的指标体系设计主要集中在课程实施领域，缺乏对课程满意度的测评研究。二是问卷的建构方法简单，缺乏统计学的理论支持，且影响因子的构建较为随意，因子权重的确立过于简单，缺乏科学的依据。三是研究样本的选择均集中于在校大学生，缺少

---

① 魏会茹、何俊华：《师范专业大学生对课程设置满意度的调查研究——以石家庄学院为例》，《人力资源管理》2009年第4期。

② 滕瀚、时伟、梁支宏、王少云：《免费师范生课程现状满意度调查分析》，《辽宁教育研究》2008年第9期。

③ 李国珍：《大学课程学习的满意度研究——以武汉市高校2500名高校大学生的调查为例》，《高等教育研究学报》2014年第1期。

④ Walid El Ansari, Student nurse satisfaction levels with their course: Part 2 – effects of academic variables, *Nurse Education Today*, 2002, No. 2, pp. 171–180.

⑤ Manuela Paechter, Brigitte Maier, Daniel Macher, Students' expectations of, and experiences in e-learning: Their relation to learning achievements and course satisfaction, *Computers and Education*, 2010, No. 1, pp. 222–229.

对大学毕业生的研究，窄化了对课程满意度的理解。

本书运用经典测量理论（CTT）、探索性因素分析（EFA）和验证性因素分析（CFA）等方法，创建了一个较为科学、更具有解释性的普通高校课程满意度测量工具"UCSS 量表"（university curriculum satisfaction scale）。同时，首次选取大学毕业生作为研究对象，考察其课程满意度状况。这是因为：首先，在校大学生有"当局者迷"的现象，往往囿于自身学习兴趣、学业需求框架内，难以从总体上把握学科框架；其次，在校大学生尚未走上社会，不能充分考虑用人单位和社会对高校课程的认可程度，对课程难以做出全面的判断，使得研究结果难以具有整体性与科学性，缺乏更广泛的参考价值。以大学毕业生作为研究对象则避免了上述局限，并填补了高校课程满意度在这方面研究的空白。通过在校大学生与大学毕业生的比较能够更好地折射出高校课程存在的问题，为高校课程改革提供更完整的认知图像。

二　普通高校课程满意度的内涵与评价指标

（一）普通高校课程满意度的内涵

教育满意度方面的研究来源于国外对顾客满意的研究，这项研究始于 20 世纪 60 年代中期。我国对顾客满意的研究开始于 20 世纪 90 年代，其概念至今没有统一的定义。在《现代汉语词典》里，顾客满意被界定为"满足自己的愿望，符合自己的心意"。[1] 2000 年版国际标准化质量管理体系（ISO/DIS9000）中对顾客满意的定义为"顾客对某一事项已满足其需求和期望的程度的意见"。[2] 由此，笔者认为满意度是给出评价过程与顾客心理感受的结合。"课程满意度"是大学生对高校课程满足其需求和期望程度的评价，是大学生在接受大学课程教学这一服务后的一种心理感受。

本书认为高校课程满意度是指大学生以及大学毕业生对课程是否满足其需求和期望的情绪反映程度，主要包括对课程目标、课程体系与内容、课程实施、课程资源、课程评价等方面的需求和期望的情绪反映程度。当

---

[1] 中国社会科学院语言研究所词典编辑室：《现代汉语词典》，商务印书馆 2012 年版，第 870 页。

[2] 刘宇：《顾客满意度评价》，社会科学文献出版社 2003 年版，第 37 页。

课程满足其需求和期望时获得的积极情绪反映即是满意，反之便会体验到一种消极的反映，即为不满意。我们将这种情绪体验分为五个层级：非常不满意，即学生学习课程之后感到愤慨、难以容忍；不满意，即学生学习课程之后感觉不好，但可勉强忍受，又会产生抱怨、遗憾；一般，即对课程既说不上好，也说不上差，还算过得去；比较满意，即学生学习课程之后所形成的肯定和赞许，但对课程还有更高的期盼；非常满意，即学生在学习课程之后所形成的满足感、心存感激，学习课程之后没有任何遗憾，其期望得以完全达到，甚至超出了自己既有的期望。

(二) 高校课程满意度的评价指标体系建构

1. 现有高校课程满意度的评价指标建构状况

国外对这一问题的研究始于20世纪80年代。世界范围内影响较大的当属美国高等教育管理中心与美国印第安纳大学高等教育研究中心共同研发的"全国学生参与度调查"（National Survey of Student Engagement，NSSE），这一研究从学生投入度的角度体现大学的教育质量。随着研究的不断积累与深入，该领域形成了诸多成熟的理论解释框架与测量方法，其中以斯帕蒂（Spady）的学生辍学行为的社会分析模型、阿斯汀（Aetin. A. W.）的I－E－O模型、汀托（Tinto）的学生融入模型、帕斯卡雷拉（Pascarella）的学生变化的因果解释模型等为典型代表。国外大学生满意度指标体系中比较有名的主要有美国大学生满意度量表（Student satisfaction inventory，Noel－Levitz）和英国大学生满意度调查（National Student Survey，NSS）。其中，美国大学生满意度量表主要包括学术指导、校园氛围、校园支持、学生关注、教学成效、招生资助、多元群体、校园安全、服务卓越、注册成效、学术支持、学生中心等指标；英国大学生满意度调查的指标体系主要包括课程教学质量、评价与反馈、学术支持、组织与管理、学习资源、个人发展与学生社团等指标。

在借鉴国外成熟测量工具理论的基础上，我国学者进行了本土化测量工具研发，有代表性的主要有：常亚平等（2007）提出的学生满意度指标体系，主要包括学校环境风气、学生管理机制、教学基础设施、后勤服务、课外活动、教师职业素质、教学课程管理、职工服务意识、个人发展，总计九大维度的学生满意度指标体系；杨兰芳（2011）提出的涉及专业课程、校园文化、师资队伍、实践创新、后勤服务、教辅设施六大维度的学生满意度指标体系；田喜洲等（2007）参照本科评估指标，建构的包含教师教学、教学管理、学生工作、学校环境、教学条件与利用、学校社会声誉六个维度的大学生满意度指标体系；张倩等（2009）建构的院校教学过程评价体系，主要包括教学内容、学生参与、教学方式、课外活动、生活服务、硬件设施六个维度。这些大学生满意度的指标体系为大学生课程满意度的建构提供了很好的借鉴，但关于高校课程满意度的指标体系则较为零散，没有相对统一的标准与模型。本书力图从课程本体出发探讨课程满意度的指标体系，主要包括对课程目标、课程体系与内容、课程实施、课程资源、课程评价等方面的需求和期望的情绪反映程度。

2. 高校课程满意度指标体系的构建

本书根据相关学者对于大学生课程满意度的研究，基于课程本体，初步建立四个层次的指标体系，采用层层递进的方式展开，每一个层次的测评指标都是由上一层次的测评指标展开的，即第二层在第一层的基础上展开，第三层在第二层的基础上展开，以此类推，并将第四层的指标如数反映到问卷的问项上，具体指标如表4-1所示。

表4-1　　　　　　大学生高校课程满意度指标体系

一级指标	二级指标	三级指标
大学生课程满意度	A 课程目标	学生对课程目标的认知、态度；课程目标与个人需求和社会需求的符合度；学生参与度
	B 课程体系	合理性；学生参与度
	C 课程内容的实践性取向	学时；学生参与次数；社会实践；课程内容的实用性
	D 课程内容的广深性取向	内容的广深度；学术前沿；解决问题的方法
	E 课程内容的基础性取向	课程内容的基础性
	F 教师的课程实施	教学简便易懂；教学目标清晰；教学内容明确；教学内容的难度；学生参与度
	G 教师课程资源	专业知识；学术水平和科研能力；交流能力
	H 学校课程资源	文化氛围；多媒体设备；图书馆馆藏资源；网络资源；教材
	I 课程评价	考核方式；真实度；考试内容；对本院系教学质量的评价

本书构建的高校大学生课程满意度模型分5个维度展开,将二级指标分别标记为A、B、C、D、E、F、G、H、I。以上三级指标可以继续展开为四级指标,如表4-2所示。本书的四级指标在本书的问卷中有所反映,四级指标分别被标记为A1、A2、A3、…、I1、I2、I3。

表4-2　　　　　　　高校大学生课程满意度测评项目

测评项目
A1 您对大学课程的目标和要求
A2 大学课程与您的个人发展需求是否符合
A3 大学课程与社会需求的关联程度
A4 本专业的培养方案能否满足您能力、智力的发展
A5 课程是否激发了您的学习热情
A6 课程是否触发了您对专业领域的兴趣
A7 您是否经常讨论专业问题
B1 课程体系的合理性
B2 在学校为您开设的选修课目录中,真正想去学习的课程有多大比例
B3 在您所学过的并已计入学分的所有课程当中,切合您自身学习需要的有多大比例
B4 在所修高校本科课程提供的教材中,您饶有兴趣、多次阅读的有多大比例
C1 实践类课程所占的学时
C2 您认为本专业提供实践机会的次数
C3 您认为实践类课程是否关注学生综合素质的培养
C4 课程提供的实习与社会实践的机会
C5 课程内容的实用性
D1 课程内容的深度与广度
D2 课程内容在本门学科的前沿动向上有何体现
D3 课程内容在强调解决问题的方法上有何体现
E1 课程内容在强调基础知识的掌握上有何体现
F1 教师的教学简明易懂
F2 教师的教学目标清晰明确,教学内容清晰易懂
F3 教师的教学内容具有一定的难度(挑战性)
F4 教师经常恰如其分地应用教学素材
F5 教师在课堂教学中注重学生参与
G1 教师专业知识的宽度与深度

续表

测评项目
G2 教师的学术水平及科研能力
G3 与教师交流的机会与效果
H1 学校文化氛围（校风、学风等）
H2 多媒体设备教学
H3 图书馆的馆藏资源（图书与电子期刊）
H4 教学课件与网络资源
H5 教材的选择
I1 课程考试及考核方式
I2 一般来说，您认为课程成绩能反映您的真实学习收获吗
I3 一般来说，考试内容和手段能反映课程本身的学习要求吗
I4 您如何评价当前所在院（系）的本科教学质量

第二节 普通高校课程满意度量表（UCSS）的编制

院校满意度是近年来国内外研究者关注和探讨的重要课题，然而，其对课程满意度的探讨极少，一方面是因为中国的课程论研究较晚，另一方面是由于院校评价不是以学生为主。迄今为止，对课程满意度的界定和测量指标没有达成一致的观点，国内外研究者也没有提出统一、权威的测量课程满意度的工具。本书旨在以往研究的基础上，编制适合考察我国高校课程满意度的量表，并对其信度和效度进行分析。

一 研究设计

本书借鉴顾客满意度指数模型理论和方法以及课程相关理论，探索构建大学生课程满意度量表。在此基础上对山东省5591名高校毕业生的课程满意度进行调查，以期为我国高等课程改革提供决策支持。

（一）研究目的

首先，本书在借鉴美国顾客满意度指数模型（ACSI）的基础上，对高校课程满意度概念模型构建以及学生课程满意度指数计算等方面进行深入研究，探讨学生课程满意度的影响因素。其次，依托构建的高校学生课程满意度模型，参考国内外课程满意度测评的理念，编制适合我国普通高校课程的《高校课程满意度量表》，实施课程满意度测评，帮助高校全面了解学生的需求动态。最后，在对大学毕业生课程满意度调查的基础上，形成高校毕业生的课程满意度问卷，并进行实证调查，为高校课程建设提供依据。

（二）研究对象

本书以山东省普通高校本科毕业5年以内的毕业生（包括在读研究生和就业生）为研究对象，其中在读硕士生2155名，本科毕业5年以内的就业生3436名，具体情况如表4-3所示。

表4-3　　　　　　　　　研究对象分布

专业	在读硕士研究生		已就业本科毕业生		总计
	男生	女生	男生	女生	
文科专业	273	471	306	591	1641
理科专业	365	394	511	421	1691
工科专业	183	144	532	279	1138
其他专业	136	189	362	434	1121
总计	957	1198	1711	1725	5591
	2155		3436		

（三）研究方法

1. 文献分析法

对文献资料进行阅读和分析是一种经济高效的信息搜集方法。为了从理论上系统构建研究模型，研究国内外相关文献资料，了解已有相关研究，把握研究动向，形成研究思路，首先，以顾客满意理论为导引，系统分析高等教育服务的特点，界定课程满意度的内涵；其次，从高等教育服务的特殊性入手，探讨学生与高等学校之间的关系以及学生课程满意度测评的意义；最后，在借鉴国外顾客满意度指数模型分析框架以及感知服务质量相关测评模型的基础上，结合课程本体论以及我国高等教育的特点，确定学生课程满意度指数结构方程模型中的潜变量和显变量，进而构建我国高等教育学生课程满意度的概念模型。

2. 访谈法

通过半结构化访谈，了解不同人员对高校课程满意度的认识，并与访谈对象进行深度交流，听取其对调查问卷的理解及提出的修改建议。根据访谈的结果，对研究假设和测量题项进行修正和完善。

3. 问卷调查法

在相关文献研究的基础上，参考同类研究量表，设计开发我国高校毕业生课程满意度测评量表，形成调查问卷，并通过试测完善问卷，对山东省毕业5年以内的高校毕业生和在读研究生开展问卷调查，完成实证环节。将所得有效数据运用SPSS 24.0统计软件和AMOS 18.0分析软件进行处理，构建高校毕业生课程满意度结构，并进行模型验证。

4. 专家讨论法

以德尔菲法为主，在对问卷调查数据初步统计、归纳后，将高校毕业生课程满意度要素项目的结果分别反馈给各个专家，专家之间不发生横向联系，相互间不做讨论。通过多轮次专家组成员的反复讨论，征询毕业生课程满意度构成要素指标的意见，在达成共识后，得出课程满意度的构成要素特征项目，以作为编制正式问卷的参考。

（四）统计处理

数据录入及部分处理采用统计软件SPSS 24.0，通过采用SPSS 24.0进行因子分析和克隆巴赫系数计算，以考察问卷的信度；采用结构方程模型软件AMOS 18.0进行验证性因素分析，以考察问卷的结构效度。

二 高校课程满意度工具的编制过程

本书基于对高校课程满意度理论框架的详细讨论，在访谈了43名在读硕士生、62名已经工作的就业生及38名大学教师的基础上，参照相关理论对问卷进行设计，组织专家讨论，修订问卷，确定了高校课程满意度的具体维度以及各个维度下的题目，共编写62个题目。为考察问卷的合理性，本书在完成问卷初稿后进行了小样本的预测（在读研究生100

人，就业生 183 人），对问卷的每个题目做了深入分析，调整并删除一些交叉性、容易产生异议的题目，最后得到 46 个题项作为大学生课程满意度的正式问卷。为进一步验证问卷的信度与效度，本书对修订后的问卷进行大规模的施测，并在此基础上对问卷的信度与效度加以检验，最终形成的主问卷保留了 37 个题目，分为五个维度：课程目标、课程体系与内容、课程实施、课程资源、课程评价。问卷共分为两个部分：第一部分是个人信息，包括性别、专业、毕业年限以及目前单位；第二部分为主问卷，按照李克特 5 级量表，对每个项目在符合程度上从"非常满意""比较满意""一般""比较不满意""很不满意"分别予以赋分（5 分、4 分、3 分、2 分、1 分）。

三 高校课程满意度工具的探索与验证

（一）项目分析

将问卷总分进行降序排列，确定前 27% 的被试（高分组）和后 27% 的被试（低分组），计算每个题目在高分组和低分组的差异显著性。结果发现，所有题目在高分组和低分组之间的差异都达到了极显著水平（见表 4-4）。将鉴别度指数在 0.20 以下题项（质量较差）的题目予以淘汰、删除，由表 4-4 可见，所有题项均符合标准，因此予以保留。

表 4-4　　　　　　　　高校课程满意度的项目分析

题项		方差方程的 Levene 检验		均值方程的 t 检验						
		F 检验	显著性	t	df	显著性（双侧）	均值差值	标准误差值	差分的 95% 置信区间	
									下限	上限
T1	假设方差相等	12.264	0.001	12.378	3017	0	1.458	0.118	1.225	1.691
	假设方差不相等			12.399	2850.988	0	1.458	0.118	1.225	1.690
T2	假设方差相等	8.295	0.005	12.813	3017	0	1.539	0.120	1.302	1.777
	假设方差不相等			12.829	2933.357	0	1.539	0.120	1.302	1.777
T3	假设方差相等	26.447	0	11.901	3017	0	1.280	0.108	1.067	1.492
	假设方差不相等			11.941	2455.667	0	1.280	0.107	1.067	1.492
T4	假设方差相等	12.709	0	12.632	3017	0	1.471	0.116	1.241	1.701
	假设方差不相等			12.655	2722.896	0	1.471	0.116	1.241	1.701

续表

题项		方差方程的 Levene 检验		均值方程的 t 检验					差分的95% 置信区间	
		F 检验	显著性	t	df	显著性（双侧）	均值差值	标准误差值	下限	上限
T5	假设方差相等	10.612	0.001	12.983	3017	0	1.539	0.119	1.305	1.774
	假设方差不相等			13.002	2789.834	0	1.539	0.118	1.305	1.774
T6	假设方差相等	9.901	0.002	12.535	3017	0	1.499	0.120	1.262	1.735
	假设方差不相等			12.552	2808.274	0	1.499	0.119	1.263	1.735
T7	假设方差相等	29.689	0	12.708	3017	0	1.348	0.106	1.138	1.557
	假设方差不相等			12.752	2331.151	0	1.348	0.106	1.138	1.557
T8	假设方差相等	12.648	0.001	12.342	3017	0	1.471	0.119	1.236	1.707
	假设方差不相等			12.363	2730.870	0	1.471	0.119	1.236	1.707
T9	假设方差相等	10.877	0.001	12.520	3017	0	1.485	0.119	1.251	1.719
	假设方差不相等			12.539	2789.260	0	1.485	0.118	1.251	1.719
T10	假设方差相等	11.953	0.001	12.508	3017	0	1.471	0.118	1.239	1.704
	假设方差不相等			12.528	2766.095	0	1.471	0.117	1.239	1.704
T11	假设方差相等	8.546	0.004	13.587	3017	0	1.711	0.126	1.462	1.960
	假设方差不相等			13.571	2802.453	0	1.711	0.126	1.462	1.961
T12	假设方差相等	7.310	0.008	13.787	3017	0	1.698	0.123	1.454	1.941
	假设方差不相等			13.775	2843.172	0	1.698	0.123	1.454	1.941
T13	假设方差相等	7.310	0.008	13.787	3017	0	1.698	0.123	1.454	1.941
	假设方差不相等			13.775	2844.172	0	1.698	0.123	1.454	1.941
T14	假设方差相等	6.562	0.011	13.100	3017	0	1.671	0.128	1.419	1.923
	假设方差不相等			13.092	2865.596	0	1.671	0.128	1.419	1.923
T15	假设方差相等	8.707	0.004	13.689	3017	0	1.739	0.127	1.488	1.990
	假设方差不相等			13.672	2785.751	0	1.739	0.127	1.487	1.990
T16	假设方差相等	8.089	0.005	13.884	3017	0	1.698	0.122	1.456	1.939
	假设方差不相等			13.871	2831.798	0	1.698	0.122	1.456	1.940
T17	假设方差相等	7.565	0.007	13.826	3017	0	1.711	0.124	1.466	1.955
	假设方差不相等			13.809	2802.003	0	1.711	0.124	1.466	1.956
T18	假设方差相等	4.331	0.039	13.790	3017	0	1.725	0.125	1.478	1.972
	假设方差不相等			13.782	2867.548	0	1.725	0.125	1.477	1.972
T19	假设方差相等	7.524	0.007	13.446	3017	0	1.684	0.125	1.437	1.932
	假设方差不相等			13.434	2843.278	0	1.684	0.125	1.437	1.932
T20	假设方差相等	11.451	0.001	13.289	3017	0	1.643	0.124	1.399	1.887
	假设方差不相等			13.273	2786.914	0	1.643	0.124	1.398	1.888

续表

题项		方差方程的 Levene 检验		均值方程的 t 检验						
		F 检验	显著性	t	df	显著性（双侧）	均值差值	标准误差值	差分的 95% 置信区间	
									下限	上限
T21	假设方差相等	6.279	0.013	13.713	3017	0	1.698	0.124	1.453	1.942
	假设方差不相等			13.702	2845.850	0	1.698	0.124	1.453	1.943
T22	假设方差相等	8.263	0.005	13.492	3017	0	1.684	0.125	1.437	1.930
	假设方差不相等			13.478	2882.181	0	1.684	0.125	1.437	1.931
T23	假设方差相等	4.465	0.036	10.098	3017	0	1.491	0.148	1.199	1.783
	假设方差不相等			10.119	2663.744	0	1.491	0.147	1.200	1.782
T24	假设方差相等	6.372	0.013	11.322	3017	0	1.546	0.137	1.276	1.816
	假设方差不相等			11.354	2503.651	0	1.546	0.136	1.276	1.815
T25	假设方差相等	4.774	0.031	10.706	3017	0	1.491	0.139	1.216	1.767
	假设方差不相等			10.733	2583.348	0	1.491	0.139	1.216	1.766
T26	假设方差相等	10.082	0.002	11.269	3017	0	1.586	0.141	1.308	1.864
	假设方差不相等			11.303	2445.161	0	1.586	0.140	1.308	1.864
T27	假设方差相等	6.644	0.011	11.236	3017	0	1.532	0.136	1.263	1.802
	假设方差不相等			11.267	2556.347	0	1.532	0.136	1.263	1.801
T28	假设方差相等	6.316	0.013	10.059	3017	0	1.450	0.144	1.165	1.735
	假设方差不相等			10.086	2554.804	0	1.450	0.144	1.166	1.735
T29	假设方差相等	9.157	0.003	10.972	3017	0	1.546	0.141	1.267	1.824
	假设方差不相等			11.005	2445.079	0	1.546	0.140	1.268	1.824
T30	假设方差相等	6.084	0.015	10.565	3017	0	1.450	0.137	1.179	1.722
	假设方差不相等			10.594	2507.948	0	1.450	0.137	1.179	1.721
T31	假设方差相等	5.507	0.020	11.176	3017	0	1.519	0.136	1.250	1.787
	假设方差不相等			11.207	2509.702	0	1.519	0.136	1.250	1.787
T32	假设方差相等	0.023	0.880	12.311	3017	0	1.558	0.127	1.308	1.808
	假设方差不相等			12.324	2856.127	0	1.558	0.126	1.308	1.808
T33	假设方差相等	0.024	0.877	12.547	3017	0	1.599	0.127	1.347	1.851
	假设方差不相等			12.560	2845.298	0	1.599	0.127	1.348	1.851
T34	假设方差相等	0.020	0.888	12.448	3017	0	1.558	0.125	1.311	1.806
	假设方差不相等			12.460	2846.501	0	1.558	0.125	1.311	1.805
T35	假设方差相等	5.815	0.017	7.751	3017	0	0.997	0.129	0.743	1.251
	假设方差不相等			7.766	2682.725	0	0.997	0.128	0.743	1.251
T36	假设方差相等	7.120	0.008	7.870	3017	0	1.038	0.132	.777	1.298
	假设方差不相等			7.886	2682.535	0	1.038	0.132	0.777	1.298

续表

题项		方差方程的 Levene 检验		均值方程的 t 检验						
		F 检验	显著性	t	df	显著性（双侧）	均值差值	标准误差值	差分的 95% 置信区间	
									下限	上限
T37	假设方差相等	5.559	0.020	7.358	3017	0	0.970	0.132	0.710	1.231
	假设方差不相等			7.374	2667.639	0	0.970	0.132	0.710	1.230

（二）探索性因子分析

1. 判别问项的合适度[①]

首先，应计算变量间两两配对的相关系数，以判定是否具备进行因素分析的适合度。通常可以采用计算积差相关系数、偏相关系数或逆映像系数、变量间相关矩阵的行列式值、Bartlett 球体检验与 Kaiser 抽样适足性指数等方式。使用 SPSS 24.0 对调查数据进行项目分析以检验各问项的质量，主要包括问项与总分的相关、区分度、内部一致性系数、偏度和峰度系数，对检验数据的异常值进行处理。其次，剖析数据进行因素分析的条件，即确定各问卷项目间是否存在高相关。使用 SPSS 24.0 对预测问卷进行项目分析和探索性因素分析，运用临界比值法进行项目分析，[②] 通过项目分析发现所有项目都达到了 0.001 以上的显著性，表明各项目具有良好的区分度。最后，对问卷做探索性因子分析，为保证变量间的相关性，分析前要先对样本数据进行 KMO 样本充分性和 Bartlett 球体检验。KMO 检验变量间的相关系数和偏相关系数大小，Bartlett 球体检验是对相关矩阵是否为单位矩阵进行判断。分析结果显示（见表 4-5），KMO 值为 0.924，依据亨利·凯瑟（Henry Kaiser）的观点，KMO 值在 0.70 以上的适合做因子分析，[③] 因此量表适合进行因子分析。Bartlett 球体检验结果近似卡方分布为 27769.152，P = 0.000 < 0.01，达到显著水平，说明样本数据的设计指标和样本量均适合进行因子分析。

[①] 吴明隆：《统计应用实务——问卷分析与应用统计》，科学出版社 2003 年版，第 111 页。
[②] 吴明隆：《问卷统计分析实务》，重庆大学出版社 2010 年版，第 159—160 页。
[③] Henry F. Kaiser, An Index of Factorial Simplicity, *Psychometrika*, 1974, No. 1, pp. 31-36.

表4-5　　　　　　　KMO 样本充分性和 Bartlett 球体检验

Kaiser – Meyer – Olkin 系数		0.924
Bartlett 球形检验	近似卡方	27769.152
	df	666
	显著性	0.000

2. 提取公因子

本书主要采用主成分分析法来抽取共同因素，并使用最大方差法正交旋转，用极大方差法进行正交旋转分析求出旋转因子负荷矩阵，以因子负荷大于 0.50、特征根值大于 1 作为因子提取的标准。通过探索性因子分析发现特征根值大于 1 的主成分有 5 个，具体情况如表 4-6 所示：累计解释变异量为 96.103%，方差解释率较好。因此，总共提取 5 个公因子。

表4-6　　　　　　　　　　解释的总方差

成分	初始特征值			提取平方和载入			旋转平方和载入		
	合计	方差的%	累积%	合计	方差的%	累积%	合计	方差的%	累积%
1	17.845	48.230	48.230	17.845	48.230	48.230	11.625	31.420	31.420
2	8.262	22.331	70.561	8.262	22.331	70.561	9.611	25.975	57.395
3	5.842	15.790	86.352	5.842	15.790	86.352	9.254	25.010	82.405
4	2.246	6.069	92.421	2.246	6.069	92.421	2.850	7.701	90.107
5	1.362	3.682	96.103	1.362	3.682	96.103	2.219	5.996	96.103
6	0.305	0.825	96.927						
7	0.118	0.318	97.245						
8	0.106	0.287	97.533						
9	0.090	0.243	97.776						
10	0.082	0.221	97.996						
11	0.066	0.179	98.175						
12	0.062	0.168	98.343						
13	0.053	0.144	98.487						
14	0.052	0.140	98.627						

续表

成分	初始特征值 合计	初始特征值 方差的%	初始特征值 累积%	提取平方和载入 合计	提取平方和载入 方差的%	提取平方和载入 累积%	旋转平方和载入 合计	旋转平方和载入 方差的%	旋转平方和载入 累积%
15	0.050	0.135	98.762						
16	0.046	0.125	98.887						
17	0.042	0.114	99.001						
18	0.038	0.103	99.104						
19	0.036	0.098	99.202						
20	0.035	0.094	99.295						
21	0.033	0.088	99.384						
22	0.029	0.078	99.462						
23	0.028	0.075	99.538						
24	0.024	0.064	99.601						
25	0.021	0.058	99.659						
26	0.020	0.055	99.714						
27	0.019	0.052	99.765						
28	0.014	0.039	99.804						
29	0.012	0.034	99.838						
30	0.011	0.031	99.869						
31	0.011	0.029	99.898						
32	0.009	0.024	99.922						
33	0.009	0.024	99.946						
34	0.007	0.018	99.963						
35	0.006	0.017	99.981						
36	0.005	0.012	99.993						
37	0.003	0.007	100.000						

提取方法：主成分分析法。

采用主成分因素抽取法共抽取出五个共同要素，表4-7显示了第五次正旋转以后的样式矩阵。

表4-7 旋转成分矩阵

题项	成分 1	成分 2	成分 3	成分 4	成分 5
T1	0.168	0.944	0.160	0.113	0.094
T2	0.182	0.935	0.160	0.115	0.106
T3	0.127	0.938	0.142	0.055	0.030
T4	0.175	0.943	0.146	0.079	0.051
T5	0.176	0.930	0.168	0.113	0.114
T6	0.184	0.945	0.158	0.115	0.099
T7	0.155	0.936	0.152	0.069	0.042
T8	0.159	0.941	0.156	0.089	0.052
T9	0.171	0.937	0.166	0.118	0.099
T10	0.172	0.941	0.173	0.089	0.083
T11	0.968	0.156	0.081	0.051	0.050
T12	0.965	0.153	0.093	0.065	0.064
T13	0.964	0.151	0.078	0.061	0.084
T14	0.956	0.137	0.090	0.059	0.044
T15	0.963	0.146	0.089	0.056	0.066
T16	0.958	0.161	0.103	0.063	0.056
T17	0.957	0.151	0.100	0.066	0.070
T18	0.957	0.145	0.093	0.079	0.041
T19	0.956	0.151	0.073	0.066	0.022
T20	0.963	0.151	0.076	0.061	0.060
T21	0.967	0.145	0.086	0.066	0.076
T22	0.969	0.153	0.081	0.057	0.045
T23	0.090	0.163	0.930	0.097	0.086
T24	0.101	0.159	0.958	0.109	0.129
T25	0.092	0.145	0.960	0.089	0.119
T26	0.110	0.167	0.943	0.087	0.126
T27	0.107	0.169	0.950	0.095	0.120
T28	0.069	0.149	0.949	0.080	0.117
T29	0.105	0.181	0.945	0.065	0.122
T30	0.070	0.151	0.950	0.102	0.132

续表

题项	成分				
	1	2	3	4	5
T31	0.100	0.158	0.956	0.104	0.137
T32	0.168	0.231	0.479	0.153	0.810
T33	0.183	0.230	0.488	0.135	0.800
T34	0.192	0.230	0.469	0.151	0.807
T35	0.128	0.204	0.217	0.924	0.103
T36	0.164	0.223	0.193	0.923	0.093
T37	0.138	0.199	0.187	0.926	0.097

旋转法：具有 Kaiser 标准化的正交旋转法。

通过探索性因素分析高校课程满意度有 5 个因子（共 37 个项目），结果与理论构想基本一致，说明本书有较好的构念效度（construct validity）。因此，可以把高校课程满意度的 5 个因子命名为课程目标满意度、课程体系与内容满意度、课程实施满意度、课程资源满意度、课程评价满意度，其中第 1 个因子的贡献率最大，贡献率为 48.230%，其次是第 2 个因子和第 3 个因子，它们的贡献率分别为 22.331% 和 15.970%。

表 4-8　高校课程满意度问卷各因子题项及旋转后的载荷

课程目标		课程体系与内容		课程实施		课程资源		课程评价	
题项	载荷	题项	载荷	题项	载荷	题项	载荷	题项	载荷
A1	0.944	A11	0.968	A23	0.930	A32	0.810	A35	0.924
A2	0.935	A12	0.965	A24	0.958	A33	0.800	A36	0.923
A3	0.938	A13	0.964	A25	0.960	A34	0.807	A37	0.926
A4	0.943	A14	0.956	A26	0.943				
A5	0.930	A15	0.963	A27	0.950				
A6	0.945	A16	0.958	A28	0.949				
A7	0.936	A17	0.957	A29	0.945				
A8	0.941	A18	0.957	A30	0.950				
A9	0.937	A19	0.956	A31	0.956				

续表

课程目标		课程体系与内容		课程实施		课程资源		课程评价	
题项	载荷	题项	载荷	题项	载荷	题项	载荷	题项	载荷
A10	0.941	A20	0.963						
		A21	0.967						
		A22	0.969						

经过上述步骤，探索性因素分析的结果表明：KMO 值是 0.924，依据亨利·凯瑟的观点，KMO 值在 0.7 以上的适合做因子分析；[1] Bartlett 球体检验达到显著水平，适合做因子分析。用极大方差法进行正交旋转分析求出旋转因子负荷矩阵，项目的选取标准为因子负荷大于 0.50，特征根值大于 1。通过探索性因子分析发现特征根值大于 1 的主成分有 5 个，累计解释变异量为 96.103%，方差解释率较好。探索性因子分析之后共提取出 5 个公因子：公因子 F1 解释了 A1—A10，解释了方差变异量的 48.230%，因素负荷量值在 0.93—0.945；公因子 F2 解释了 A11—A22，解释了方差变异量的 22.331%，因素负荷量值在 0.956—0.969；公因子 F3 解释了 A23—A31，解释了方差变异量的 15.790%，因素负荷量值在 0.930—0.960；公因子 F4 解释了 A32—A34，解释了方差变异量的 6.069%，因素负荷量值在 0.800—0.810；公因子 F5 解释了 A35—A37，解释了方差变异量的 3.682%，因素负荷量值在 0.923—0.926。图 4-1 所示旋转空间中的成分，是各原始问项变量的载荷散点，可以直观地表示因素经旋转后的载荷矩阵。

3. 研究分析与讨论

本书通过开放式问卷调查的数据搜集，运用探索性因素分析的方法，对高校课程满意度模型进行了探索性构思，得出高校课程满意度是一个多维度的模型，包括课程目标、课程体系与内容、课程实施、课程资源、课程评价等五个维度。在相关文献的综述中我们归结了高校课程满意度的多维模型，结构的建构多出自研究者的分析判断，由以上分析可以看出，理论假设和探索性因素分析所获得的高校课程满意度构念维度结构

---

[1] Henry F. Kaiser, An Index of Factorial Simplicity, *Psychometrika*, 1974, No.1, pp.31–36.

的核心成分基本相似。

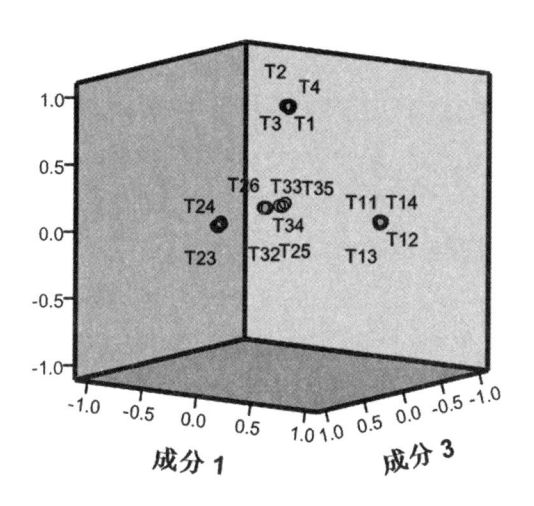

图4-1 旋转空间中的成分

(三) 问卷的信度

本书以克隆巴赫系数（Cronbach's alpha 系数）考察大学课程满意度问卷的信度。克隆巴赫系数是教育检验中常用的信度评估工具，依照一定的公式估量测验的内部一致性，作为信度的指标。课程目标因子的 Cronbach's alpha 系数是 0.994，课程体系与内容因子的 Cronbach's alpha 系数是 0.996，课程实施因子的 Cronbach's alpha 系数是 0.994，课程资源因子的 Cronbach's alpha 系数是 0.993，课程评价因子的 Cronbach's alpha 系数是 0.984，调查问卷的 Cronbach's alpha 系数是 0.970（见表4-9）。综合多数学者的看法，总调查问卷的 Cronbach's alpha 系数最好在 0.8 以上，分表的信度系数最好在 0.7 以上。可见本调查问卷具有较好的信度，作为大学课程满意度的测量工具拥有较高的可信度。

表4-9　　　　　高校课程满意度问卷的内部一致性信度

因子	Cronbach's Alpha	题项个数
课程目标	0.994	10
课程体系与内容	0.996	12

续表

因子	Cronbach's Alpha	题项个数
课程实施	0.994	9
课程资源	0.993	3
课程评价	0.984	3
总体	0.970	37

(四) 问卷的效度

本书使用 AMOS 18.0 对正式调查数据进行验证性因子分析。[1][2] 结果显示, 37 个测量指标的因子负荷量界于 0.80—0.90, 大于 0.50, 小于 0.99, 说明指标匹配较好。5 个因子负荷量界于 0.64—0.83, 说明它们归属于课程满意度这一高阶因子。通过计算组合信息和平均方差抽取量发现, 组合信度均在 0.60 以上, 平均方差抽取量均大于 0.50, 说明模型内在质量较好。运用验证性因子分析检验模型适配度, 通过对图 4-2 模型进行检验, 结果表明拟合指标值为 p 小于 0.001, 模型各拟合指数为: $x2/df = 1.623$, $SRMR = 0.040$, $GFI = 0.937$, $NNFI = 0.879$, $CFI = 0.886$。由此可见, 各数值均在可接受范围之内, 建构的模型具有较好的拟合度。通过分析表明大学课程满意度包含 5 个因子拥有较高的效度, 是用来测量高校课程满意度的较好工具。

四 研究结果与讨论

本书结合开放式问卷和国内外相关研究文献以及课程基本理论, 确定了课程满意度的维度为课程目标、课程内容与体系、课程实施、课程评价、课程资源。借鉴以往测量这些维度比较权威的问卷题目, 并结合本书的开放式问卷结果, 编制了高校课程满意度问卷, 最初共 62 个题目。经过项目分析、鉴别度等的分析, 删掉鉴别度低于 0.20 的题目。然后经过探索性因子分析, 确定该问卷包括五个维度: 课程目标、课程内

---

[1] 本书采用验证性因子分析考察大学课程满意度问卷的效度。验证性因子分析是对社会调查数据进行的一种统计分析, 它测试一个因子与相应的测度项之间的关系是否符合研究者所设计的理论关系, 是交叉效度分析、效度概化中最常用的方法之一。

[2] 毕重增、黄希庭:《青年学生自信问卷的编制》,《心理学报》2009 年第 5 期。

容与体系、课程实施、课程评价、课程资源,共 37 个题目,作为高校课程满意度的正式问卷。采用验证性因子分析考察正式的高校课程满意度问卷的结构效度,表明该问卷全部题目的模型拟合指数 NNFI(TLI)和 CFI 都达到 0.80 以上,RMSEA 也小于 0.05,并且该问卷各个维度的 NFI、NNFI(TLI)、CFI 和 GFI 都在 0.90 以上,这些指标表明该问卷具有较好的结构效度。同时,课程目标、课程内容与体系、课程实施、课程评价、课程资源都达到了显著相关,表明该问卷的这几个维度都具有很好的效标效度。经过内部一致性的分析和再测信度的分析,该问卷全部题目的 α 值都达到了 0.90 以上,或接近 0.90。这些结果同样说明该问卷具有较好的信度。因此,本书编制的高校课程满意度问卷具有较好的结构效度和效标效度,同时具有很好的稳定性和一致性,适合测量高校课程满意度状况。

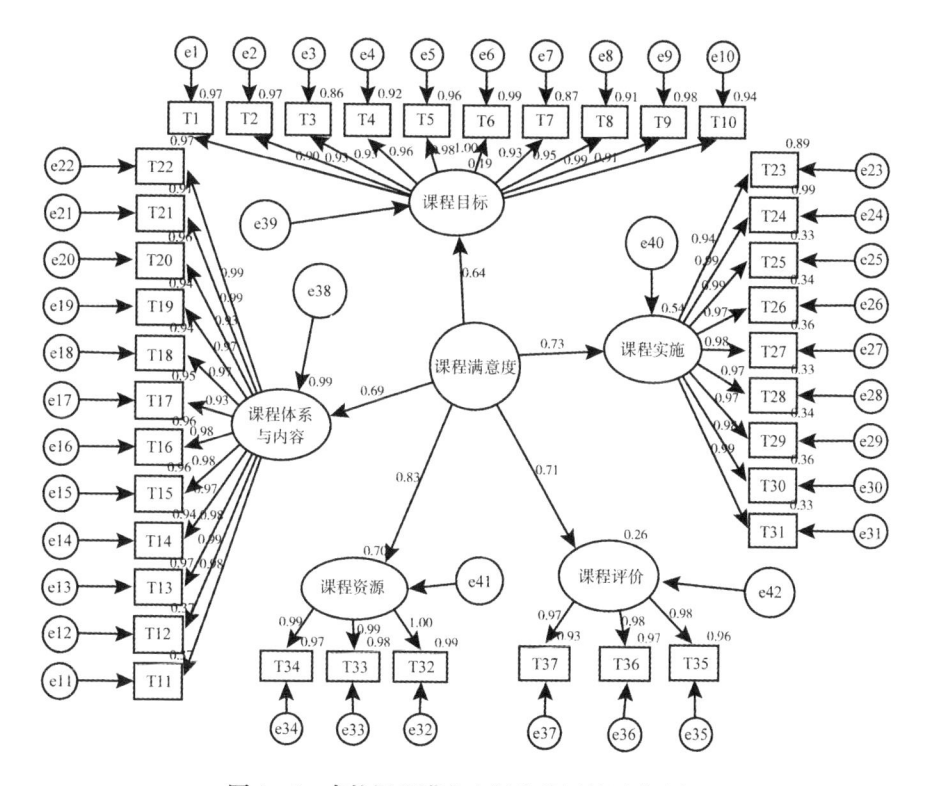

图 4-2 高校课程满意度问卷验证性因素分析

第三节 普通高校课程满意度的现状调查

一 研究目的

前面我们编制了科学可信的课程满意度测量工具,要深入了解大学生课程满意度情况到底如何,影响因素有哪些,就要对大学生进行满意度调查。因此,本书力图了解高校课程满意度现状,了解各专业之间的满意度差异并分析其原因,以为课程改革提供理论与实证支持。

二 研究对象

大学生课程满意度是高校课程建设的重要依据,是学生接受高等教育之后,对其感知最直接的评价,评价结果对课程建设者和利益相关者具有重要的参考价值。但是由于在校大学生课程没有结束,难以完整感知其课程对未来社会适应性或继续深造攻读研究生的全貌,即难以客观的评价课程,因此,本书选取大学毕业5年以内的毕业生作为研究对象。课程满意度能直观地反映大学生对课程学习体验自我评价的指标集群,能够反映出大学生学习满意状态度量的水平。同时,大学生课程满意度水平是高校、学科、专业、课程质量的重要观测站。对大学毕业生课程满意度的调查与研究,能够对课程形成完整评价,以此作为改进的依据,从而促进课程改革,提升大学生学习的效率和质量。

三 研究结果与讨论

(一) 高校课程满意度总体不高

通过表4-10可以看出,本调查范围内高校课程满意度的平均得分介于2.7978—3.6581之间,处于五点量表的"一般"和"比较满意",总体上属中等水平。其中,"课程实施"维度平均得分最高,均值为3.6581,其次是"课程资源"维度,均值为3.5135。但"课程体系与内容"和"课程评价"维度得分较低,尤其是课程体系与内容满意度平均得分最低,均值仅为2.7978。为了进一步分析本科毕业生对不同维度的课程满意度差异是否显著,笔者做了重复测量方差分析,结果显示维度主效应显著($p<0.01$)。进一步检验结果表明,五个维度间的差异均显

著（p<0.01）。结合各维度均值分析可见，学生对五个维度的满意度存在显著差异，由高到低依次为课程实施、课程资源、课程目标、课程评价、课程体系与内容，总体上说，课程满意度不够高。

表4-10　　　　本科毕业生大学课程满意度的总体表现

维度	人数	最小值	最大值	均值	标准差	项目数
课程目标	5591	1.00	5.00	3.3441	0.82790	10
课程体系与内容	5591	1.00	5.00	2.7978	0.95470	12
课程实施	5591	1.00	5.00	3.6581	0.95083	9
课程资源	5591	1.00	5.00	3.5135	0.93441	3
课程评价	5591	1.00	5.00	3.2855	0.80216	3
总体状况	5591	1.00	5.00	3.2523	0.64064	37

课程满意度不高的原因在于，一是高校课程建设既未能真正落实以学生为本理念，也未能精准指向社会需求。一般而言，普通高校课程体系建设和课程内容开发主要应考虑三大因素：（1）学生发展的需求，这是课程建设的本体基础；（2）社会发展的需求，这是高校服务社会的职能所在；（3）学科发展的需求，这是高校课程的学术性的要求。但我国普通高校一直不重视课程开发，教师也缺少课程开发与课程建设的意识，且高校教师并没有受过类似的训练。教师往往更偏重学术研究，有时甚至是在课程的某一方面的内容的研究上很深入，却不能给学生完整的课程内容。

二是课程建设中忽略学生的学习参与度。无论是从课程目标还是从课程内容上看，都没有尊重学生的主观意愿和学习兴趣，致使在课程实施阶段，无法吸引学生全身心投入，最终使高校课程资源无法有效地促进学生的发展。传统的高等教育评价标准，不论是声望标准、资源标准，还是欧美盛行的产出标准，归根结底都是注重输入。注重学校的师资力量、科研成果、办学经费以及办学规模等等这些外部因素，却忽视了学生这一核心要素。而学生才是高等教育的主体，高等资源配置等都应以学生为中心，鼓励学生投入学习活动中来。以杜威为代表的教育家早在19世纪就提出，"一切教育都是通过个人参与人类的社会意识而进行的"。

所以，建立学生视角的高等教育评价体系将是高等教育质量评价改革的突破口。

三是大学生的自主学习意识薄弱也是课程满意度低的重要原因之一。一般而言，学生在学习中的自主程度越高，学习效果也就越好，满意度越高。大学学习与基础教育阶段的学习有很大程度的不同，对于大学生来说，其学习效果在很大程度上来自学生的自主学习程度。但基于问卷的调查结果显示，当前大学生几乎都是基于外部动机而学习，学习兴趣不高，学习者自制力不足，很难在课程中有所收获，这在很大程度上影响了学生的学习收获度和满意度。

(二) 在读硕士生课程满意度高于已就业毕业生

为了进一步分析大学毕业后继续攻读研究生的学生与就业学生的满意度趋势，本研究使用单因素方差分析检验。通过表 4-11 分析可见：在读研究生的课程满意度总体上高于就业生，但在"课程体系与内容"方面，在读研究生的课程满意度要低于就业学生。单因素方差分析结果进一步证实了在读研究生的课程满意度与就业生课程满意度之间呈显著性差异（在 $P<0.05$ 的水平上），在读研究生的课程满意度明显高于就业生课程满意度。其原因在于前者仍留在校园，更多从学术兴趣、学业发展角度衡量课程是否满意，而后者已走向社会和职场，更多从社会经验、社会需求和职业需求角度衡量课程是否满意。但是，无论在读硕士研究生还是已就业本科毕业生，对课程满意度最低的维度仍然是"课程体系与内容"。在笔者对毕业生的访谈中，"课程内容陈旧、低阶、孤立、实践性低、结构性差、水课多"等是毕业生运用的几个高频词。去除"水课"打造"金课"已成为近年来本科课程内容的追求，即设置有深度、有难度、有挑战度的课程，是我国高等教育领域一次深刻的课程改革。

(三) 高校课程满意度呈现出学科差异

不同学科背景的学生持有不同的课程观，本研究调查了文科、理科、工科与其他专业的毕业生。在对调查数据进行单因素方差分析的基础上，对结果进行了 LSD 多重比较，结果表明所学专业是影响高校课程满意度的重要因素之一（见表 4-12）。

表4-11 在读硕士研究生和已就业本科毕业生在课程满意度各因子的差异比较

检验变量		平均值	检验变量		平均平方和	F检验	相伴概率
课程目标	在读硕士研究生	3.4000	课程目标	组间	3.927	4.570	0.013*
	已就业本科毕业生	3.3183		组内	0.859		
	总计	3.3441		总和			
课程体系与内容	在读硕士研究生	2.7481	课程体系与内容	组间	3.733	3.957	0.027*
	已就业本科毕业生	2.8208		组内	0.943		
	总计	2.7978		总和			
课程实施	在读硕士研究生	3.6809	课程实施	组间	0.588	0.625	0.429
	已就业本科毕业生	3.6476		组内	0.941		
	总计	3.6581		总和			
课程资源	在读硕士研究生	3.5853	课程资源	组间	1.945	2.205	0.138
	已就业本科毕业生	3.4803		组内	0.882		
	总计	3.5135		总和			
课程评价	在读硕士研究生	3.3605	课程评价	组间	2.118	3.203	0.074
	已就业本科毕业生	3.2509		组内	0.661		
	总计	3.2855		总和			
总体情况	在读硕士研究生	3.3678	总体情况	组间	3.424	3.538	0.060
	已就业本科毕业生	3.3234		组内	0.968		
	总计	3.3371		总和			

表4-12 四类学科类别课程满意度的平均值与LSD差异比较

维度		文科	理科	工科	均值	维度		文科	理科	工科	均值
课程目标	文科				3.2819	课程目标	文科				3.5402
	理科	0.000**			3.4423		理科	0.744			3.5641
	工科	0.322	0.000**		3.2311		工科	0.036*	0.021*		3.3407
	其他	0.002**	0.079	0.001**	3.6429		其他	0.596	0.522	0.690	3.4286
课程体系和内容	文科				2.8276	课程体系和内容	文科				3.2184
	理科	0.047*			2.7524		理科	0.005**			3.3974
	工科	0.525	0.380		2.7963		工科	0.500	0.005**		3.1630
	其他	0.141	0.031*	0.092	2.9881		其他	0.093	0.489	0.058*	3.5238

续表

维度		文科	理科	工科	均值	维度		文科	理科	工科	均值
课程实施	文科				3.6370	课程实施	文科				3.3400
	理科	0.019*			3.7393		理科	0.141			3.3762
	工科	0.011*	0.000**		3.4938		工科	0.208	0.018*		3.3002
	其他	0.079	0.349	0.006*	3.8571		其他	0.025*	0.083	0.007**	3.5026

从总体上看，文科与其他学科学生在课程满意度方面存在显著性差异，工科与理科、其他学科学生之间在课程满意度方面也存在显著性差异。从课程目标上看，文科学生与理科学生以及其他学科的学生有显著性差异（在 $P<0.01$ 的情况下）；工科学生与理科学生以及其他学科学生有显著性差异（在 $P<0.01$ 的情况下）。从课程体系与内容上看，文科与理科学生之间、理科与其他学科之间有显著性差异（在 $P<0.05$ 的情况下）。从课程实施上看，文科学生与理科学生、工科学生之间有显著性差异（在 $P<0.05$ 的情况下）；理科与工科学生之间有显著性差异（在 $P<0.05$ 的情况下）；工科学生与其他学科学生之间有显著性差异（在 $P<0.05$ 的情况下）。从课程资源上看，工科学生与理科、文科学生之间存在显著性差异（在 $P<0.05$ 的情况下）。从课程评价看上，文科与理科学生之间有显著性差异（在 $P<0.01$ 的情况下）；工科与理科学生（在 $P<0.01$ 的情况下）以及与其他学科学生之间（在 $P<0.05$ 的情况下）有显著性差异。高校工科本科学生课程满意度相较于理科、文科和其他学科学生，工科学生课程满意度低。近年来随着"新工科"的推进，工科课程体系已有较大变化，如能够将数字技术课程融入课程体系，包括大数据课程、人工智能课程以及物联网课程等。但由于这些课程依然以孤立的课程门类存在，没有与工程知识深度融合，仅仅增加一门或几门新课程是难以解决问题的。真正的融合需要将融合的理念、意识融入专业课程体系中，否则学生缺乏对知识之间关系的理解意识和能力，无法合逻辑性地进行整体思考。课程体系建构中缺乏"大工科""新工科"的视野是课程满意度低的主要原因之一。

第五章

普通高校本科课程体系与毕业生职业能力

当前,新一轮科技革命和产业革命正在改变人类的生产生活方式,大数据、新能源、人工智能、3D 打印等技术已进入工业和社会应用,并与社会各个领域深度融合,催生了新的职业。如果说前三次工业革命面对和解决的是确定性的场域和问题,那么第四次工业革命面对的就是未知的世界和不确定性的问题,这是数字化时代和智能时代最本质的特征。有学者预言,未来 20 年有 60% 的职业岗位将要消失。技术的变迁诉说着职业的更迭,也挑战着当今的人才培养模式,毕业生若不想在就业市场中被淘汰,则必须具备全新的职业能力素养。高等教育作为人才培养的战略依托,置身于大变革、大动荡的新时代发展格局之下,更要深刻思考并回答好构建未来高等教育人才培养体系的关键之问。

第一节 课程体系与职业能力

伴随着高等教育普及化的到来,我国高校毕业生数量高速增长。2020 年 12 月,教育部、人力资源社会保障部在召开的 2021 届全国普通高校毕业生就业创业工作会议中提到,2021 届高校毕业生总规模预计达到 909 万人,2022 年预计超过 1000 万人,毕业生人数再创新高。然而,通过相关研究机构的调查数据可以发现,当下高校毕业生的就业形势并不乐观,"就业难"与"用工荒"的结构性矛盾现象同时存在。另据麦可思研究院发布的《2020 年中国大学生就业报告》(就业蓝皮书)中的数据显示，2018届大学毕业生的就业率为91.5%，其中，本科毕业生就业率为91.0%，相较于2014届的本科生就业率（92.6%）下降1.6个百分点，并持续缓慢下降。[①] 此外，中国人民大学就业研究所公布的《2020年大学生就业力报告》中的数据也表明，高校毕业生就业CIER指数大幅度下滑，持有文凭的失业人数还在增加，高校毕业生的就业困局也已演变为高等教育的突出问题。

我国高等教育的发展始终与国家民族命运休戚相关，与国家战略需要同频共振。高校毕业生就业难不仅关系到大学毕业生自身，还关系到整个社会乃至一个民族、一个国家的生存与发展，这不仅是一个现实的社会问题，更是严峻的教育问题。近年来，关注毕业生职业能力与职业生涯能力几乎成为一种国际潮流，学者们普遍认为，高校毕业生就业难的当下境遇源于毕业生现有职业能力与就业单位实际需求之间异质性的结构性矛盾，其根源在于我国高校本科课程体系与社会需求相脱节。高校本科课程体系作为培养学生素质的载体，直接决定学生的能力结构。课程体系整体规划与市场需求相割裂，课程体系结构中各要素分配不当、专业设置衔接不顺、学科专业不能满足转型升级等都会极大地削弱课程体系的应然功能，使得人才培养与产业需求在结构、质量和水平上不相匹配。

一 相关文献综述

职业能力是从事职业活动的必备条件，是劳动者所具备的知识、技能的外化和体现。目前，全球有150多个国家已经或正在开发面向具体行业的国家职业能力框架，并建议基于职业能力资格框架构建课程。我国劳动和社会保障部技能鉴定中心组织制定的试行标准将职业能力分为八大项目：与人沟通、数字应用、自我学习、信息处理、与人合作、解决问题、创新和外语应用能力。以"职业能力""课程体系"为关键词，在中国知网（CNKI）数据库中进行文献检索，相关研究最早可追溯到20世纪20年代。百年研究历程中，学者们的关注焦点主要集中在以下三个

---

① 王伯庆、陈永红主编：《2019年中国本科生就业报告》，社会科学文献出版社2019年版，第44页。

方面。

(一) 整合视角下职业能力框架研究

关于职业能力框架的调查研究，在西方流行已久，国内外综述性文献数量繁多。职业能力通常被称为可雇佣能力（employ ability），英国生活指导与职业发展咨询顾问艾伦（Melanie Allen）综合英国多家权威机构的调查结果，将可雇佣能力的涉及要素概括为个人品性和技艺两个维度，这种划分几乎适合于做所有工作的人。[1]但随着社会经济的飞速发展和生产效率的极大提高，社会转型与职业能力蜕变相继而来。也有部分学者将职业能力称为胜任力（competence），这种胜任力既可以是在工作中上手应用的专业能力，也可以是一种可迁移的综合素质。美国学者戈德斯密德（Marcel Luciew Goldschmid）则通过对3400多名毕业生进行调查，并对单位人事部门领导进行访谈，最终将职业能力划归为五个要素，即就业动机及良好的个人素质、人际关系技巧、掌握丰富的科学知识、有效的工作方法、敏锐广阔的视野。[2]从历史视角观照，职业能力框架的演变整体呈现出从"熟练掌握某项特定工作的基本操作技能"到"一种可迁移的、普通的、对劳动者的未来发展起关键性作用的能力"，再到第四次工业革命爆发后美国学者盖力（Urine）和波尔（Gaston Pol）在《能力：定义与理论框架》一书中正式提出整合能力的"专项能力观—关键能力观—整合能力观"的发展脉络。

国内关于职业能力的研究，学者王志莘首次将职业能力界定为"一个人的性情智力与其职务相适合的能力"，并编制了《职业能力自测表》，帮助求职者断定某种职业是否与自己相宜。[3]钱怀智则将职业能力定义为"适应学生未来专业的知识、技能和能力系统"，并提出职业技艺依赖于专门人才的高尚动机、道德品质和心理品质，知识、技能、能力与学生

---

[1] 阎光才：《高校毕业生职业发展能力与人才培养制度改革》，《中国高教研究》2016年第11期。

[2] [瑞士] M. L. 戈德斯密德：《展望新世纪高等教育：理论学习与职业生涯的中介》，《高等教育研究》1999年第6期。

[3] 王志莘：《职业能力自测表》，《教育与职业》1921年第5期。

的个性品质相联合，共同构成学生的职业能力结构。[1] 郑晓明教授（2002）认为，随着社会主义市场经济体制的不断发展和完善，职业能力不应再单纯指某一项技能或能力，而是多种能力的集合。[2] 蔡军、向凯教授采用 DEA 法进行立体化投入产出效率分析，将职业能力整体划归为：专业知识、专业技能、职业能力三大类。[3] 宋争辉教授根据我国的实际情况和职业技能开发的需要，提出基本职业技能应包括 6 个维度，即动手操作能力、市场竞争能力、适应社会能力、交际沟通能力、团队协作能力、开拓创新能力。同时提出职业能力是从事某种职业所必需的并在该职业活动中表现出来的各种能力的总和，是各种能力相互联系、相互影响的有机整体，并据此开发以职业能力为导向的高校本科课程体系。[4] 舒文则强调职业能力不等同于职业技能，应是顺利完成某种职业活动所必需的并影响活动效率的个性心理特征，包括思想品德、心理状态、专业知识、专业技能、灵活主动及环境适应等综合素质所转化的工作能力，为职业能力的概念体系发展开启了新视角、新思维。[5]

（二）高校课程视角下职业能力培养研究

近年来，在"中国制造 2025"、供给侧结构性改革等一系列社会发展与改革趋势的呼唤下，高校本科课程体系作为职业能力培养的源头活水，越发彰显出活力。有学者提出，课程体系是为达到培养目标而为学生设计的所有学习内容及其构成要素的总和。[6] 学生职业能力培养是由高等院校完成的，职业能力是在实际工作中显现出来的。胡弼成教授也认为大学课程体系是培养未来人才的发展性系统，影响大学生终生的知识结构和职业适应力。[7] 还有学者从跨学科课程体系出发，强调高校院系课程设

---

[1] M. N. 济亚钦柯·Л·A. 堪德伯维奇，钱怀智：《学生的职业知识、技能和能力的形成》，《职业教育研究》1983 年第 1 期。
[2] 郑晓明：《"就业能力"论》，《中国青年政治学院学报》2002 年第 3 期。
[3] 蔡军、向凯：《本科应用型转型背景下会计专业教育供需匹配的 DEA 评价分析——基于广东省的调查数据》，《高教探索》2019 年第 1 期。
[4] 宋争辉：《高校职业能力课程开发与实施》，河南大学出版社 2008 年版，第 6—10 页。
[5] 舒文：《职业能力培养学校创立与运营研究》，西南交通大学出版社 2017 年版，第 2 页。
[6] 许尔忠等：《"本科标准＋职业能力"——应用型本科院校人才培养模式研究》，《中国职业技术教育》2015 年第 36 期。
[7] 胡弼成：《大学课程体系现代化》，湖南大学出版社 2007 年版，第 26 页。

置的特点和人文教育的学科跨度都决定了学生综合素质的养成不可能在一个院系或学科内实现,一个融合公共基础课、专业基础课、专业课、通识课、实践课等在内的完整的课程体系能够有效帮助学生形成综合素质能力。① 欧洲国家也普遍采取通识教育的模式培养学生的综合素质,以此解决职业能力培养的缺陷。② 赵琪等(2014)在借鉴英国经验的基础之上,基于我国人才培养的实际需求,构建了能力分级的教育课程体系,即主要通过学习专业的基本课程、接受基本能力训练的基本能力平台课程、综合能力平台课程和专项能力平台课程三个板块,帮助学生在未来多变的职业生涯中以从容的姿态和可持续发展能力适应社会变革,胜任每一次职场的变化和挑战。程龙泉等学者提出改变传统单一、直线式的课程设置模式,从"基础平台模块与专业平台模块""主修专业模块与辅修专业模块"两个维度,在不增加学时、学分的情况下,为学生提供多样化的学习计划,致力于学生专业能力的提升和人生价值的实现。同时改变当前高校课程重理论轻实践、重知识轻能力的倾向,提高学生的实际工作能力。③ 学者许尔忠等(2015)认为应根据应用型人才培养要求,合理构建"验证性课程实验—课程设计和综合性实训—企业见习和生产实习—毕业设计"为主要内容的实践教学体系,多层次培养学生的实践技能和应用能力。④ 陈楚瑞教授(2019)依据人力资本理论和人岗匹配理论,借鉴国内外职业核心能力培养,构建了涵盖课程点拨模块、活动历练模块、管理养成模块和校本认证平台在内的"三模块一平台"培养模式,以培养与社会需求相匹配的职业能力系统,解决能力系统与培养途径不融通的问题,从而帮助学生对接岗位需求,实现学生专业理论知识

---

① 王丹:《高校非通用语专业学生综合素质能力培养策略研究——基于〈外国语言文学类教学质量国家标准〉的思考》,《语言教育》2020年第1期。
② 陈楚瑞:《"三模块一平台"职业核心能力分层培养模式的构建与探索——以广东省外语艺术职业学院为例》,《高教探索》2019年第12期。
③ 陈均土:《大学生就业能力与高校的课程设置——来自美国高校的启示》,《中国高教研究》2012年第3期。
④ 许尔忠等:《"本科标准+职业能力"——应用型本科院校人才培养模式研究》,《中国职业技术教育》2015年第36期。

与实践操作能力的接轨,并在实践中逐渐掌握独立分析和解决问题的能力。① 还有学者提出通识教育模块并非孤立存在,而应与专业教育课程并行,逐渐形成跨学科思维能力及必备的人文素养。②

二 研究不足与展望

结合前人研究来看,目前关于毕业生职业能力的结构尚未形成统一认知,有些学者关注从事某一职业或岗位所必需的关键能力,还有一些学者从当前社会中职业或岗位的共性出发,探讨从事任何职业或岗位都需要的通识能力。以往诸多研究都为当前职业能力研究提供了有益借鉴,但受制于特定时期的主客观条件,难免会有一些不足,主要表现在以下几个方面:一是从研究方法来看,理论研究多,应用研究少;思辨研究多,实证研究少;自上而下的研究多,自下而上的真正建立在实践、实证基础上的研究少,研究成果难以转化。二是研究对象集中于在校大学生或者就业单位管理层,缺少高校毕业生这一直观体验者的研究,致使高校本科课程体系改革与实际需求相脱节,缺乏针对性。三是学者们在构建指向职业能力培养的高校本科课程体系时,难以跳出传统课程体系改革的窠臼,批判性研究多,建设性研究少。

通过对已有研究存在问题的反思,本书以问题为导向,尝试从毕业生的视角出发,结合供给和需求两个维度,构建高校本科课程体系对大学毕业生职业能力影响的模型,考察高校本科课程体系在毕业生职业能力中的实然效用。并以当前高校本科课程体系在职业能力培养中的"短板"和缺失点为突破口,尝试探讨经济发展新常态、新形势下普通高校本科课程体系的调整改革与提升之维,逆推科学完善的高校本科课程体系的构建之径,以培养具有较强职业能力、较高就业竞争力的高校毕业生,缓解严峻的就业形势。这既是当下亟须关注的时代命题,也是高等教育必须承担起的推进制造强国战略的历史使命。

---

① 陈楚瑞:《"三模块一平台"职业核心能力分层培养模式的构建与探索——以广东省外语艺术职业学院为例》,《高教探索》2019年第12期。

② 谈衡、范真、刘凯磊:《论基于"职业核心能力"的应用型高校课程体系构建——以江苏理工学院机械专业为例》,《教育理论与实践》2019年第30期。

第二节　课程体系对大学毕业生职业能力影响的模型建构

一　数据来源与研究方法

（一）数据来源

为确保研究数据的真实性、有效性和科学性，以及研究样本的代表性，笔者尽可能收集足够多的数据、并获得第一手资料。首先，本书对京津冀鲁制造业企业的高校毕业生开展问卷调查，以获取模型建构和影响研究的大量分析数据；第二，对山东省企业的数名高校毕业生开展访谈调查，聆听毕业生群体的真实声音以弥补问卷调查的局限性；第三，取得被访谈对象的本科成绩单，以深入阐释高校本科课程体系对毕业生职业能力影响的脉络机理。因此，分析的数据包括了回收的问卷、被访谈对象的作答内容及其本科成绩单。

（二）研究方法

本书以问卷调查法、访谈法、文本分析法作为主要的研究方法，了解高校本科课程体系对毕业生职业能力影响的基本状况，并就部分问题对毕业生及企业主管辅以个别访谈，以期窥得高校本科课程体系对毕业生职业能力影响的全貌。

1. 问卷调查法

（1）问卷编制

在高校毕业生职业能力调查方面，规模最为宏大的当属欧洲 REFLES 国际调查项目，该项目所使用的调查问卷所涉及的主要能力框架包含四个维度：专业能力、功能灵活性、知识创新与管理能力、人力资源调动能力。[1] 我国张体勤教授通过对 10 名来自不同行业和地区、有 2—3 年工作经验的大学毕业生进行深度访谈，并结合现有文献，提出一个新的大学生就业力测量框架，即由通用职业能力、专业能力、专业支持技能和

---

[1]　胡娟：《高职教改应更加关注学生的关键能力》，《中国教育报》2017 年 11 月 28 日。

个性特质四个独立因子构成的多维结构。①

参照上述国内外关于毕业生的职业能力框架，并经过有关专家的意见反馈、试测和调整修改后，笔者编制了《高校本科课程体系对大学毕业生职业能力影响的调查问卷》。该调查问卷主要包括三方面内容：①个人基本资料，包括性别、年龄、出生地、最高学历、本科专业等。②大学本科阶段课程经历，共分为两部分。一部分将课程体系分成素质教育课程、专业课程、实践课程三类，以探寻毕业生本科阶段课程经历；另一部分是关于普通高校本科课程体系培养下的毕业生"职业能力现状"的一个李克特 5 级量表（由"非常不同意"至"非常同意"分别赋值 1—5 分），以此作为主问卷，有 34 道题目，分为专业知识与技能、专业能力、职业情感、综合素质、职场问题解决能力这五个维度。要求被试者按照自己"现有职业能力水平"进行打分，分数越高，表示普通高校本科课程体系在职业能力的培养中发挥的作用越大。③目前的就业状况，包括工作年限、就业满意度、职业发展前景、再次就业竞争力等。

（2）研究对象

本书采用有目的的抽样方法对普通高校本科毕业生进行调查，研究对象来自京津冀鲁 37 个有代表性的企业。因本书旨在探究高校本科课程体系与大学生职业的相关性，考虑到不同学历课程体系的差异性，所以剔除了硕士和专科毕业生；又为避免自身工作经验的积累、职场同事及领导等对毕业生职业能力形成的影响，且保证毕业生能较为准确地回忆起本科课程经历，特将研究对象的范围限定为 5 年内毕业的大学生。

（3）问卷发放与数据处理

本书通过线下与线上发放相结合，辅以电话、微信追填等方式，在全国京津冀鲁等 37 个制造业共发放 4610 份问卷。在回收问卷之后，通过采取 IP 地址和应答时间控制对数据辨伪与清洗，将草率填答、S 型填答、直线填答和未填答题数较多（1/3—1/2）的问卷剔除，剔除无效问卷后，共回收有效问卷 3710 份，有效回收率为 80.48%，基本信息情况如表 5-1 所示。

---

① 江岩、张体勤、耿新：《大学生就业力：概念、维度与测量》，《山东大学学报》（哲学社会科学版）2013 年第 5 期。

数据处理主要分为两阶段进行。第一阶段为模型建构，将数据随机分半，使用 SPSS24.0 对一半被试（n = 1855）进行探索性因子分析，用以初步构建课程体系对大学毕业生职业能力影响的模型；借助 Amos 22.0 对另一半被试（n = 1855）做验证性因子分析，以最终形成高校本科课程体系对大学毕业生职业能力影响的模型。第二阶段主要运用 SPSS 进行普通高校本科课程体系对大学毕业生职业能力的影响研究。

表 5 – 1　　　　　　　　　　　调查对象基本情况

类别	性别		出生地			
	男	女	农村	集镇	县城	大中城市
样本数	2650	1060	2040	160	890	620
百分比	71.4%	28.6%	55.0%	4.3%	24.0%	16.7%

类别	本科专业				工作年限				
	文科	理科	工科	其他	1 年及以下	2 年	3 年	4 年	5 年
样本数	680	1060	1800	170	1430	980	550	210	540
百分比	18.3%	28.6%	48.5%	4.6%	38.5%	26.4%	14.8%	5.7%	14.6%

类别	工作类型						
	管理	科研	技术工程	宣传	生产工作	办公室事务工作	其他
样本数	500	90	1450	50	830	640	150
百分比	13.5%	2.4%	39.1%	1.3%	22.4%	17.3%	4.0%

2. 访谈法

（1）访谈对象

本书的访谈对象包括两个群体。一是来自问卷调查群体，目的在于深入追析问卷中未涉及或涉及深度不够的信息；二是毕业生所在企业的主管，旨在更客观和全面地了解普通高校本科毕业生的职业能力以及当前企业对本科毕业生的能力要求，以使本科课程体系更适应时代的发展。本次访谈的形式为现场访谈或电话访谈。通过公司推荐以及个人自愿两个途径，共有 54 位毕业生和 19 位企业主管参与了访谈。

(2) 访谈内容的设计

本书主要采用的是半结构化访谈，即根据研究目的提前制定一个访谈提纲，访谈主线围绕访谈提纲，但具体问题的提出可根据不同访谈者的回答和兴趣作出调整。这种访谈形式兼具针对性和灵活性，可以使收集到的信息更加全面。

针对普通高校本科毕业生和公司主管，本书分别制定了毕业生的访谈提纲和企业主管的访谈提纲。毕业生的访谈内容主要包括：职业能力的现状及其原因、本科课程体系对职业能力的影响及原因、对本科课程体系改革的建议。公司主管的访谈主要包括：对普通高校本科毕业生职业能力的总体评价、本科课程体系对职业能力的作用、公司对普通高校本科毕业生的招聘要求、对本科课程体系的建议。

3. 文本分析法

为进一步验证普通高校本科课程体系与毕业生职业能力的相关性，本书将收集毕业生的本科成绩单和职业能力评分，以毕业生的素质教育课程成绩、专业课程成绩和实践课程成绩来反映整个课程体系的效果，以毕业生职业能力评分来反映毕业生职业能力的水平，通过毕业生本科成绩与工作适应性评分的相关度来揭示普通高校本科课程体系对毕业生职业能力影响的实效性。因此，本书随机选择了参与访谈的19位普通高校本科毕业生，收集其本科成绩单、毕业生对自身职业能力的评分以及企业主管对毕业生职业能力的评分。对这19名毕业生成绩单中的素质教育课程成绩、专业课程成绩和实践课程成绩分别进行加权平均数的处理，并对职业能力的自评和主管评分进行平均分处理（见表5-2）。

表5-2　　普通高校本科毕业生本科课程成绩与职业能力评分

毕业生编号	本科课程体系及成绩加权平均分（分）			职业能力评分（分）		
	素质教育类课程	专业类课程	实践类课程	自评	他评	平均分
A1	87.44	85.93	83.80	7	7.0	7.00
A2	83.07（补1）	84.72	83.67	8	9.0	8.50
A3	78.68	79.31（重1）	77.71（重1）	7	9.3	8.15

续表

毕业生编号	本科课程体系及成绩加权平均分（分）			职业能力评分（分）		
	素质教育类课程	专业类课程	实践类课程	自评	他评	平均分
A4	74.83（补2）	71.97（重1）	77.56	6	9.3	7.65
A5	75.55	72.46	76.81	3	9.1	6.05
A6	76.13（重2）	72.27（重2）	81.09	8	9.4	8.70
A7	78.07	76.19	66.36	7	8.9	7.95
A8	81.13	87.97	70.00	7	9.2	8.10
A9	84.17	84.57	79.99	8	9.4	8.70
A10	72.04	73.81	79.23	5	9.3	7.15
A11	83.55	75.68	82.82	5	9.3	7.15
A12	70.27	71.07	69.20	5	9.5	7.25
A13	78.83	83.24	86.71	5	9.3	7.15
A14	69.53	69.19	61.36	8	9.2	8.60
A15	79.10	76.76	83.00	7	9.6	8.30
A16	74.62（补3）	76.49（补2）	74.24	8	9.2	8.60
A17	74.65	66.16	80.64	6	9.2	7.60
A18	76.36（补1）	69.05（重3，补1）	77.86	8	9.6	8.80
A19	74.67（补1）	80.00	81.18	8	9.1	8.55

注："补"表示有补考课程，"重"表示有重修课程，后面的数字代表补考或重修的课程数量。补考或重修成绩均以60分计算。

二 结构模型的探索与验证

高校本科课程体系是培养学生职业能力的基础。本书为探讨普通高校本科课程体系下毕业生职业能力的基本要素及其之间的关系，拟通过对问卷量表的探索性因素分析和验证性因素分析，构建普通高校本科课程体系对大学毕业生职业能力影响的结构模型。

(一) 探索性因素分析

对问卷的 34 个题项进行探索性因子分析，初次结果显示，KMO 值为 0.958，Bartlett 球形检验显著 [$X2$ (df) =58951.76 (561)，$p<0.001$]，表明数据适合进行探索性因子分析。根据特征值大于 1 的标准初步使用主成分分析法进行因子提取，提取出 5 个因子，累计解释方差百分比为 71.59%。然而，A4、D1 和 D10 表现不佳 (A4、D1 因子负荷小于 0.40，D10 在两个以上因子都有较高载荷值)，被逐步剔除，最终剩余 31 个题项。仍采用主成分分析法进行提取，提取 5 个因子，累计解释方差百分比为 72.80%；采用直接斜交法 (Delta = 0) 进行旋转，题项的模式矩阵、共同度与因子间相关度见表 5-3。

根据各个题项内容并结合理论，公因子 1 特征值为 11.871，方差贡献率为 38.293%，包括 8 个项目，都属于毕业生在大学课程培养下所获得的专业能力，且所有项目均来自初始问卷中的"专业能力"因子，因此将公因子 1 命名为"专业能力"。公因子 2 特征值为 8.968，方差贡献率为 28.929%，包括 7 个项目，都属于毕业生在大学课程培养下所获得的专业知识与技能，且所有项目均来自初始问卷中的"专业知识与技能"因子，因此将公因子 2 命名为"专业知识与技能"。公因子 3 特征值为 11.291，方差贡献率为 36.423%，包括 5 个项目，都属于毕业生在大学课程培养下所获得的职场问题解决能力，且所有项目均来自初始问卷中的"问题解决能力"因子，因此将公因子 3 命名为"问题解决能力"。公因子 4 特征值为 11.187，方差贡献率为 36.087%，包括 8 个项目，都属于毕业生在大学课程培养下所获得的综合素质，且所有项目均来自初始问卷中的"综合素质"因子，因此将公因子 4 命名为"综合素质"。公因子 5 特征值为 6.206，方差贡献率为 20.019%，包括 3 个项目，都属于毕业生在大学课程培养下所获得的对职业的情感，且所有项目均来自初始问卷中的"职业情感"因子，因此将公因子 5 命名为"职业情感"。

表5-3 普通高校本科课程体系对大学毕业生职业能力影响的探索性因子分析结果

题项		成分 1	成分 2	成分 3	成分 4	成分 5	共同度
A1	大学课程学习使我充分具备了职业所需的专业知识		0.740				0.694
A2	大学课程让我充分了职业相关的产业知识及发展前沿性知识		0.625				0.678
A3	大学课程让我掌握了广博的专业知识		0.501				0.600
A5	大学课程学习使我充分具备了职业所需的专业技能		0.660				0.693
A6	大学课程使我充分具备了职业所需的先进的专业技能		0.650				0.745
A7	大学课程学习使我充分具备了职业所需的丰富的专业技能		0.670				0.803
A8	大学课程学习使我充分具备了职业所需的熟练的专业技能		0.661				0.780
B1	大学课程学习使我充分具备了职业所需的专业能力	0.498					0.736
B2	大学课程使我充分具备了职业所需的专业学习能力	0.688					0.723
B3	大学课程使我充分具备了职业所需的专业分析能力	0.743					0.782
B4	大学课程使我充分具备了职业所需的专业思考能力	0.849					0.786
B5	大学课程学习使我充分具备了职业所需的专业解决问题能力	0.663					0.749
B6	大学课程使我充分具备了职业所需的专业反思能力	0.658					0.685
B7	大学课程使我充分具备了职业所需的专业创新能力	0.470					0.648
B8	大学课程使我具备了职业所需的专业思维能力	0.591					0.700

续表

	题项	成分 1	成分 2	成分 3	成分 4	成分 5	共同度
C1	大学课程学习使我对所从事的职业产生了兴趣					0.681	0.750
C2	大学课程使我充分认识到现在所从事职业的价值					0.741	0.829
C3	大学课程使我对所从事的职业产生较高的积极性					0.583	0.768
D2	大学课程学习使我具备了信息检索和处理能力				0.617		0.656
D3	大学课程学习使我具备了书写能力				0.528		0.630
D4	大学课程学习使我具备了自主学习能力				0.784		0.729
D5	大学课程学习使我具备了创造创新能力				0.607		0.685
D6	大学课程学习使我具备了批判性分析能力				0.631		0.748
D7	大学课程学习使我具备了信息技术应用能力				0.718		0.713
D8	大学课程学习使我具备了数理分析能力				0.776		0.753
D9	大学课程学习使我具备了外语能力				0.711		0.672
E1	大学课程有助于我对职场所遇到问题进行深度分析			0.665			0.744
E2	大学课程使我对职场各类信息有很强的综合能力			0.740			0.798
E3	大学课程训练使我在职场也能从多角度思考问题			0.756			0.761
E4	大学课程使我在职场能不断想出新方法改进工作			0.813			0.793
E5	大学课程训练使我具备了较好的领导能力			0.855			0.737
旋转后的特征值		11.871	8.968	11.291	11.187	6.206	
解释方差百分比		38.293	28.929	36.423	36.087	20.019	

因子间相关

	1	2	3	4	5
1	1.000				
2	0.490	1.000			
3	0.556	0.427	1.000		
4	0.522	0.364	0.551	1.000	
5	0.357	0.285	0.394	0.404	1.000

(二) 验证性因素分析

为进一步探明各因子对指标变量的影响以及各指标变量之间的关系，本书运用 AMOS 软件对通过探索性因素分析得到的"毕业生在大学课程培养下所获得的职业能力模型"进行验证性因素分析。结果如图 5-1 所

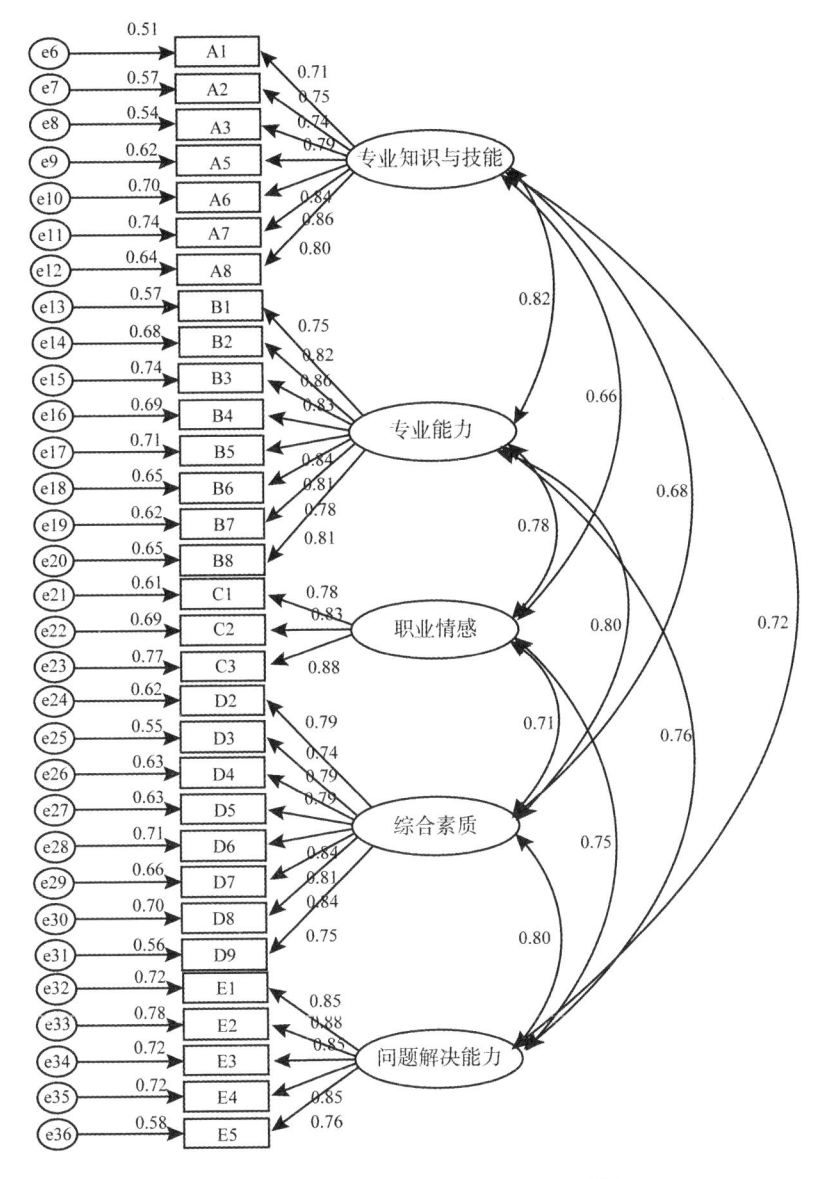

图 5-1 普通高校本科课程体系对大学毕业生职业能力影响的结构模型

示,专业知识与技能、专业能力、职业情感、综合素质、问题解决能力这五个主因子的各个变量所对应的题项标准因子载荷均大于0.7,说明每个指标变量对主因子都具有较强的代表性。运用验证性因素分析检验模型适配度,一般而言,X2/df 小于5,则拟合可接受,若 X2/df 在1—2,则说明拟合度较好;RMSEA 值和 RMR 值越小越好;GFI、AGFI、IFI、TLI、CFI 在0.80以上表示可以接受,0.9以上则说明模型拟合较好。[1] 从表5-4中可以看出,毕业生在大学课程培养下所获得的职业能力模型符合各项拟合指标的判断标准,表明模型拟合度结果良好。

表5-4　　　　普通高校本科课程体系对大学毕业生
　　　　　　　　职业能力影响模型的拟合指数

统计检验量	X2/df	RMR	RESEA	GFI	AGFI	IFI	TLI	CFI
判断标准	<5	<0.05	<0.08	>0.8	>0.8	>0.9	>0.9	>0.9
拟合指数	1.423	0.027	0.048	0.859	0.809	0.969	0.960	0.969
模型适配	通过	通过	通过	通过	通过	通过	通过	通过

(三) 问卷的信效度检验

1. 信度检验

为确保题项在所属维度中具有高度的一致性,本书利用内部一致性信度(Cronbach's Alpha)对3710份问卷进行检验,以确保普通高校本科课程体系对毕业生职业能力影响量表的信度。依据吴明隆对各学者观点的总结,内部一致性信度系数指标判断原则为:问卷总体的内部一致性系数要在0.70以上,最好高于0.80;分层面的内部一致性信度系数最低在0.50以上,最好高于0.60。[2] 如表5-5所示,本量表中各个维度的 Cronbach's Alpha 标准信度系数均大于0.8,总体信度为0.972。这说明这份问卷的设计有着比较好的内部一致性,信度较高。

---

[1] 吴明隆:《结构方程模型——AMOS 的操作与应用》,重庆大学出版社2009年版,第7页。

[2] 吴明隆:《问卷统计分析实务——SPSS 操作与应用》,重庆大学出版社2010年版,第244页。

表 5-5　　普通高校本科课程体系对大学毕业生职业
能力影响量表的内部一致性信度

因子	专业知识与技能	专业能力	职业情感	综合素质	问题解决能力	总体
题目数	7	8	3	8	5	31
Cronbach's Alpha	0.917	0.939	0.869	0.931	0.921	0.972

2. 效度检验

为确保问卷的有效性和正确性，本书对问卷进行了内容效度和结构效度检验。

（1）内容效度

内容效度指的是测验内容在多大程度上代表了应测量的对象，即测验题目是否包括了想要测量的全部行为。[1] 主要运用逻辑分析方法判断测验内容与所要测内容的吻合程度。在本书中，首先基于国内外职业能力的研究确定了职业能力的概念、维度和操作性定义。其次在量表编制过程中，结合前人编制的职业能力问卷与大学毕业生在普通高校本科课程体系下职业能力的实际情况，邀请专家提出意见并反馈调整修改，尽可能保证问卷中各个项目的代表性，较真实准确地反映大学毕业生在高校本科课程体系影响下职业能力的现状。因此，笔者认为本问卷具有较好的内容效度。

（2）结构效度

结构效度是指测试分数能够说明测量的理论结构和特质的程度。[2] 结构效度检验的方法有两种：一是因素相关分析，即对量表中各维度之间、维度与总体之间的相关程度进行计算；二是验证性因素分析。由表 5-6 可知，专业知识与技能、专业能力、职业情感、综合素质、问题解决能力五因子与总分之间存在较为显著的相关（$p < 0.01$），相关系数在 0.794—0.923，呈高度相关，说明各因子能够反映总量表所要测查的内

---

[1] 王德清、欧本谷：《教育测量与评价学》，西南师范大学出版社 2000 年版，第 53 页。
[2] 王德清、欧本谷：《教育测量与评价学》，西南师范大学出版社 2000 年版，第 54 页。

容。由表5-6还可以看出，这五个主因子之间存在显著的相关性，相关系数在0.608—0.778，呈中高等程度的相关，且相关系数均低于各因子与总分之间的相关系数，这说明各个因子之间具有一定的相关性，又具有一定的独立性。

本书在梳理和分析相关研究的基础上，形成了《高校本科课程体系对大学毕业生职业能力影响的调查问卷》，并通过探索性因子分析对所获得的数据蕴含的主因子进行了探索和筛选，确定了普通高校本科课程体系下职业能力的五维度结构。之后，通过验证性因素分析的检验，证明了职业能力的五维度以及五维度下的各个题项的代表性。量表设计过程严谨、科学、规范，结果有效、可靠。因此，无论是从因素相关分析，还是验证性因素分析的角度，都可以认为本量表的结构效度较高。

表5-6　本科课程体系下大学毕业生职业能力各维度间、各维度与总分间的相关系数矩阵

	专业知识与技能	专业能力	职业情感	综合素质	问题解决能力	量表总分
专业知识与技能	1.000					
专业能力	0.778**	1.000				
职业情感	0.608**	0.710**	1.000			
综合素质	0.633**	0.748**	0.649**	1.000		
问题解决能力	0.669**	0.712**	0.667**	0.741**	1.000	
量表总分	0.863**	0.923**	0.794**	0.884**	0.861**	1.000

注：** 在0.01级别（双尾），相关性显著。

三　结构模型的建构

结合已有的研究成果，并对问卷题项的探索性与验证性因素分析进行修正与调整后，本书形成普通高校本科课程体系对大学毕业生职业能力影响的结构模型（见图5-2）。该结构模型由五种职业能力构成，即专业知识与技能、专业能力、职业情感、综合素质和问题解决能力。五个能力在保持各自的独立性的同时，又具有一定的相关性，共同组成普通高校本科课程体系影响下的大学毕业生职业能力。

图 5-2　普通高校课程体系下大学毕业生
五维职业能力的结构模型

(一) 专业知识是源动力，专业技能是操作力

专业知识是从事专业工作必须掌握的系统化知识，包括构成这个专业的基础知识、支撑这个专业的核心知识、引领这个专业的前沿知识。毕业生要想成为优秀的工作者，就必须以坚实的专业知识为基础，这是构成毕业生职业能力发展的原动力。毕业生在具备职业通识能力的基础上掌握前沿性的、广博的、精深的专业知识，也是其后续发展的重要保障。专业技能是操作力，专业技能是相对于理论知识而言的，强调学生的动手能力和操作能力，是专业知识的外化，丰富的、熟练的、先进的专业技能是毕业生胜任本职工作的必要条件。

(二) 专业能力是关键力

专业能力的培养是高等教育的生命力指向。学生选择接受大学教育的主要目的就是对某一专业领域进行深度学习，从而获得承担专业工作的学历和资格。[1] 专业学习力、专业分析力、专业思考力等具体内容是毕业生职业能力的必备要素，也是毕业生职业能力最直接、最突出的体现。

(三) 职业情感是内驱力

职业情感贯穿于职业能力形成与发展的全过程，指毕业生对于当前

---

[1]　江岩、张体勤、耿新：《大学生就业力：概念、维度与测量》，《山东大学学报》(哲学社会科学版) 2013 年第 5 期。

所从事行业或岗位具有相对稳定的态度与体验，是一种价值判断，主要表现为对所从事职业的认同感、效能感和归属感。积极的职业情感要求毕业生愿意做、喜欢做与本职业相关的各项工作内容，对自身从事的职业有一种需求意识和深刻的理解，对本行工作有一贯稳定的热爱、奉献精神和责任感，能够从内部驱动毕业生自身发展。

（四）综合素质是基本力

综合素质是在不同领域、不同行业内能够共通的普遍知识和基础能力，是一种"可携带的能力"（portable skills），也是现代社会中毕业生从事任何职业都必需的能力或素养。IBM 在服务型经济快速发展的背景下，提出了对人才培养的新概念——T 形人才。"－"表示有广博的知识面，"｜"表示知识的深度，两者的结合，既有较深的专业知识，也有广博的知识面，集深与博于一身，在原有"宽基础、厚理论"的基础上，打造出企业所需的合格尖角，故而形象地称为"T 形人才"。信息检索和处理能力、书写能力、创新能力、外语能力、梳理分析能力等通识能力，毫无疑问的是构成 T 形人才的横向组织，这既是毕业生立足职场的基础力，也是其现代职业素养的首要表现。

（五）问题解决能力是发展力

如果说专业能力是某一领域必备的关键素养，是"专业智商"，那么问题解决能力则是毕业生进入职场后针对具体情境所反映的能力，即"职场情商"，如对职场问题深度分析的能力、对职场各类信息的综合能力、在职场多角度思考问题的能力、在职场能不断想出新方法改进工作的能力、领导能力等。总的来说，问题解决能力是考验毕业生在职场遇到问题时的应变和灵活能力，是影响毕业生在职场是否走得远、站得高的重要属性，也越来越成为新时代职业人才发展的基本素质。

第三节　课程体系对大学毕业生职业能力的影响

为获得普通高校本科课程体系对大学毕业生职业能力的实然影响，运用上述课程体系对大学毕业生职业能力影响的模型，对 3710 份有效问卷进行数据处理与分析，分析结果如下。

一 研究结果

（一）普通高校本科课程体系对大学毕业生职业能力影响总体上中等偏高

将高校本科课程体系对大学毕业生职业能力影响各维度以及各指标变量的得分进行描述统计分析，结果如表5-7所示，研究样本在"总体职业能力"上的均值得分为3.510，处于5分量表里中等偏上的水平，表明高校本科课程体系对大学毕业生职业能力影响总体上中等偏高。深入分析发现，在职业能力5个维度中，以"综合素质"得分最高 M = 3.632，其次依序为"专业能力" M = 3.525、"职业情感" M = 3.514、"职场问题解决能力" M = 3.509、"专业知识与技能" M = 3.350。其中，前三个维度高于总问卷均值，"职场问题解决能力"与总体问卷均值基本一致，"专业知识与技能"低于总问卷均值。数据表明高校本科课程体系对毕业生综合素质、专业能力与职业情感的培养效果较好，对职场问题解决能力的培养效果尚可，但在专业知识与技能上的培养稍显欠缺。在各个题项中，以第21题"大学课程学习使我具备了信息检索和处理能力"的均值最高 M = 3.740，第6题"大学课程使我充分具备职业所需的先进的专业技能"的均值最低 M = 3.190。可见，随着互联网的发展，高校本科课程体系能够紧跟时代潮流，整体上发展了学生基本的信息技术能力，但对于先进的专业技能培养还需要改善。

（二）普通高校本科课程体系对毕业生职业能力影响的人口统计学分析

大学毕业生的职业能力除了受课程体系的影响外，还与性别、生源地、专业等个体因素具有相关性，本书以这些人口统计学要素作为变量，对高校本科课程体系影响下大学毕业生的职业能力进行差异性分析。

表5-7 **高校本科课程体系对大学毕业生职业能力各维度影响的统计分析**

维度	题目	平均数	标准差	排序	总体平均数	总体标准差
专业知识与技能	1. 大学课程学习使我充分具备了职业所需的专业知识	3.520	0.778	15	3.350	0.678
	2. 大学课程让我充分了解职业相关的产业知识及发展前沿性知识	3.400	0.810	25		
	3. 大学课程让我掌握了广博的专业知识	3.470	0.771	22		
	5. 大学课程学习使我充分具备了职业所需的专业技能	3.360	0.834	27		
	6. 大学课程使我充分具备了职业所需的先进的专业技能	3.190	0.848	31		
	7. 大学课程学习使我充分具备了职业所需的丰富的专业技能	3.240	0.868	30		
	8. 大学课程学习使我充分具备了职业所需的熟练的专业技能	3.270	0.887	28		
专业能力	9. 大学课程学习使我充分具备了职业所需的专业能力	3.440	0.849	24	3.525	0.665
	10. 大学课程使我充分具备了职业所需的专业学习能力	3.570	0.806	12		
	11. 大学课程使我充分具备了职业所需的专业分析能力	3.580	0.792	10		
	12. 大学课程使我充分具备了职业所需的专业思考能力	3.670	0.756	4		
	13. 大学课程学习使我充分具备了职业所需的专业解决问题能力	3.490	0.806	21		
	14. 大学课程使我充分具备了职业所需的专业反思能力	3.460	0.760	13		
	15. 大学课程使我充分具备了职业所需的专业创新能力	3.380	0.779	26		
	16. 大学课程使我具备了职业所需的专业思维能力	3.610	0.808	8		

续表

维度	题目	平均数	标准差	排序	总体平均数	总体标准差
职业情感	17. 大学课程学习使我对所从事的职业产生了兴趣	3.530	0.822	14	3.514	0.739
	18. 大学课程使我充分认识到现在所从事职业的价值	3.500	0.816	18		
	19. 大学课程使我对所从事的职业产生较高的积极性	3.520	0.854	15		
综合素质	21. 大学课程学习使我具备了信息检索和处理能力	3.740	0.777	1	3.632	0.660
	22. 大学课程学习使我具备了书写能力	3.640	0.849	5		
	23. 大学课程学习使我具备了自主学习能力	3.710	0.858	2		
	24. 大学课程学习使我具备了创造创新能力	3.500	0.789	18		
	25. 大学课程学习使我具备了批判性分析能力	3.610	0.788	8		
	26. 大学课程学习使我具备了信息技术应用能力	3.710	0.758	2		
	27. 大学课程学习使我具备了数理分析能力	3.640	0.789	5		
	28. 大学课程学习使我具备了外语能力	3.520	0.812	15		
职场问题解决能力	30. 大学课程有助于我对职场所遇到问题进行深度分析	3.550	0.773	13	3.509	0.718
	31. 大学课程使我对职场各类信息有很强的综合能力	3.500	0.842	18		
	32. 大学课程训练使我在职场也能从多角度思考问题	3.640	0.807	5		
	33. 大学课程使我在职场能不断想出新方法改进工作	3.580	0.798	10		
	34. 大学课程训练使我具备了较好的领导能力	3.270	0.895	28		

续表

维度	题目	题项的描述性分析 平均数	标准差	排序	总体平均数	总体标准差
总体职业能力					3.510	0.597

1. 性别差异显著：高校课程对女性职业能力的影响高于男性

以性别为因子，以普通高校本科课程体系下毕业生的总体职业能力为因变量，进行独立样本 t 检验（见表 5-8）。方差齐性检验表明两组数据方差不齐（F=6.915，p=0.009<0.05），应使用经过校正的 t 检验。校正后的 t 检验结果为 t（df）= -2.811，p=0.005（<0.05），表明男性总体职业能力（3.491±0.573）与女性总体职业能力（3.556±0.653）差异（0.065）具有统计学意义，且女性显著高于男性。

为深入分析高校本科课程体系影响下大学毕业生职业能力各维度的性别差异，本书还以性别为因子，以高校本科课程体系影响下毕业生的职业能力五维度作为因变量，分别进行独立样本 t 检验。由表 5-8 可知，专业能力和职业情感没有明显的性别差异（p>0.05），男性与女性在专业知识与技能、综合素质和问题解决能力上的差异均有统计学意义（p<0.01），且女性均高于男性。

表 5-8　　普通高校课程体系对毕业生职业能力影响的性别差异分析

维度	性别	组统计 M	SD	方差齐性检验 F	p	独立样本 t 检验 t（df）	p
总体职业能力	男	3.491	0.573	6.915	0.009	-2.811	0.005
	女	3.556	0.653				
专业知识与技能	男	3.325	0.657	9.337	0.002	-3.536	0.000
	女	3.415	0.723				
专业能力	男	3.526	0.650	1.950	0.163	0.078	0.938
	女	3.524	0.701				

续表

维度	性别	组统计 M	组统计 SD	方差齐性检验 F	方差齐性检验 p	独立样本 t 检验 t（df）	独立样本 t 检验 p
职业情感	男	3.507	0.724	1.274	0.259	-0.913	0.361
	女	3.531	0.776				
综合素质	男	3.601	0.643	0.281	0.596	-4.623	0.000
	女	3.711	0.695				
问题解决能力	男	3.485	0.687	6.735	0.009	-3.060	0.002
	女	3.570	0.787				

2. 生源地差异显著：农村出生的毕业生处于弱势

以生源地为自变量，以高校本科课程体系影响毕业生总体职业能力和各维度的得分为因变量，分别进行单因素方差分析。结果显示（见表5-9），普通高校本科毕业生在总体职业能力、专业知识与技能、专业能力、职业情感、综合素质和问题解决能力上的出生地差异均达到显著性水平（$p<0.05$）。在总体职业能力上，生源地为农村的毕业生得分（3.471）最低，生源地为县城的毕业生得分（3.594）最高。

在专业知识与技能维度，生源地为农村的大学毕业生得分（3.327）最低，生源地为县城和大中城市的大学毕业生得分（3.385）最高；在专业能力维度，生源地为大中城市的大学毕业生得分（3.486）最低，生源地为县城的大学毕业生得分（3.633）最高；在职业情感维度，生源地为农村的大学毕业生得分（3.453）最低，生源地为大中城市的大学毕业生得分（3.645）最高；在综合素质维度，生源地为农村的大学毕业生得分（3.585）最低，生源地为县城的大学毕业生得分（3.758）最高；在问题解决能力维度，生源地为农村的大学毕业生得分（3.468）最低，生源地为县城的大学毕业生得分（3.573）最高。除了专业能力维度，出生在农村的毕业生职业能力会明显低于县城与大中城市出生的毕业生。

表5-9　　普通高校本科课程体系对毕业生职业能力的生源地差异分析

维度	农村 M	农村 SD	县城 M	县城 SD	大中城市 M	大中城市 SD	F	Sig.
总体职业能力	3.471	0.636	3.594	0.504	3.525	0.564	16.101	0
专业知识与技能	3.327	0.697	3.385	0.609	3.385	0.696	3.464	0.032
专业能力	3.492	0.705	3.633	0.575	3.486	0.622	19.055	0
职业情感	3.453	0.789	3.573	0.673	3.645	0.617	23.109	0
综合素质	3.585	0.695	3.758	0.603	3.617	0.583	24.439	0
问题解决能力	3.468	0.707	3.573	0.697	3.565	0.776	9.000	0

受历史和诸多客观因素影响，城乡教育资源分布不均衡仍是我们面临的现实问题。教育体系通常有利于社会上、经济上特权阶级的成员和那些在学业上最富有禀赋的人们。[1] 一方面，农村、集镇地区的学生，在进入大学之前较少能接受通识能力的培养，更多的是注重学习成绩的高低；进入大学后，即使接触到通识教育，但往往受先前经验等多方面的影响，更喜欢学习"有用的课程"。访谈中，一位来自农村的毕业生告诉我们："公共课就是类似于思修、英语、心理健康教育等这样的，但是这些课程好像对于就业而言没有什么用处，帮助也不是很大。我当时选修过陶瓷工艺、广告学之类的课程，只是因为这些好修学分，但是总觉得这些课都没什么意义。"另一方面，根据伯恩斯坦（Bernstein. B.）的语言编码理论，县城、大中城市的毕业生享受到的教育资源更为优质，他们在日常生活中接触到的多是精密编码的语言，这与学校中所传授知识的语言编码相一致，而农村、集镇的毕业生则更多地使用局限编码，与学校语言编码差距较大。高校中的素质教育课程多为计算机、文学艺术、英语等使用精密编码的课程，对于使用局限编码的农村、集镇学生而言，其接受力相对较弱。虽然他们与县城、大中城市的学生同样接受大学教育，但他们现有的知识涵养、气质类型、语言逻辑等使得他们很难仅仅

---

[1] 联合国教科文组织国际教育发展委员会编：《学会生存：教育世界的今天和明天》，华东师范大学比较教育研究所译，职工教育出版社1989年版，第113页。

通过大学课程使自己与城市毕业生达到同一水平。故而，文化资本的占有量也是造成出生于农村、集镇的学生与其他生源地的毕业生职业能力出现差异的重要因素。

3. 专业类别差异显著：文科专业优势明显

以本科专业类别为自变量，以高校本科课程体系影响下毕业生总体职业能力及各维度的得分为因变量，通过单因素方差分析，结果显示毕业生总体职业能力及各维度存在显著专业类别差异（p<0.001）。为深入了解本科专业与高校本科课程体系影响下毕业生职业能力的培养之间的关系，进一步做事后检验多重比较并得出结论（见表5-10）：在总体职业能力的比较上，文科专业的大学毕业生总体职业能力（3.692）显著高于其他三类专业；在专业知识与技能的比较上，文科专业的大学毕业生专业知识与技能（3.544）显著高于其他三类专业；在专业能力的比较上，文科专业的大学毕业生专业能力（3.682）显著最高，其次为工科专业的学生（3.531）；在职业情感的比较上，文科专业的大学毕业生职业情感得分（3.765）显著最高，其次为其他专业的学生（3.608）；在综合素质的比较上，不同专业的毕业生综合素质由大到小依次为：文科（3.803）、工科（3.649）、理科（3.534）、其他（3.382）；在问题解决能力的比较上，理科专业的大学毕业生问题解决能力（3.355）显著低于其他三类专业。

表5-10　　普通高校本科课程体系对毕业生职业能力影响的专业差异的多重比较

维度		文科	理科	工科	均值	维度		文科	理科	工科	均值
专业知识与技能	文科				3.544	专业能力	文科				3.682
	理科	0.000			3.280		理科	0.000			3.441
	工科	0.000	0.075		3.341		工科	0.000	0.003		3.531
	其他	0.000	0.057	0.003	3.109		其他	0.000	0.620	0.046	3.360
职业情感	文科				3.765	综合素质	文科				3.803
	理科	0.000			3.428		理科	0.000			3.534
	工科	0.000	0.236		3.461		工科	0.000	0.000		3.649
	其他	0.012	0.003	0.012	3.608		其他	0.000	0.114	0.001	3.382

续表

维度		文科	理科	工科	均值	维度		文科	理科	工科	均值
问题解决能力	文科				3.691	总体职业能力	文科				3.692
	理科	0.000			3.355		理科	0.000			3.414
	工科	0.000	0.000		3.517		工科	0.000	0.000		3.509
	其他	0.994	0.000	0.186	3.671		其他	0.000	0.962	0.162	3.383

（三）素质教育课程、专业课程、实践课程与毕业生职业能力呈中低度相关

本书通过相关性分析，探讨普通高校本科课程体系的各部分，即素质教育课程、专业课程、实践课程，与大学毕业生职业能力的关系，结果如表5-11所示。毕业生总体职业能力与课程体系中的素质教育课程、专业课程、实践课程均呈显著正相关；在各维度层次上，素质教育课程、专业课程、实践课程与大学毕业生各职业能力均具有显著相关性。其中，专业课程与各维度均呈低相关；素质教育课程与专业知识与技能、专业能力、职业情感、综合素质呈低相关，与问题解决能力呈中度相关；实践课程与专业知识与技能、专业能力呈中度相关，与职业情感、综合素质、问题解决能力呈低相关。这表明普通高校本科课程体系没有达到应有的效果。

表5-11　　　普通高校本科课程体系与大学毕业生
职业能力的相关分析

维度	素质教育课程	专业课程	实践课程	整个课程体系
专业知识与技能	0.249**	0.221**	0.326**	0.344**
专业能力	0.266**	0.196**	0.316**	0.335**
职业情感	0.268**	0.239**	0.244**	0.323**
综合素质	0.229**	0.167**	0.277**	0.290**
问题解决能力	0.306**	0.183**	0.228**	0.305**
总体职业能力	0.297**	0.225**	0.327**	0.365**

注：** 在0.01级别（双尾），相关性显著。

为了验证结果的科学性，笔者分别从各企业随机抽取 10 名左右毕业生，对每个毕业生进行职业能力自评打分、主管对他的评价打分以及每个毕业生的在校课程学习成绩。利用 SPSS 对其职业能力的评分与本科课程学习成绩进行斯皮尔曼相关分析，结果显示（见表 5 – 12），普通高校本科毕业生课程成绩与职业能力不存在显著性相关性。不论是毕业生的职业能力自评还是主管评分的均值与素质教育课程成绩、专业课程成绩、实践课程成绩都不存在显著性相关（p > 0.05）。这一结果与问卷调查中"普通高校本科课程与毕业生职业能力相关性"所得的结果一致，即普通高校本科中素质教育课程、专业课程、实践课程在适应毕业生职业能力培养方面还具有较大的改善空间。

表 5 – 12　　　　　普通高校本科毕业生课程成绩与职业能力评分的相关分析

		素质教育课程成绩	专业课程成绩	实践课程成绩
职业能力自评	斯皮尔曼 Rho 相关系数	0.078	0.175	– 0.011
	显著性（双侧）	0.752	0.473	0.965
职业能力主管评分	斯皮尔曼 Rho 相关系数	– 0.071	– 0.334	0.038
	显著性（双侧）	0.772	0.149	0.876
职业能力平均分	斯皮尔曼 Rho 相关系数	– 0.067	– 0.060	– 0.150
	显著性（双侧）	0.786	0.808	0.541

（四）高校本科课程体系对大学毕业生职业能力的解释程度为 13.3%，属于中等程度

由于高校的素质教育课程、专业课程、实践类课程与毕业生职业能力的联系处于失衡状态，本书通过回归分析探究目前高校本科课程体系各构成部分对大学毕业生职业能力影响的程度，从中探析各类课程在培养大学毕业生职业能力上的失位。相关分析只能显示高校本科课程体系与大学毕业生职业能力之间存在联系以及密切的程度，但不能说明高校本科课程体系对大学毕业生职业能力影响的程度。所以笔者以高校本科

课程体系整体的影响效果为自变量,以毕业生总体职业能力为因变量,进行回归分析。从表 5-13 中可以发现,回归模型拟合良好(R^2 = 0.133,F = 570.423(1,3708,$p < 0.001$),高校本科课程体系对大学毕业生职业能力的影响具有统计学意义(B = 2.241,t = 23.884,$p < 0.001$),其回归方程为:职业能力 = 0.359 × 课程体系 + 2.241,表示课程体系每优化 1 分,则大学毕业生的职业能力会提高 0.359 分。另外,有学者指出,回归分析中 R^2 的小、中和大的对应数值为 0.02、0.13 和 0.26。本书中高校本科课程体系对大学毕业生职业能力的解释程度为 13.3%,属于中等程度。

表 5-13　　　　　高校本科课程体系对大学毕业生总体职业能力的回归分析结果

	未标准化系数		标准化系数	t
	B	SE	Beta	
截距	2.241	0.054		41.559***
课程体系	0.359	0.015	0.365	23.884***
R^2	0.133			
Adj R^2	0.133			
F	570.423***			

注:因变量为总体职业能力;*** $p < 0.001$。

为深入探究高校本科课程体系中各类课程对大学毕业生职业能力以及各维度的影响,本书以素质教育课程、专业课程、实践课程的影响效果为自变量,分别以毕业生职业能力以及各维度的得分为因变量,进行多元回归分析(见表 5-14)。结果表明,自变量之间不存在严重的共线性问题(VIF 在 1.240—1.385)。在以总体职业能力为因变量的回归方程中,回归模型拟合良好(R^2 = 0.149,F = 216.708,$p < 0.001$),三个自变量对毕业生总体职业能力的方差解释率为 14.9%,属于中等程度;其回归方程为:总体职业能力 = 2.194 + 0.173 × 素质教育课程 + 0.021 × 专业课程 + 0.182 × 实践课程;在考虑其他变量的影响下,专业课程对总体职业能力的影响不显著(B = 0.021,t = 1.672,$p = 0.095$),素质教育课

表5-14　　高校三类课程对大学毕业生职业能力各维度的回归分析结果

			截距	素质教育课程	专业课程	实践课程	R^2	Adj R^2	F
总体职业能力	非标准化系数	B	2.194	0.173	0.021	0.182	0.149	0.149	216.708 ***
		SE	0.055	0.014	0.013	0.012			
	标准化系数			0.206	0.030	0.249			
	t		40.172 ***	12.202 ***	1.672	14.565 ***			
	VIF			1.240	1.385	1.274			
专业知识与技能	非标准化系数	B	1.981	0.141	0.037	0.215	0.132	0.131	187.106 ***
		SE	0.063	0.016	0.015	0.014			
	标准化系数			0.148	0.045	0.259			
	t		31.651 ***	8.706 ***	2.514 *	15.015 ***			
	VIF			1.240	1.385	1.274			
专业能力	非标准化系数	B	2.185	0.170	0.007	0.208	0.131	0.130	185.988 ***
		SE	0.061	0.016	0.014	0.014			
	标准化系数			0.182	0.008	0.255			
	t		35.559 ***	10.665 ***	0.464	14.782 ***			
	VIF			1.240	1.385	1.274			
职业情感	非标准化系数	B	2.074	0.188	0.090	0.129	0.108	0.107	149.069 ***
		SE	0.069	0.018	0.016	0.016			
	标准化系数			0.181	0.101	0.143			
	t		29.971 ***	10.479 ***	5.557 ***	8.144 ***			
	VIF			1.240	1.385	1.274			
综合素质	非标准化系数	B	2.483	0.145	0.002	0.183	0.099	0.098	135.944 ***
		SE	0.062	0.016	0.015	0.014			
	标准化系数			0.156	0.003	0.227			
	t		39.973 ***	8.983 ***	0.144	12.91 ***			
	VIF			1.240	1.385	1.274			
问题解决能力	非标准化系数	B	2.117	0.258	0.013	0.124	0.113	0.112	157.273 ***
		SE	0.067	0.017	0.016	0.015			
	标准化系数			0.255	0.015	0.141			
	t		31.57 ***	14.804 ***	0.823	8.085 ***			
	VIF			1.240	1.385	1.274			

注：* $p<0.05$，** $p<0.01$，*** $p<0.001$。

程与实践课程对总体职业能力的影响均有统计学意义（p<0.001）。其中，实践课程的影响最大（Beta=0.249），其次为素质教育课程（Beta=0.206）。

在以专业知识与技能为因变量的回归方程中，回归模型拟合良好（R^2=0.132，F=187.106，p<0.001），三个自变量对毕业生专业知识与技能的方差解释率为13.2%，属于中等程度；其回归方程为：专业知识与技能=1.981+0.141×素质教育课程+0.037×专业课程+0.215×实践课程；纳入的3个自变量中，素质教育课程、专业课程和实践课程对毕业生专业知识与技能的影响均具有统计学意义（p<0.05）。其中，实践课程的影响最大（Beta=0.259），其次为素质教育课程（Beta=0.148），最后为专业课程（Beta=0.045）。

在以专业能力为因变量的回归方程中，回归模型拟合良好（R^2=0.131，F=185.988，p<0.001），三个自变量对专业能力的方差解释率为13.1%，属于中等程度；其回归方程为：专业能力=2.185+0.170×素质教育课程+0.007×专业课程+0.208×实践课程；在考虑其他变量的影响下，专业课程对专业能力的影响不显著（B=0.007，t=0.464，p=0.642），素质教育课程与实践课程对专业能力的影响均有统计学意义（p<0.001）。其中，实践课程的影响最大（Beta=0.225），其次为素质教育课程（Beta=0.182）。

在以职业情感为因变量的回归方程中，回归模型拟合良好（R^2=0.108，F=149.069，p<0.001），三个自变量对毕业生职业情感的方差解释率为10.8%，属于中低程度；其回归方程为：职业情感=2.074+0.188×素质教育课程+0.090×专业课程+0.129×实践课程；纳入的3个自变量中，素质教育课程、专业课程和实践课程对毕业生职业情感的影响均具有统计学意义（p<0.001）。其中，素质教育课程的影响最大（Beta=0.181），其次为实践课程（Beta=0.143），最后为专业课程（Beta=0.101）。

在以综合素质为因变量的回归方程中，回归模型拟合良好（R^2=0.099，F=135.944，p<0.001），三个自变量对毕业生总体职业能力的方差解释率为9.9%，属于中低程度；其回归方程为：综合素质=2.483+0.145×素质教育课程+0.002×专业课程+0.183×实践课程；在考虑其他变量的影响

下，专业课程对综合素质的影响不显著（B=0.002，t=0.144，p=0.886），素质教育课程与实践课程对综合素质的影响均有统计学意义（p<0.001）。其中，实践课程的影响最大（Beta=0.227），其次为素质教育课程（Beta=0.156）。

在以问题解决能力为因变量的回归方程中，回归模型拟合良好（R^2=0.113，F=157.273，p<0.001），三个自变量对毕业生总体职业能力的方差解释率为11.3%，属于中低程度；其回归方程为：问题解决能力=2.117+0.258×素质教育课程+0.013×专业课程+0.124×实践课程；在考虑其他变量的影响下，专业课程对问题解决能力的影响不显著（B=0.013，t=0.823，p=0.411），素质教育课程与实践课程对职场问题解决能力的影响均有统计学意义（p<0.001）。其中，素质教育课程的影响最大（Beta=0.255），其次为实践课程（Beta=0.141）。

二 研究结论与讨论

（一）研究结论

本书通过对京津冀鲁37个企业的普通高校本科毕业生的调查分析，得出了以下结论。

1. 普通高校本科课程体系对大学毕业生总体职业能力影响呈中等偏高水平

表5-15　高校本科课程体系对职业能力各维度影响的统计分析

职业能力维度	人数	最小值	最大值	均值	标准差
专业知识与技能	3710	1.00	5.00	3.350	0.678
专业能力	3710	1.00	5.00	3.525	0.665
职业情感	3710	1.00	5.00	3.514	0.739
综合素质	3710	1.00	5.00	3.632	0.660
问题解决能力	3710	1.00	5.00	3.509	0.718
总体职业能力	3710	——	——	3.510	0.597

从表5-15分析可知，普通高校本科课程体系对毕业生职业能力影响

程度较大（M = 3.510，SD = 0.597）。其中，对毕业生综合素质（M = 3.632，SD = 0.660）、专业能力（M = 3.525，SD = 0.665）与职业情感（M = 3.514，SD = 0.739）的培养效果较好，对问题解决能力（M = 3.509，SD = 0.718）的培养效果尚可，相较而言，普通高校本科课程体系在毕业生专业知识与技能（M = 3.350，SD = 0.678）的培养方面稍显欠缺。

2. 普通高校本科课程体系在毕业生专业能力和创新性的培养上明显不足

访谈中业务副总对高校毕业生的专业能力和创新能力表示质疑，并强调"当然不能对高校要求太多，这些能力是高校无法培养的，是需要在工作中、在解决问题的过程中得以成长的……"但发达国家普遍认为，教育在对毕业生专业能力和创新性的培养方面是最重要的。瑞士机床"享誉全球"，在世界范围内几乎找不到可替代的产品，原因之一便是其强大的极富创新性的教育体系。目前，我国超九成的高档数控系统都需要依赖进口，一旦瑞士机床真的"断供"，"卡脖子"危机箭在弦上。因此，建立指向专业能力和创新性培养的卓越教育体系至关重要。

3. 文化资本的占有量是造成学生职业能力呈现生源地差异的重要因素

法国社会学家布迪厄的文化资本理论诠释了不同家庭环境背景下、不同社会地位出身的子女在受教育机会、教育行为以及学术成就方面存在显著差距，也必然会造成学生职业能力培养的生源地差异等一系列衍生效应。为探讨普通高校本科课程体系对毕业生职业能力培养的影响因素，本书以生源地为自变量，以高校本科课程体系影响下毕业生职业能力五维度的具体得分为因变量，进行单因素方差分析，结果如表5 – 16所示：毕业生在专业知识与技能、专业能力、职业情感、综合素质和问题解决能力的获取上存在显著的出生地差异（$p < 0.001$）。

表 5 – 16　　普通高校课程体系下毕业生职业能力的生源地差异分析

变量	出生地域（M ± SD）				F
	农村	集镇	县城	大中城市	
总体职业能力	3.481 ± 0.654	3.347 ± 0.323	3.594 ± 0.504	3.525 ± 0.564	23.201***
专业知识与技能	3.342 ± 0.710	3.134 ± 0.463	3.385 ± 0.609	3.385 ± 0.696	13.026***
专业能力	3.512 ± 0.724	3.242 ± 0.292	3.633 ± 0.575	3.486 ± 0.622	57.333***
职业情感	3.466 ± 0.806	3.292 ± 0.500	3.573 ± 0.673	3.645 ± 0.617	24.535***
综合素质	3.584 ± 0.705	3.602 ± 0.554	3.758 ± 0.603	3.617 ± 0.583	16.269***
问题解决能力	3.471 ± 0.717	3.438 ± 0.573	3.573 ± 0.697	3.565 ± 0.776	6.325***

注：* $p < 0.05$，** $p < 0.01$，*** $p < 0.001$。

4. 毕业后的"学非所用"也是造成高校本科课程体系对毕业生职业能力影响的因素之一

当毕业生所从事职业与所学专业一致时，其在本科教育中所学到的专业知识越能运用到对口的实际工作中；同时，在自身专业知识不断得到验证的过程中，毕业生会越发感受到所学知识是有价值的、有用的，并对自身能力产生满足感和自豪感。自豪感是个体把一个成功事件或积极事件归因于个体能力或努力的结果时所产生的一种积极的主观体验情绪。当毕业生在工作实践中获得自豪感和满意感时，便会赋予自己积极的心理暗示，进而对自己所从事职业产生积极正向的态度，这也与高校本科课程体系对毕业生职业能力影响整体呈中等偏高水平的研究结果相互印证。本书以专业一致性为自变量，以普通高校本科课程体系对毕业生职业能力各维度的影响为因变量进行回归分析，结果如表 5 – 17 所示：普通高校本科课程体系对毕业生职业能力的影响与专业一致性之间存在显著的正相关关系，其回归方程可表示为：职业能力 = 0.062 × 专业一致性 + 3.280，即当所学专业与从事职业一致性越高时，高校本科课程体系越能对毕业生的职业能力产生影响；当所学专业与从事职业一致性越低时，高校本科课程体系越难以对毕业生的职业能力产生影响。

表 5-17　　毕业生专业一致性对总体职业能力的回归分析结果

统计量	未标准化系数		标准化系数	t
	B	SE	Beta	
截距	3.280	0.035		94.010***
专业一致性	0.062	0.009	0.112	6.857***
R^2	0.013			
Adj R^2	0.012			
F	47.019***			

注：因变量为总体职业能力；* $p<0.05$，** $p<0.01$，*** $p<0.001$。

（二）研究讨论

本书认为当前毕业生职业能力与社会需求匹配性不高的主要原因在于高校的人才培养机制与社会需求的割裂。这种割裂在客观上呈现出二者之间的结构性供需矛盾、人力资源市场导向不足以及雇主对普通高校的支持度不够等现象。在这场"割裂战"中，大学生职业能力发展的最重要的载体——高校本科课程体系，有着不可推卸的责任，主要表现为：

1. 普通高校本科课程体系建设与市场动态的联动乏力，培养目标模糊

自洪堡大学改革以来，人才培养、科学研究和服务社会成为大学的根本职责，美国学者博比特（Franklin Bobbitt）也认为："教育实质上是一种显露人的潜在能力的过程，它与社会条件有着特殊的联系。"因此，为社会输送合格人才是高等院校义不容辞的责任。但当下，普通高校本科课程体系与企业、市场的分离，使其难以培养出制造强国战略急需的高技能、复合型人才。高校也似乎尽力回避明确说明毕业生应具备的能力，因此"高校拿不出证据来证明高校本职工作的成功之处"[①]。本书的访谈结果也证实了这一点。主管 H 提到："现在的大学培养目标不明确，并且不注重实用性，因此会影响毕业生的职业能力的培养。"毕业生 Z 也

---

① ［美］罗伯特·M. 戴尔蒙德：《课程与课程体系的设计和评价实用指南》（修订版），黄小苹译，浙江大学出版社 2006 年版，第 5 页。

认为:"由于专业培养目标不明确,我不知道为了什么而学习,稀里糊涂也就毕业了。"同时,普通高校培养目标的不明确致使教育工作者不知道具体应该培养什么样的人才,学生也不知道应该成为什么样的人。再如某大学电气工程及其自动化专业的培养目标为"致力于培养具备健全人格、张扬个性、思维活跃、基础扎实、视野开阔、运筹帷幄、勇于创新,掌握电气工程领域的基础知识和专门知识,具有电气工程技术和技能素养、显现电力行业特色的具有领军作用的工程师",但这都是一些极其宽泛的限定词,没有明确的指向性,根据这样的培养目标进行人才培养,教学效果难以凸显,遑论提高毕业生的职业能力。

2. 课程体系结构的离散性和不合理性降低了学生的职业能力

高校本科课程体系主要包括专业课程、素质教育课程和实践课程,在课程建设中,三者之间的失衡与逻辑链条的缺失都会导致毕业生知识结构上的非平衡状态。这种非平衡状态主要表现为专业课程知识结构的不合理、素质教育课程设置的不完善以及实践课程的虚化。

(1) 专业课程知识结构的不合理。在调查中,毕业生普遍认为,专业课程中课程内容的前沿性(59.0%)、课程开设的系统性(53.6%)、教学资源(45.3%)无法满足其工作需求(见图5-3)。由此,本书认为专业课程未能在职业能力培养中发挥其应然效果的原因有二。一是专业课程的知识前沿性问题。专业课程的前沿性要求课程要能与时代最新的知识、技术接轨,课程内容的前沿性能够帮助毕业生构建有深度的知识体系。但是被访主管普遍表示:"现在很多毕业生成绩单上的课程都还是一些老课程,虽然社会快速发展,但课程内容却更新太慢。在工作中毕业生学过的很多专业知识都淘汰、过时了,需要再重新学习。"Z主任也认为,现在的普通高校本科课程体系内容与企业脱节,毕业生完全不了解新工艺,因而企业需要额外聘请国外专业人员进行维修处理。他如是说道:"课程内容更新太慢,很多新的专业、新的工艺都没有进入大学课程。比如说ESP技术,全称是电控行驶平稳系统,属于意大利,很多项目引进的都是国外的技术,出了故障本地无法维修,解决问题时间要长,需要请外国人维修。"二是专业课程的知识系统性问题。当前的课程设置过于强调分科课程,分科课程的"旺势"必然导致跨学科课程的"弱势"。跨学科课程的不足使得毕业生在一定程度上缺乏迁移能力和解决问题的能力,难以全面地认识工作中的问题,阻碍毕业生职业能力的提升。L主任在谈到机电一体化课程时说:"机电一体化里边还有偏机的和偏电的,但是机电一体化的优势在于,在现场一个设备上可能不是光机械、光电气,他们是结合在一块的,因此学机电的学生对这个东西的理解可能比单纯的机械和电气的更快一些。而且在考虑问题故障的时候,他们判断的面、考虑的角度更整体一些。"专业课程知识结构的不合理,伴之以繁难偏旧的教材和落后的实验室设备,更是极大地降低了学生自主学习、深入探究的可能性,对毕业生职业能力的培养产生不可估量的消极影响。

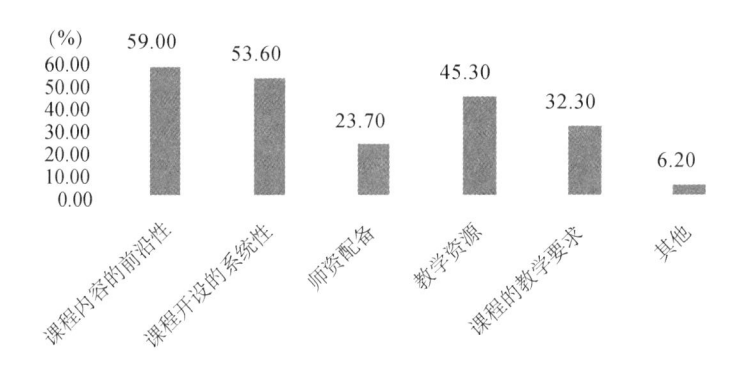

图 5-3 大学的专业学习能/不能满足工作需求的原因统计

(2) 素质教育课程设置的不完善。素质教育课程作为培养学生基本的人文、社会修养的课程,赋予毕业生最基本的包括创造创新、自主学习、写作、外语、信息技术素养等能力在内的职业技能。有学者在构建毕业生三维度四层次职业能力结构模型时,将这部分能力归为第二层次"职业核心能力",并强调这是毕业生顺利步入工作岗位的基本要求。但研究结果显示,素质教育课程对总体职业能力、专业知识与技能、专业能力和综合素质的影响效果一般,图 5-4 所呈现的统计数据也佐证了这一研究结果。可见,普通高校素质教育课程设置的合理性还有待加强。西方的素质教育课程主要有三个特点,一是以核心课程为主,如哈佛大学的核心课程主要是由审美与诠释、文化与信仰、实证与数学推理、伦理推理、生命系统科学、物理宇宙科学、人类多元社会与世界中的美国八个模块组成,且每个模块没有重叠;二是必修和选修均衡;三是重视基本技能和能力的培养。[1] 然而目前中国普通高校的素质教育课程,在课程目标上会有所交叉,在课程类型上以必修课程为主、少量的选修课程为辅,在课程内容上更为强调大学英语、高等数学、政史、军事理论等综合素质的学习。这类课程虽然在一定程度上可以培养学生的外语能力、计算机能力等工具能力,但是对于毕业生专业能力、问题解决能力、人际沟通能力、领导能力、创新创造能力等方面的培养非常有限。

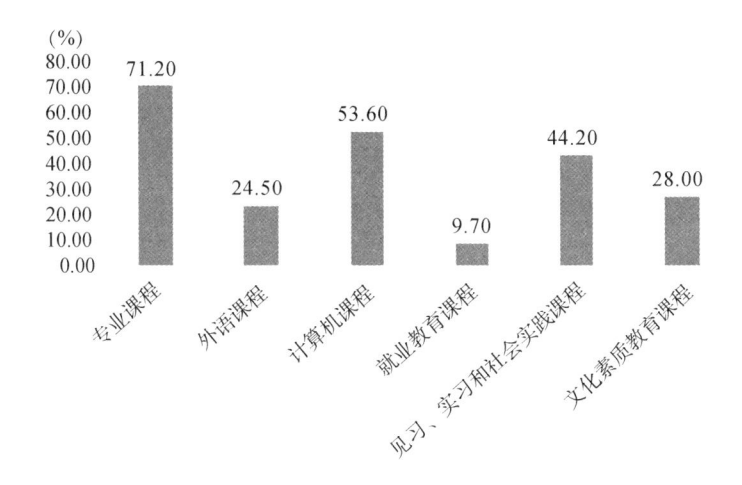

专业课程 71.20
外语课程 24.50
计算机课程 53.60
就业教育课程 9.70
见习、实习和社会实践课程 44.20
文化素质教育课程 28.00

图 5-4 对现在工作帮助较大的大学课程类型统计

(3) 实践课程的虚化。我国普通高校在进行课程建设时,往往重理论轻实践、重知识轻能力,操作性知识在高校课程知识体系中所占比重小,且没有建立完备的产学研用平台,缺乏"实境耦合式"的人才培养模式。这使得学生无法感知真实的工作环境和工作流程,缺乏对未来职业的直观真实的感受,也很难掌握在实践中运用知识和解决问题的能力。麦可思公布的《中国本科生就业报告》显示,我国有1/3的大学生认为本科的实践课程并未发挥作用,高校开设的职业指导课亦形同

---

[1] 熊枫:《中美研究型大学通识课程结构分析及启示——以北京大学与哈佛大学为例》,《亚太教育》2016年第18期。

虚设。毕业生们对实践课程如是评价道:"就业指导课程没有专职老师,授课老师也不懂……""就业指导课的老师就是放个视频……"L主任在访谈时提到:"我们通常不接大学生实习,因为工业企业安全风险比较大,大部分工业企业学生的实践都属于认知层面的实践,老师领着学生到现场转一圈看看,走马观花地看一遍,流程是什么都不知道。"Q总也说:"JN大学他们每年都上我们这儿来实习,他们出来一个周、两个周,到各企业比方说我们这儿看一天,也就是走马观花,对他们实际上没有真正意识的提高。"学生的"被动实践"暴露出了教育生态的问题,学校实践活动的形式化,单位不愿意接纳实习生,学生不了解企业、不知道企业需要什么、没有实践经验和对行业岗位的切肤之感,更无从探讨就业问题。

3. 教师"知识为本"的课程理解与实施的误区,缺乏"概念为本"的课程观

当前教师对课程的理解主要以课程内容和技能目标为主,对课程内容的解读囿于"事实性知识",缺乏深度的概念性分析与理解。众所周知,事实性知识与主题是无法实现跨时间、空间,跨文化,跨情境迁移的,它只适用于特定的时空、情境和特定的知识片段,很难培养学生高阶思维水平。与之相反,概念性课程的最大特点便是具有普遍性、可迁移性、可理解性和抽象性,能够进行跨时空跨情景的迁移。当前,知识正以指数级数量增长,课程实施必须强调更高层次的抽象度,只有这样,课程知识才能被完整和有效地存取和利用。而传统的课程设计不是以概念为中心的,仅仅教给学生复述目标和实时性内容,无法达成"协同性思考"这一目标。可以说,将概念性知识、程序性知识、元认知知识等统统作为事实性知识进行实施是当前教师课程理解的最重要的误区。课程实施的不尽如人意招致毕业生的声讨:"有时候一位老师要上几门课,他们其实根本就不备课,有些老师干脆就把几节不同的课上成了同一节课,没有意思,也没学到新东西。"还有一位毕业生说:"我在大学的时候给自己定过一个小目标,就是绝对不逃课。但是有的老师讲课真的特别无聊,可能他们更适合做科研,但是吧……他们讲课的时候就是纯念课件,跟学生一点互动都没有,像这种课,虽然很重要,但是我们去了许多同学也不听。其实我也想不明白,学校为什么把这么重要的一门课

交给一个不会上课的老师来讲呢？"从课程内容本身到教师课程理解的双重缺失，无疑滋生了理想与现实之间的巨大鸿沟。

4. 缺乏科学有效融合课程力量的课程矩阵

课程体系的构建是人才培养方案的具体化和依托，是人才培养目标实施的规划性方案。① 我国普通高校本科课程体系存在较为突出的缺口（gaps）和冗余（overlap）问题，缺乏课程建设必不可少的"课程矩阵"，即从实践空间进入设计空间完成新型课程体系的构建。正如国外学者所说，没有这样一个过程就难以为学生提供真正优质的课程体系。② 为此，本书参照提升学生学习成果（Student Learning Outcomes，SLO）、学习成果导向理念（Outcomes Based Education，OBE）的理念与方法，结合本科教学质量国家标准的相关要求、高校毕业要求以及本书的调研结果，归纳、整理出毕业生所应具备的五维职业能力，即专业知识点、专业技能点、专业能力点、职业情感点和综合素质点五个指标点，并以专业课程、实践课程、素质教育课程为课程体系矩阵的构建基点，明确每个指标点所需课程，研讨各类课程对每个指标点的支撑程度，③ 最终构建了职业能力导向的课程体系矩阵（见表5-18），力求将毕业生职业能力各维度落实到普通高校本科课程体系的成果目标中，从而达到大学教育与企业需求以及市场需求的高阶融合。

表5-18　　　　职业能力导向的普通高校课程体系矩阵示例

职业能力 （学习成果）		专业知识	专业技能	专业能力	职业情感	综合素质
专业课程	专业课程1					
	专业课程2					
	……					

---

① 谈衡、范真、刘凯磊：《论基于"职业核心能力"的应用型高校课程体系构建——以江苏理工学院机械专业为例》，《教育理论与实践》2019年第30期。

② Harden R. M., "AMEE Guide No. 21: Curriculum Mapping: a Tool for Transparent and Authentic Teaching and Learning", *Medical Teacher*, 2001, No. 2, pp. 123–137.

③ 王丹、张洪岩、李文禹：《应用型课程建设中课程矩阵的开发研究》，《职教论坛》2021年第3期。

续表

职业能力 （学习成果）		专业知识	专业技能	专业能力	职业情感	综合素质
实践课程1						
	实践课程2					
	……					
素质教育课程	素质教育课程1					
	素质教育课程2					
	……					

第六章

普通高校本科课程体系与先进制造业人才需求

随着美国"先进制造伙伴计划"、德国"工业4.0"、"中国制造2025"的出台,各发达国家纷纷将先进制造业发展上升到关乎国家未来创新力和国际竞争力的战略高度。如何推进先进制造业的发展便成为各国发展制造业争先抢占的高地,在先进制造企业智能化转型过程当中,有很多影响因素,其中人才因素便是最重要的因素之一。因此,本书选取《中国制造2025》中提及的十大先进制造业作为样本,收集其招聘信息,分析先进制造业的人才需求,找寻其与高校现有人才培养之间的落差,结合高校本科课程体系建设的现状,考量对普通高校本科课程体系的创新路径。

第一节 课程体系创新与先进制造业人才需求

世界各国在先进制造业领域的竞争,归根结底是对制造业人才的竞争。《中国制造2025》战略规划要求坚持创新驱动、智能转型、强化基础、绿色发展,加快中国从制造大国向制造强国迈进的步伐。高等院校作为实施《中国制造2025》战略的重要力量,应该勇于承担并履行好推进《中国制造2025》战略应尽的社会责任。[①] 明确先进制造业人才需求

---

① 周海银:《高等教育如何适应"中国制造2025"》,《山东师范大学学报》(人文社会科学版)2015年第4期。

的情况,分析当前课程体系存在的弊端,在先进制造业转型升级的过程中及时改进优化课程体系,使之与社会发展相适应。

一 相关研究现状

当前,我国高等教育已进入大众化的发展,高校毕业生的数量突飞猛增。通过教育部官方网站公布的数据发现,高校毕业生数量从 2015 年的 749 万到 2019 年的 823 万,短短几年的时间就增长了 10%,其中本科毕业生的比例达到了高校毕业生数量的 48% 左右,占据了劳动力市场的主体地位。随之而来的是严峻的就业压力,"毕业就是失业",劳动力市场呈现出毕业生找不到工作、用人单位招聘不到合适人才的尴尬局面,这本质上是大学毕业生与劳动力市场的供求关系在数量和结构上的失衡。[1] 因此,建立以社会需求为导向的本科课程体系势在必行。《国家中长期教育改革和发展规划纲要(2010—2020 年)》中也明确提出"树立科学的质量观,把促进人的全面发展、适应社会需要作为衡量教育质量的根本标准"。

目前我国制造业正处在转型升级的关键阶段,《中国制造 2025》是我国实施制造强国战略的首个十年纲领,明确了我国制造业创新性不强的问题,亟须完善先进制造业重点领域的人才培养体系。高校本科课程体系作为人才培养方案的核心内容,是连接高校和社会的桥梁,其合理性和科学性直接关系到高校人才培养的质量和毕业生能力。近年来,相关研究多集中在对高校人才培养存在问题的声讨上,如我国高校本科课程体系学科本位课程占主导,理论与实践脱节严重。[2] 面对新一轮科技革命,先进制造业需要有创新能力和跨学科整合能力的新型人才,然而高校所培养的毕业生知识结构单一,动手能力弱,缺乏创新意识及创新思维,无法满足当前社会先进制造业对人才的需求。同时我国前沿技术领域发展薄弱,重要领域关键技术受制于人才限制,难以推动产业高端化发展以及经济

---

[1] 丁志帆、孔存玉:《大学毕业生"就业难"的成因剖析与破解之道——研究回顾与展望》,《教育与经济》2018 年第 2 期。

[2] 钟勇为、缪英洁、林敏:《优化大学课程体系:一个多域耦合的解释框架》,《江苏高教》2020 年第 5 期。

的转型升级。① 这些问题的产生概在于学科自身发展、课程体系创新不够，致使人才培养供给侧和产业需求侧产生矛盾，难以适应。翁伟斌学者提出课程设置应以专业培养目标为依据，以课程体系"反哺"专业培养目标。② 曾勇等学者还建议学校基于培养理念与创新引领性人才的核心素养，建设始于新生、贯通四年的新生项目式课程、挑战性学习课程、基于项目的跨学科课程、逐级挑战的项目式课程群，形成"研究型的教+研究性的学+挑战性的学+创新性的做"融会贯通的挑战性、研究型、项目式课程新体系。③ 吴松等强调应用型本科课程体系不合理，与市场需求脱节；课程内容陈旧，学生专业素质不强；课程目标模糊，缺乏脚踏实地精神；课程实施不当，重灌输轻实践；课程评价单一，重成绩轻分析等问题。④ 谢鑫等学者认为中国当前一流大学的本科课程体系存在改革不彻底、通识核心课程的学分受限、课程纵向梯度小等弊端。⑤

通过文献研究可见，我国学者对高校本科课程体系的研究缺乏从用人单位视角对大学生就业能力的研究，从先进制造业企业的需求出发对高校本科课程体系进行系统研究尚属空白。本书基于网络上收集的招聘信息进行内容分析，样本范围广；基于十大先进制造业更加具有行业针对性、时代性。本书旨在探索企业究竟需要什么样的本科毕业生，从而为高校的本科课程体系建设提出改进的建议。

二 先进制造业与人才需求特征

（一）先进制造业发展与人才需求概况

近年来，我国制造业产业规模稳步扩大，新动能培育不断加快，淘

---

① 曾勇：《后疫情时代我国新工科教育发展的机遇、挑战及应对》，《高等工程教育研究》2020年第6期。
② 翁伟斌：《一流本科教育课堂教学改革：须为、难为与可为》，《国家教育行政学院学报》2020年第3期。
③ 曾勇等：《面向未来的新工科教育与"成电方案"2.0的迭代创新》，《高等工程教育研究》2021年第3期。
④ 吴松、夏建国：《应用型本科人才培养目标下课程体系构建研究综述》，《当代职业教育》2016年第8期。
⑤ 谢鑫、张红霞：《一流大学本科教育的课程体系建设：优先属性与基本架构》，《江苏高教》2019年第7期。

汰落后产能取得积极成效，企业技术创新主体地位进一步增强，关键领域核心技术与产品取得重大突破，国际化发展水平不断提高。[①] 从制造业结构现状来看，发展最快的是电子、信息通信、化学工业、汽车和机械电气制造业，它们在制造业中所占的比重不断上升，以信息通信、生命科学和生物工程、新材料和新能源为主的高技术产业发展迅速。高技术产业对传统产业改造作用不断加大，推动传统劳动密集型产业（如纺织业、服装业、建筑业）向资本和技术密集型产业转变，同时推动钢铁、汽车、化工等资本密集型产业逐渐向技术密集型产业转变。虽然我国的制造业发展取得了很大成绩，但是与欧美等制造强国相比，制造业"大而不强"的特征明显，首先，突出表现为创新体系不完善，关键核心技术仍受制于人。其次，产品质量与品牌建设速度滞后，导致产品附加值小，与市场规模大不相适应。最后一点，也是最重要的一点即人才结构性缺失问题逐步显现，制造业领域急需的高技能人才、专业技术人才、制造业高端人才明显不足（见表6-1）。同时，制造业人才宏观环境仍需提高。欧洲英士国际商学院（INSEAD）、瑞士德科集团（Adecco）和新加坡人力资本领导研究所（HCLI）联合发布的《2017年全球人才竞争力指数》报告显示，美国的人才竞争力指数是69.34，德国是64.94，日本是60.72，而我国只有45.34，排名第54。该报告指出，我国在高等教育、企业培训等人才培养方面表现突出，但对优秀人才的吸引力相对较弱。[②] 长期以来形成的技能人才社会地位不高、职业教育吸引力不足等观念依然根深蒂固，技能人才发展通道不通畅、社会地位不高、激励机制不足等问题还未得到根本改善。

（二）先进制造业人才特征

综上所述，新一轮科技革命需要能准确把握与预测引发产业革命的未来技术方向的人才，因此人才培养是新一轮产业革命中抢占战略制高点的关键。当前，面对世界百年未有之大变局，世界各国都在加强在关

---

① 国家制造强国建设战略咨询委员会：《2017中国制造2025蓝皮书》，电子工业出版社2017年版，第26—27页。
② Adecco集团发布2017年全球人才竞争力指数：《中国领跑金砖国家》，《国际人才交流》2017年第2期。

键技术与人才上的竞争与投入。先进制造业人才培养，是普通高校的重要使命。先进制造业对人才的需求特征主要表现为以下方面。

表 6-1　　　　　制造业十大重点领域人才需求预测①　　　　单位：万人

序号	十大重点领域	2015年 人才总量	2020年 人才总量预测	2020年 人才缺口预测	2025年 人才总量预测	2025年 人才缺口预测
1	新一代信息技术产业	1050	1800	750	2000	950
2	高档数控机床和机器人	450	750	300	900	450
3	航空航天装备	49.1	68.9	19.8	96.6	47.5
4	海洋工程装备及高技术船舶	102.2	118.6	16.4	128.8	26.6
5	先进轨道交通装备	32.4	38.4	6	43	10.6
6	节能与新能源汽车	17	85	68	120	103
7	电力装备	822	1233	411	1731	909
8	农机装备	28.3	45.2	16.9	72.3	44
9	新材料	600	900	300	1000	400
10	生物医药及高性能医疗器械	55	80	25	100	45

一是具有能够深度思考、分解问题和解决问题的能力。未来制造业不再是重复的体力劳动者，需要的是能够针对不同场景分解问题的能力，这一能力是任何机器和人工智能无法取代的，这也是未来人才最重要的核心竞争力。

二是需要具备计算思维、逻辑思维等能力。先进制造业所需要的专业人才，需要掌握和机器人对话的技能，需要具备较强的计算思维。同时还应具备较强的逻辑思维和理论抽象能力以及较强的知识迁移能力。

三是需要具备对于人性、社会、文化、情感等方面拥有敏锐感知的能力和判断力，这是先进制造业良性发展的基础。

---

① 教育部、人力资源和社会保障部、工业和信息化部等部门共同编制：《制造业人才发展规划指南》。

第二节 研究方法与数据来源

一 研究方法

本书采用内容分析法并借助 Nvivo11 软件,对十大先进制造业中具有代表性的企业招聘信息进行分析,具体呈现了样本的基本情况以及对数据的处理,便于从宏观上把握研究过程从而解读研究结果。内容分析法是一种对研究对象的内容进行深入分析,透过现象看本质的科学方法。美国传播学家伯纳德·贝雷尔森(Bernard Berelson)将其定义为"一种客观地、系统地、定量地描述交流的明显内容的研究方法",该方法完整的过程是:先从具有表征意义的文本信息或符号中确定分析单元,制定一定的归属类目,然后进行内容编码并且统计数量,最后对量化的数据进行解释与检验。[①] 本书中收集的十大先进制造业的招聘信息内容精练,而且在分析之前已剔除无关信息,比较适合用此种方法进行研究。

二 研究工具

本书所收集的招聘信息数量多且繁杂,通过人工计数费时费力且容易出错,因而选择了 Nvivo11 软件对所收集的数据进行分析统计。该软件由澳大利亚 QSR 公司组织开发,功能强大,可以编码、搜索,还可建立基于布尔逻辑的系统和概念网络系统,帮助研究人员组织、分析和查询非结构化或定性数据,如调查问卷、访谈和文献等,受到国外学者的普遍认可。[②] 本书利用 Nvivo 11.0 的编码归类功能,统计关于"能力素质"关键词出现的频次。

三 样本选取

招聘信息作为企业招聘人才的信号灯,一方面显示出企业的需求,

[①] 邱均平、邹菲:《关于内容分析法的研究》,《中国图书馆学报》2004 年第 2 期。
[②] 彭敏、朱德全:《STEM 教育的本土理解——基于 NVivo11 对 52 位 STEM 教师的质性分析》,《教育发展研究》2020 年第 10 期。

另一方面也为高校毕业生提供了精准的定位。① 企业的招聘信息一般包括岗位、工作地点、需求人数、岗位职责以及岗位要求等信息，其中岗位要求是本书的重点。在信息技术高速发展的现代社会，在网络上发布招聘信息已经成为各行各业不可或缺的一种人才获取途径，比起现场招聘，它具有不受时间和空间限制的优点。本书根据十大先进制造业的分布，从每个制造业中分别选取具有代表性且在该领域处于领先地位的企业，共计124个企业，详细信息见表6-2。企业性质丰富多元，涵盖了国有、民营、外资、事业单位等。其中，国有企业的数量最多，有73个，民营企业36个，外资企业13个，事业单位2个。企业规模大小不一，以大中型企业单位为主，同时也涵盖了一些中小型企业。

具体的取样过程如下：通过企业的官方网站，检索"人力资源"一栏，获得该企业的社会招聘和学校招聘信息；对于官网上招聘信息没有及时更新的企业，通过前程无忧、智联等比较权威的毕业生就业网站收集，最终共收集了2759条招聘信息，样本情况见表6-3。在收集过程中，为了更详细地了解企业的需求，对于只有专业和学历要求而没有具体岗位要求的招聘信息不予收录；为了使数据更加具有代表性，少数外资企业的英文招聘信息也通过翻译进行了转录。

四 资料整理和编码

本书选择质性分析软件Nvivo 11.0进行内容分析，把收集的招聘信息进行系统整理，剔除性别、年龄等个人固有的特征信息。将十大先进制造业的招聘信息分行业依次导入Nvivo 11.0软件中，按照三级编码的顺序进行分析。以十大先进制造业作为一级节点，岗位类别作为二级节点，专业要求、工作经验、能力素质和其他要求作为三级节点，具体参见表6-4。其中，一级节点的分类依据是《中国制造2025》文件中第六部分提出的"大力推动重点领域突破发展"，进而将未来大力发展的先进制造业分为十大领域；二级节点根据"前程无忧"官网首页的职能类别划分，将每个制造业的不同岗位归类；三级节点和四级节点按照实际的

---

① 宋齐明：《劳动力市场需要什么样的本科毕业生——基于近1.4万条招聘信息的量化分析》，《中国高教研究》2018年第3期。

文本内容划分。"能力素质"源自麦克里兰（D. McClelland）所提出的competency（胜任力或能力素质）概念，指的是个体为完成一定的工作所应该具有的知识、能力、个性等。四级节点编码时选择文本中的关键词，在后文的能力素质节点下会具体呈现，最后将所编码的参考点数利用Excel进行统计，根据研究需要以表或者图的形式呈现。由编码参考点的数量可以看到出现频次比较高的词语，即企业所看重的能力素质。为保证

表6-2　　　　十大制造业代表企业招聘信息具体情况汇总

十大先进制造业	企业性质	企业名称	企业岗位招聘信息数量（条）	总计
高档数控机床和机器人	国有企业	沈阳机床股份有限公司	3	462
		秦川机床工具集团有限公司	7	
		济南二机床集团有限公司	13	
		北京北一机床股份有限公司	3	
		武汉重型机床集团有限公司	22	
		通用技术集团大连机床有限责任公司	6	
		齐齐哈尔二机床（集团）有限责任公司	3	
		齐重数控装备股份有限公司	3	
		汉川数控机床股份公司	3	
		沈阳新松机器人自动化股份有限公司	18	
		安徽埃夫特智能装备有限公司	10	
		武汉华中数控股份有限公司	15	
	外资企业	山崎马扎克（中国）有限公司	6	
		通快（中国）有限公司	11	
		科沃斯机器人股份有限公司	109	
	民营企业	浙江智昌机器人科技有限公司	10	
		哈尔滨博实自动化股份有限公司	15	
		埃斯顿自动化公司	114	
		广州数控设备有限公司	18	
		上海新时达电气股份有限公司	73	

续表

十大先进制造业	企业性质	企业名称	企业岗位招聘信息数量（条）	总计
新一代信息技术	国有企业	杭州海康威视数字技术有限公司	259	845
		科大讯飞股份有限公司	165	
	民营企业	华为技术有限公司	22	
		OPPO广东移动通信有限公司	11	
		阿里巴巴集团控股有限公司	19	
		腾讯科技（深圳）有限公司	20	
		联想（北京）有限公司	23	
		小米通讯技术有限公司	84	
		北京奇虎科技有限公司	4	
		平安科技（深圳）有限公司	134	
		北京华胜天成科技股份有限公司	14	
	外资企业	富士康工业互联网股份有限公司	81	
		新华三技术有限公司	9	
航空航天装备	国有企业	中国电子科技集团第二十九研究所—中星世通公司	11	347
		中电科航空电子有限公司	12	
		中国航空科技工业股份有限公司	3	
		中航成飞民用飞机有限责任公司	5	
		四川成飞集成科技股份有限公司	3	
		中航光电科技股份有限公司	3	
		沈阳飞机工业（集团）有限公司	2	
		中国航发商用航空发动机有限责任公司	92	
		中国航天科工集团有限公司	55	
		航天四创科技有限责任公司	43	
		北京神舟航天软件技术有限公司	42	
		中国商用飞机有限责任公司（上海飞机客户服务有限公司）	10	
		中国航空工业集团有限公司西安飞机工业（集团）有限责任公司	4	
		中国航空工业集团哈尔滨飞机工业集团有限责任公司	4	
		航空工业江西洪都航空工业集团有限责任公司	4	
		中国航空技术国际工程有限公司重庆分公司	12	
	民营企业	飞友科技有限公司	11	
		山河智能装备集团	31	

续表

十大先进制造业	企业性质	企业名称	企业岗位招聘信息数量（条）	总计
海洋工程装备及高技术船舶	国有企业	中国船舶工业集团	15	311
		中国船舶重工集团	6	
		中国远洋海运集团有限公司	16	
		招商局集团	15	
		中国国际海运集装箱（集团）股份有限公司	7	
		中国船舶重工集团南京鹏力科技集团有限公司	15	
		大连中远海运川崎船舶工程有限公司	5	
		中国船舶重工集团海装风电股份有限公司	22	
		中国船舶重工集团国际工程有限公司	23	
		上海中远海运重工有限公司	1	
		江南造船（集团）有限责任公司	4	
		上海外高桥造船海洋工程有限公司	3	
		广船国际有限公司	4	
		沪东中华造船（集团）有限公司	14	
		上海振华重工（集团）股份有限公司	120	
		中远海运科技股份有限公司	15	
	事业单位	上海船舶电子设备研究所（中国船舶重工集团公司第七二六研究所）	23	
		中国船舶重工集团有限公司第七一〇研究所	3	
先进轨道交通装备	国有企业	中车长春轨道客车股份有限公司	3	123
		中车青岛四方机车车辆股份有限公司	8	
		中铁国际集团有限公司	6	
		中国铁建重工集团有限公司	18	
		天津中车四方轨道车辆有限公司	2	
		中铁建设集团有限公司西南分公司	6	
		中车南京浦镇车辆有限公司	5	
		中铁二十二局集团第三工程有限公司	26	
	外资企业	西门子（中国）有限公司 Siemens Ltd. China	20	
		港铁轨道交通（深圳）有限公司	8	
		新誉庞巴迪牵引系统有限公司	5	
		新誉庞巴迪信号系统有限公司	16	

续表

十大先进制造业	企业性质	企业名称	企业岗位招聘信息数量（条）	总计
节能与新能源汽车	国有企业	上海汽车集团股份有限公司	19	227
		北汽集团	15	
		奇瑞汽车股份有限公司	14	
		北汽（广州）汽车有限公司	17	
		中国第一汽车集团有限公司	97	
		江苏悦达集团有限公司	7	
	民营企业	江苏开沃汽车有限公司	21	
		比亚迪股份有限公司	10	
		吉利汽车集团	12	
	外资企业	东风悦达起亚汽车有限公司	15	
电力装备	国有企业	中国华能集团有限公司	12	108
		国家电力投资集团有限公司	13	
		国投电力控股股份有限公司	4	
		中国广核集团有限公司	17	
		中国电建集团江西省电力建设有限公司	33	
		南方电网深圳数字电网研究院有限公司	8	
		南方电网综合能源有限公司建筑与工业节能事业部	4	
	民营企业	长江电气集团股份有限公司	3	
	外资企业	ABB电网投资（中国）有限公司	14	
新材料	国有企业	安泰科技股份有限公司	11	103
		中国铝业股份有限公司	14	
	民营企业	方大集团股份有限公司	12	
		成都硅宝科技股份有限公司	3	
		西宁特殊钢集团有限责任公司	7	
		贝特瑞新材料集团股份有限公司	46	
		纳晶科技股份有限公司	2	
		武汉佩尔科技发展集团有限公司	1	
	外资企业	康宁显示科技（中国）有限公司	7	

续表

十大先进制造业	企业性质	企业名称	企业岗位招聘信息数量（条）	总计
农业机械装备	国有企业	中国一拖集团有限公司	29	165
		大禹节水集团（云南）农业科技有限公司	5	
		中联重科股份有限公司	80	
	民营企业	江苏常发农业装备股份有限公司	19	
		山东五征集团有限公司	18	
		吉峰三农科技服务股份有限公司	5	
		湖北京山轻工机械股份有限公司	9	
生物医药及高性能医疗器械	国有企业	山东新华医疗器械股份有限公司	13	167
		浙江海正药业股份有限公司	9	
	民营企业	江苏恒瑞医药股份有限公司	12	
		上海复星医药（集团）股份有限公司	13	
		恒瑞医药—江苏科信医药销售有限公司	69	
		恒瑞医药—苏州盛迪亚生物医药有限公司	33	
		恒瑞医药—江苏原创药物研发有限公司	2	
	外资企业	强生（中国）投资有限公司	16	
合计				2858

表6-3　　　　十大先进制造业招聘信息样本情况汇总

十大先进制造业	企业个数（个）	企业岗位招聘信息数量（条）
高档数控机床和机器人	20	462
新一代信息技术	13	845
航空航天装备	18	347
海洋工程装备及高技术船舶	18	311
先进轨道交通装备	12	123
节能与新能源汽车	10	227
电力装备	9	108

续表

十大先进制造业	企业个数（个）	企业岗位招聘信息数量（条）
新材料	9	103
农业机械装备	7	165
生物医药及高性能医疗器械	8	167
合计	124	2858

内容分析的准确性和有效性，需要对编码的内容进行检验。随机抽取 50 条招聘信息，由另一名研究者再次编码，然后对编码的结果进行比对，利用霍斯提（Holsti, O. R.）的编码一致性公式来判断是否满足一定的信度要求，公式为 2M/（N1 + N2），其中 M 为完全一致的编码数，N1、N2 分别为两位编码者的编码数。经计算得知，编码一致性为 96.8%，达到了较好水平。

表 6-4　　　　十大先进制造业招聘信息节点编码

十大先进制造业岗位招聘信息一级节点编码									
高档数控机床和机器人	新一代信息技术	航空航天装备	海洋工程装备及高技术船舶	先进轨道交通装备	节能与新能源汽车	电力装备	新材料	农业机械装备	生物医药及高性能医疗器械
十大先进制造业岗位招聘信息二级节点编码									
计算机/互联网/通信/电子	销售/客服/技术支持	会计/金融/银行/保险	生产/营运/采购/物流	生物/制药/医疗/护理	广告/市场/媒体/艺术	建筑/房地产	人事/行政/高级管理	咨询/法律/教育/科研	其他类
十大先进制造业岗位招聘信息三级节点编码									
专业要求		工作经验		能力素质			其他要求		
十大先进制造业岗位招聘信息四级节点编码 *									
……		……		……			……		

第三节　研究结果与分析

一　先进制造业对工科毕业生需求最多，但适合"先进"制造业的人数少

通过对十大先进制造业招聘信息中专业要求的频次统计，从图6-1中可知，工科的需求频次占56.11%，理科的需求频次占23.09%，文科的需求频次占14.75%，艺术类及其他的需求频次占6.05%。选择工科毕业生的频次远远高于其他专业，其次是理科专业的毕业生，文科专业、艺术类及其他专业的需求缺口较小，这与先进制造业行业有本质的关系，表明了制造业人才的短缺。人社部、工信部发布的《制造业人才发展规划指南》也显示：中国制造业十大重点领域2020年人才缺口超过1900万人，2025年将会达到3000万人，其缺口率高达48%。一些先进制造业技术企业负责人也强调，除高端研发人员外，企业还迫切需要高级技术技能人才。

截至2015年，我国高等学校本科工科类专业点数约1.6万个，工科类专业本科在校生525万人。我国制造业人才培养规模位居世界前列，但同时也存在制造业人才结构性过剩与短缺并存的问题，传统产业人数多，领军人才和大国工匠紧缺，基础制造、先进制造技术领域人才不足，难以支撑制造业转型升级等问题。当前先进制造业所需的工科毕业生缺口仍然较大，如表6-1所示。当前世界各发达国家的高校都很重视工科课程改革，以培养先进制造业所需人才。如美国斯坦福大学的"2025计划"、麻省理工学院的"新工科教育转型计划"、佐治亚理工学院的"开创未来的教育行动计划"、英国伦敦大学学院的"综合工程项目"等，也为我国建设"新工科"提供了一定借鉴。

先进制造业之所以"先进"，在于对现代高新技术成果的转化与应用。当前，从世界范围看，以大数据和云计算、人工智能、新材料、新能源、现代生物技术等为主要内容的现代高新技术研发已经成为引领先进制造业创新发展的主要领域，而技术转型升级的关键要素是人才要素。为解决产品及系统无限增加的复杂性，为提高高端科研和技术人才能力，

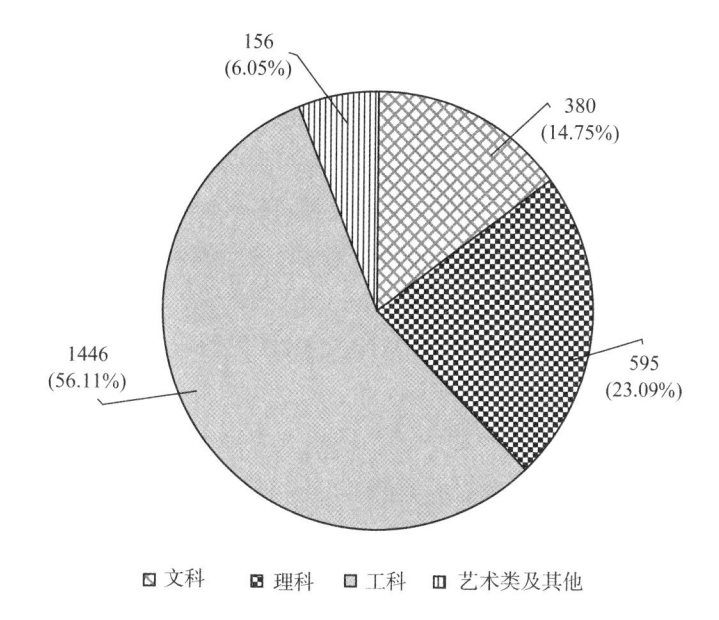

第六章　普通高校本科课程体系与先进制造业人才需求 / 163

□ 文科　■ 理科　▨ 工科　▥ 艺术类及其他

图 6-1　十大先进制造业招聘信息中"专业要求"出现的频次

我国将教育强国提高到国家战略高度，重视高校高端人才培养，将创新能力、复合型人才作为最重要的人才培养目标。高质量人才是实现制造强国战略的重要驱动因子，高质量人才的培养不仅是高校的追求，也是建设创新型国家战略的需求。这一人才培养目标主要体现在四个层次：创新型的劳动者、创造型的研发者、卓越的行业管理者和践行者、优秀的公共服务者。课程体系改革的总目标，应是构建有利于学生知识、能力、素质"三位一体"与协调发展的课程体系。但长期以来，我国围绕造就高质量人才的课程结构与体系改革一直处于高等教育研究的边缘，"整个高等教育改革似乎偏离了这个重点，课程体系是目前高等教育改革的盲区"[①]。高质量人才培养不仅要使学生掌握知识，而且要培养学生创造性地发现问题和解决问题的能力，以及能够多角度、创造性地去思考问题。

---

① 刘道玉：《论高校本科课程体系的改革》，《高教探索》2009 年第 1 期。

二 先进制造业均倾向有一定经验的毕业生

在收集的招聘信息中,将工作经验年限划分为了 2 年以内(包括 2 年)、2—5 年(包括 5 年)、5—10 年(包括 10 年)和 10 年以上四个区间,参见图 6-2。十大先进制造业招聘信息中工作经验年限要求集中在 2—5 年(包括 5 年)的有 1175 次,占 59.52%,其次是在 2 年以内(包括 2 年)的有 543 次,占 27.51%。对于已经工作 2—5 年的毕业生来说,他们已经完全掌握了工作流程,且处于事业发展的上升期,在企业里有更大的发挥空间。而工作经验在 2 年以内的员工,他们正处于岗位的适应期,对岗位工作可能只有初步的认识。因此,与工作 2 年以内(包括 2 年)的员工相比较而言,工作 2—5 年的毕业生更为受企业欢迎,在后期往往会成为企业的中坚力量。提及工作经验年限的频次总计有 1974 次,在所有招聘信息中比例高达 71.55%。可以看出,绝大多数的企业都对员工有工作经验的要求,认为个人先前的工作经验可以提高工作效率,更好地推动企业发展。但是也有极少数企业明确表明如果应届毕业生足够优秀,经验的要求不会成为框住人才的硬性条件。

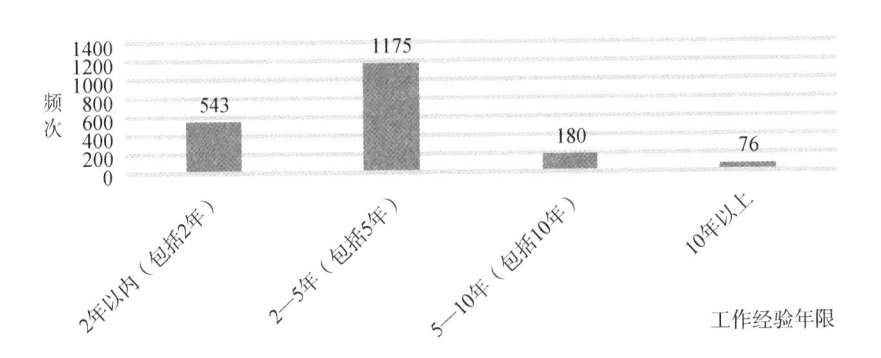

图 6-2 十大先进制造业企业招聘信息中"工作经验"出现的频次

由于高校在产学研用方面的平台建设不足,实践类课程没有真正发挥应有的作用,导致毕业生处于"小白"处境。因此企业更乐于招聘有一定工作经验的毕业生。美国学者布鲁贝克曾提出理论性科目与实用性科目应携手并进的观点。为克服高校课程体系中理论与实践两张皮的现象，必须从专业课程内部寻求专业知识与专业能力的整合，形成有专业理论思想作指导的创新实践。英国高校的独立式、半整合式和整合式的课程融合，为我们将大学生的就业能力与专业课程融合提供了借鉴。[①] 这样的课程体系既能实现"成为人的课程"，也能实现"成为某种人的课程"。大学课程应该增加实践性课程的安排，避免校内学习与社会需求脱轨。实践课程的设置和课程内容安排均应考虑行业发展趋势和行业需求特征，以便确保实践课程教学效果的有效性。校内实验室和校外实践基地要紧密结合，为学生选择实习基地提供更多的可能性，满足学生的多样化发展需求。同时，如何推进企业与高校的深度合作，如何发挥重点实验室、工程技术研究中心等研发平台作用，以及如何创新高校课程体系，更新教材内容，探索企业和高校、科研机构联合培养机制等，仍是目前高校急需解决的问题。

三 先进制造业对专业技能要求最高，人际沟通能力次之

通过对十大先进制造业招聘信息中的能力素质要求出现的频次进行统计，借鉴莱普斯定律 $M = 0.749\sqrt{N_{max}}$，M 表示能力要求中的频次，N_{max} 表示能力要求中频次的最大值。依据此公式，频次≥33 的能力要求为企业招聘时的高频要求，共计 34 项。本书为了便于分析，只将频次超过 100 的关键词呈现出来，如图 6-3 所示，共计 27 项。其中，排名第一的是专业技能，在能力素质中提及频次最高，达 1962 次。专业技能指的是与特定岗位职责有关的专门技能，它强调的是毕业生的专业性、独立分析问题和解决问题的能力、创新思维以及综合解决问题的能力等。其次是人际沟通能力，达 1361 次，几乎一半的岗位都要求员工要有较好的人际沟通能力。良好的人际沟通能力不仅可以帮助个人和同事、上司处理好关系，为企业带来源源不断的客户，甚至对于企业的长远发展都是至关重要的。外语能力的提及频次达到了 635 次，这里的外语主要指的是"熟练掌握英语"，但是还有一些小语种比如说德语、西班牙语、意大利语等。对外语能力的要求不再停留在"良好的英语读写能力"，更重要的

---

① Warren D., Curriculum Design in a Context of Widening Participation in Higher Education, *Arts and Humanities in Higher Education*, 2002, No. 1, pp. 85–99.

是"较高的英文沟通水平,用英文进行工作交流,精通商务英语,良好的讲解演说能力"。团队协作能力、执行力和影响力、组织协调能力等综合素质的提及频次也很高,均超过了700次。所以,企业在人才招聘时不仅注重所学专业、经验、专业技能等传统要求,绝大部分先进制造业企业在综合素养方面也有较高的要求。然而有学者研究表明,综合素质的欠缺已经成为高校毕业生普遍存在的共性问题,很多教师尚未意识到课程与培养学生综合素质的关系,这是当前高校本科课程体系改革应当重视的地方。[①]

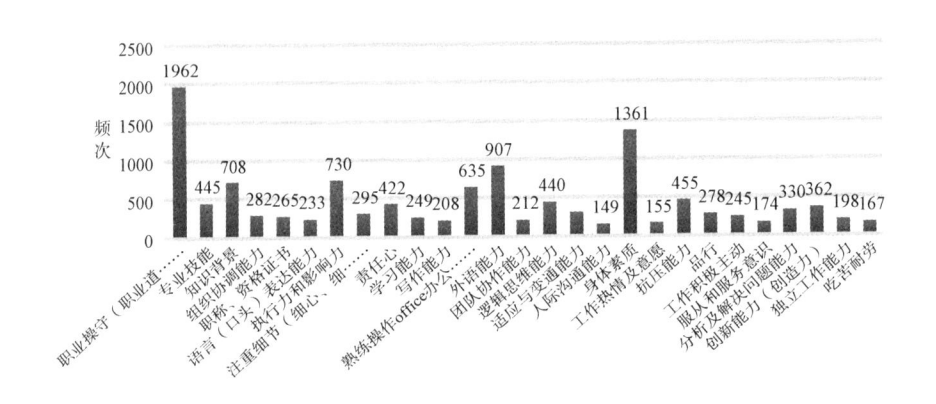

图6-3　十大先进制造业招聘信息中"能力素质"要求频次

四　不同先进制造业对毕业生能力素质要求不同

当前对职业能力的结构,学界比较认同德国学者的观点,即毕业生的能力素质主要包括四部分:专业能力、方法能力、社会能力和其他能力。专业能力是能够完成专业任务所需要的知识、技能、解决问题和评价结果的能力,主要包括专业技能、知识背景、职称资格证书等要素;方法能力主要包括语言表达能力、学习能力、写作能力、注重细节、外语能力、逻辑思维能力、熟练操作办公软件能力、分析及解决问题能力、创新能力、独立工作能力以及执行力和影响力等;社会能力是处理社会

---

① 巩建闽:《高校课程体系设计研究——兼论OBE课程研究》,高等教育出版社2017年版,第7—9页。

关系、理解、奉献以及与他人融洽相处和相互理解的能力,主要包括抗压能力、责任心、工作热情与意愿、工作积极主动、服从和服务意识、人际沟通能力、组织协调能力、团队协作能力和适应与变通能力等。由于各先进制造业的招聘信息数量不同,无法通过统计的频次直接比较,故而转换成百分比,可以直观地看到各先进制造业对毕业生在专业能力、方法能力、社会能力和其他能力要求存在的差异。

(一)在专业能力维度上普遍重视专业技能

十大先进制造业对毕业生专业能力的重视程度最高,如表6-5所示,在与专业能力相关的三项标准中,专业技能远高于知识背景和职称、职业资格证书。所有制造业企业对毕业生专业能力的要求均在50%以上。专业技能是与特定的岗位职责有关的专门技能,是将个人所学的专业知识运用于实践的能力,它与更好地适应岗位职责、提高工作效率息息相关。因此每一个行业都十分看重毕业生的专业技能,招聘中均把它放在首要位置。但高校过于重视知识学习,导致实践性不足。由表6-5可以看出,对知识背景比较重视的是高档数控机床和机器人、航空航天装备行业,提及比例分别是25.7%和20.4%。这说明了当前企业对于人才的基础知识储备要求较高,企业不仅仅注重应聘者的技能表现,专业知识也应是应聘者的必备条件。在职称和职业资格证书方面,航空航天装备和先进轨道交通装备行业提及比例最高,分别占19.0%和18.7%。通过SPSS软件将表6-5中的百分比数据录入进行卡方检验,结果显示X2=58.357,P=0.000<0.01(见表6-6),说明十大先进制造业在专业技能、知识背景、职称和职业资格证书要求方面存在显著差异,对专业技能的要求远高于其他两者。由此来看,制造企业对毕业生的知识背景与职称、获取证书情况并没有非常严格的要求,但毕业生的专业技能是各企业招聘所关注的重要指标之一。

(二)在方法能力维度上先进制造业企业普遍重视外语能力、学习能力和操作办公软件能力

表6-7反映出十大先进制造业对毕业生方法能力的重视程度。在方法能力中,十大先进制造业均重视毕业生的外语能力,除农业机械装备

表6-5　　　　十大先进制造业对毕业生专业能力要求的比较　　　　　%

专业能力	高档数控机床和机器人	新一代信息技术	航空航天装备	海洋工程装备及高技术船舶	先进轨道交通装备	节能与新能源汽车	电力装备	新材料	农业机械装备	生物医药及高性能医疗器械
专业技能	69.9	85.6	58.9	69.8	48.0	71.8	70.4	55.3	72.7	53.3
知识背景	25.7	14.2	20.4	19.9	17.1	10.6	7.4	9.7	12.1	9.6
职称、职业资格证书	5.0	5.3	19.0	18.0	18.7	5.7	13.9	13.6	7.3	1.8

表6-6　　　　　　　　　专业能力卡方检验结果

	值	自由度	显著性
Pearson 卡方	58.357a	18	0.000
似然比	60.589	18	0.000
线性和线性组合	1.751	1	0.186
有效案例中的 N	912		

注：a. 0 单元格（.0%）的期望计数少于5，最小期望计数为7.77。

行业对外语能力的提及比例在6.1%外，其余行业的提及比例均在13.7%及以上，最高的是先进轨道交通装备行业，提及比例高达45.5%。关于熟练操作办公软件的能力，提及比例最高的制造业是海洋工程装备及高技术船舶行业，达29.6%。逻辑思维能力和创新能力的提及比例相对较低，但是新一代信息技术行业比较重视逻辑思维能力（13.6%），高等数控机床和机器人行业比较重视创新能力（10.2%）。除外语能力和熟练操作办公软件能力外，航空航天装备和新材料行业较为重视的是语言（口头）表达能力和独立工作能力，电力装备、生物医药及高性能医疗器械行业较为重视的是学习能力、执行力和影响力。经对数据做卡方检验后，结果显示 X2 = 198.261，P = 0.000 < 0.01（见表6-8），说明不同制造业之间在具体的方法能力要求方面存在显著差异。虽然十大先进制造业在人才招聘时对毕业生能力素质的要求存在共性，但是由于每一个制造业所属领域不同，对毕业生某种具体能力方面的要求也会有所差异，这也与行业的工作性质有着密切的关系。

表6-7　　　　　十大先进制造业对毕业生方法能力要求的比较　　　　　%

先进制造业	高档数控机床和机器人	新一代信息技术	航空航天装备	海洋工程装备及高技术船舶	先进轨道交通装备	节能与新能源汽车	电力装备	新材料	农业机械装备	生物医药及高性能医疗器械
语言（口头）表达能力	12.2	9.7	10.9	16.1	9.8	5.3	12.0	9.7	9.1	11.4
学习能力	19.1	21.5	9.5	10.3	8.9	6.6	25.0	3.9	11.5	18.0
写作能力	8.8	5.8	10.3	21.2	3.3	5.7	17.6	3.9	7.3	8.4
注重细节（细心、细致）	11.0	7.5	4.3	7.7	8.1	4.4	8.3	9.7	9.1	7.2
外语能力	29.3	13.7	31.0	36.7	45.5	18.5	22.2	20.4	6.1	22.8
逻辑思维能力	7.5	13.6	2.6	3.2	1.6	9.7	6.5	3.9	5.5	4.2
熟练操作办公软件能力	18.0	10.2	8.6	29.6	13.8	23.3	17.6	18.4	17.6	18.0
分析及解决问题能力	11.9	19.2	4.3	8.4	7.3	13.2	12.0	3.9	3.6	13.2
创新能力（创造力）	10.2	7.5	3.2	9.3	4.9	7.0	6.5	4.9	9.7	4.8
独立工作能力	13.5	16.0	12.4	14.8	5.7	4.0	9.3	13.6	14.5	15.0
执行力和影响力	6.1	9.7	4.6	7.1	1.6	9.3	17.6	5.8	7.9	18.0

表6-8　　　　　　　　方法能力卡方检验结果

	值	自由度	显著性
Pearson 卡方	198.261a	90	0.000
似然比	196.632	90	0.000
线性和线性组合	3.986	1	0.046
有效案例中的N	1269		

注：a. 3 单元格（2.7%）的期望计数少于5，最小期望计数为4.76。

（三）在社会能力方面均重视人际沟通和团队协作能力

表6-9反映出十大先进制造业对毕业生社会能力的重视程度，以下九个要素均为社会能力的具体要求。在社会能力中，十大先进制造业对人际沟通能力的提及比例最高，达到60.5%，除了新材料行业提及比例

为 25.2%，其他制造业提及比例都在 30.0% 以上。团队协作能力的提及比例仅次于人际沟通能力，均在 15.0% 以上。团队合作顺应了当今社会发展趋势，共赢是企业追求的核心价值观之一，因此高校学生应聘者应具备良好的团队合作精神。虽然工作积极主动和服从服务意识的提及比例较低，但是相比其他行业，新一代信息技术更为重视工作积极主动（13.8%），电力装备行业更为重视服从服务意识（10.2%）。经卡方检验，得出的 X2 值为 106.154，P = 0.005，小于 0.01，说明十大先进制造业在社会能力各方面存在显著差异，不同领域的制造业对毕业生的社会能力需求存在侧重倾向。

表 6 – 9　　　　十大先进制造业对毕业生社会能力要求的比较　　　　　%

先进制造业	高档数控机床和机器人	新一代信息技术	航空航天装备	海洋工程装备及高技术船舶	先进轨道交通装备	节能与新能源汽车	电力装备	新材料	农业机械装备	生物医药及高性能医疗器械
抗压能力	15.2	23.4	8.6	15.8	2.4	19.4	17.6	7.8	11.5	18.0
责任心	31.2	27.2	13.8	34.4	11.4	29.5	26.9	30.1	24.8	29.9
工作热情及意愿	14.6	14.7	4.3	8.0	1.6	3.5	9.3	10.7	6.7	11.4
工作积极主动	10.2	13.8	7.2	6.1	5.7	4.8	3.7	0.0	1.8	13.2
服从和服务意识	6.9	7.8	2.0	4.8	8.1	8.4	10.2	5.8	5.5	3.6
人际沟通能力	43.4	58.6	33.6	54.7	36.8	52.9	57.4	25.2	41.2	60.5
组织协调能力	21.8	24.6	17.8	37.0	22.8	37.9	30.6	18.4	27.3	19.8
团队协作能力	37.8	39.8	21.3	35.7	22.8	31.7	38.0	19.4	15.8	37.1
适应与变通能力	8.3	11.5	9.5	18.6	2.4	4.8	11.1	9.7	12.1	15.6

（四）在其他因素方面要求存在显著差异

表 6 – 10 反映的是十大先进制造业对毕业生其他因素的重视程度。这些方面的要求提及比例相对较低，最高占比是 18.5%，但是各方面均有涉及。在所有制造业中，先进轨道交通装备和电力装备行业最为重视身体素质，分别占 16.3% 和 16.7%；新材料和生物医药及高性能医疗器械行业最为重视品行，其次是电力装备；海洋工程装备及高技术船舶、农业机械装备行业最为重视吃苦耐劳的精神；高档数控机床和机器人、电力装备行业最为重视职业道德。经卡方检验，获得的 X2 值为 67.727，P

值为 0.000，小于 0.01，说明十大先进制造业在身体素质、品行、吃苦耐劳、职业操守四个方面对毕业生的要求不同，存在明显的差异。

表 6–10　　十大先进制造业对毕业生其他因素要求的比较　　%

先进制造业	高档数控机床和机器人	新一代信息技术	航空航天装备	海洋工程装备及高技术船舶	先进轨道交通装备	节能与新能源汽车	电力装备	新材料	农业机械装备	生物医药及高性能医疗器械
身体素质	6.9	0.1	1.4	10.9	16.3	14.1	16.7	5.8	3.0	1.8
品行	1.7	4.0	2.0	5.5	7.3	9.7	11.1	15.5	3.6	15.6
吃苦耐劳	7.7	2.1	4.9	12.9	9.8	4.8	4.6	2.9	12.7	7.2
职业操守（职业道德）	17.7	5.0	5.5	10.3	14.6	15.9	18.5	11.7	13.3	10.2

五　在一般性职业岗位上，先进制造业最重视社会能力，其次是方法能力和专业能力

社会能力是一种普遍能力，与方法和专业能力相比，先进制造业普遍将社会能力作为毕业生最重要的职业能力。在所有的社会能力中，更强调人际交往、团队协作和责任心。在方法能力中，更重视毕业生的学习能力、分析问题和独立解决问题能力。在其他能力中，最重视的是毕业生的职业道德。这与美国先进制造业要求毕业生的能力结果相吻合："毕业生应具有具体的技能，即技术知识、问题解决能力和批判性思维的整合，同时还要具备诸如毅力、协作和移情能力等软技能。"[1] 目前我国毕业生也缺乏这种技能。

2017 年德勤和制造业研究所第六次美国制造业舆论调查结果显示：多数美国人认为教育在让孩子接触制造业方面做得远远不够，一是学校并没有鼓励学生从事制造业；二是学校所教授的知识与制造业就业所需技能类型之间存在严重脱节；三是学校提供的从事制造业所需的 STEM 技

---

[1]　Word Bank (IBRD), *World Development Report 201: The Changing Nature of Work*, Washington D. C.: World Bank, 2018: vii.

能教育不足。① 基于此，特朗普政府强调，"STEM 教育和培训需要从小学、中学到大学直至研究生阶段一以贯之，从技术培训、再培训到学徒培训直至获取行业资质证书全面覆盖"。② 我国当前亦缺少这种一以贯之的教育体系。

六　在技能性职业岗位上，先进制造业注重高技能毕业生

先进制造业的发展需要大量的人力资源，"中国制造 2025"目标战略的实现需要综合型的人才，需要一批大国工匠。有学者研究发现，当代大学生的实用性能力未得到完全培养。③ 访谈中用人单位和高校管理者也谈到，"很多高校过于重视学生理论知识的学习，而对实践能力的培养关注不足，造成大多数本科毕业生处于理论基础较为扎实，而实践能力匮乏的尴尬境地"，"高校课程体系中设有实践、实习类课程，但是在具体落实的时候往往流于形式。一是缩减实习课时，学生无法真正参与到实践过程中；二是考试形式过于单一，多是以书面考试的形式考察知识，缺乏对实践能力的考察，对操作技能训练少，掌握不牢固，更加降低了学生动手的积极性"。十大先进制造业企业要求人才在专业领域的技能方面要具有较高水平，如技能要求和工作熟悉度两者就明确说明了企业对于毕业生所学专业业务能力的要求。未来的工作岗位将更加注重技术专业性，熟练工种在减少，能动性岗位增多，这些都对高校人才培养提出了挑战。在对企业高管的访谈中也谈到这一问题，"目前企业生产与原来的生产过程有很大不同，现在不仅重生产过程，而且更重视产品的生命周期，从开发、生产、使用到回收等都是不可分割的，是相互融合的"。而我国的高校课程设置往往以学科为标准，缺乏对市场需求和社会发展的观照，导致学生学的课程内容与就业实际应用相脱节。

---

① Deloitte Insights& Manufacturing Institute, *A Look Ahead*: *How Modern Manufacturerscan Create Positive Perceptionswith the US Public*, Washington D. C.: Manufacturing Institute, 2017, p. 11.

② The Subcommittee on Advanced Manufacturing Committee on Technology of the National Science & Technology Council, *Strategy for American Leadership in Advanced Manufacturing*, Washington D. C.: The White House, 2018, p. 19.

③ 王文祥:《基于就业能力培养的高校课程设置研究》，《山东农业工程学院学报》2019 年第 4 期。

高校专业设置、人才培养机制与我国当前的人才市场需求存在事实上的错位现象,导致高校人才培养的规格和调整变化速度远远落后于市场需求的变化速度。[①] 在高校专业、课程设置方面,专业设置的调整不能真正跟上市场产业结构的调整节奏,课程内容较为陈旧,等到学生毕业时所学内容可能无法满足就业需求。大部分高校学生在入学的第三、四学年会开设职业生涯规划和就业指导课,并安排见习实习,但效果微乎其微。以校内教师讲授的形式进行,教师实践经验有限,从理论到理论的教学模式整体性、针对性不足,加上学生的职业规划意识薄弱,难以引起学生的重视。大学的专业设置是国家教育部门根据社会分工和产业结构所设置的学科门类,旨在培养社会所需的人才,所以高校必须以服务社会和经济发展为目标,以社会需求为导向合理设置学科和专业,进而实现大学生充分就业和高质量就业,解决用人单位"用工荒"的问题。[②] 从总体上看,企业对毕业生有其共性的能力素质要求,但具体而言,每一个制造业又有自身最为注重的能力素质,这与行业所在的领域密切相关。不同性质的企业对毕业生的能力素质要求有所差别,且不同岗位对毕业生的需求也并不完全相同,但是日益趋同的高校课程设置严重影响了学生就业的主动权。

目前我国正在开展的新工科、新医科、新农科和新文科的"四新"学科建设,为完善先进制造业和制造强国战略的实现迈进了更核心的一步,也给高校本科课程体系创新带来了机遇与挑战,陈宝生部长多次提到"除了创新,教育无路可走;除了革命,教育无路可走"。"四新"建设正在协调推进、融合发展,使新工科与新医科、新农科、新文科交融发展。高校本科课程体系建设正在树立"立足当下、瞄准未来、学生为中心、产出导向、持续改进,提高课程的'两性一度'"。一是提升课程的高阶性。强调加强课程体系的整体设计,跨界交叉融合,培养学生解决复杂问题的综合能力和高阶思维。二是突出课程的创新性,使课程内

---

① 冯浩:《高校专业设置、人才培养与市场需求间的错位研究》,《中国大学教学》2009年第2期。

② 周波、向峰:《错位比拼:专业设置跑不过市场需求》,中国教育新闻网,http://paper. jyb. cn/zgjyb/html/2013 - 10/28/content_ 244009. htm? div = -1,2021年3月5日。

容体现前沿性、时代性和知识结构的交叉融合性。三是增加课程的挑战度。加大课程的研究性、创新性和整合性，使高校本科课程体系能够更高效地促进制造强国战略的实现。

第七章

西方发达国家普通高校本科课程体系的特点及启示

世界强国战略的关键是人才强国,一个国家强大的人才力量彰显了该国的科技综合实力。本科作为各国大学教育的主体与骨干,在塑造高素质人才方面发挥着坚不可摧的作用。而大学的本科课程是高等教育发展的内核,旨在反映高校人才培养的总体目标和过程。工信部部长苗圩在全国政协十二届常委会第十三次会议上对《中国制造2025》进行全面解读时,对全球科技实力做出分析,指明排在前十名国家的科技实力源于其高等教育的实力。本章试图分析全球科技实力位于前五位的国家(见表7-1)在高校本科课程体系改革与创新上的历程,进而探寻我国高校课程改革的方向与路径。

表7-1　　　　　　　全球科技实力国家排名

排名	1	2	3	4	5	6	7	8	9	10
国家	美国	英国	日本	法国	德国	芬兰	以色列	瑞典	意大利	加拿大

资料来源:根据苗圩在全国政协十二届常委会第十三次会议上讲话的整理。

第一节　美国普通高校本科课程体系

本科课程如同大学教育中的"黑匣子",记录并反映着社会需求的发展动向和教育主张的思想变革。美国大学从殖民地时期的学院雏形到当代本科课程发展水平之领先,数世纪间取得了令人震叹的成就。美国本科课程体系结构完善，内容丰富，具有一定的世界先进性，根植于其文化土壤，美国高校本科课程在不同的历史阶段表现出不同的特质，一定程度上象征了世界人才培养的趋势和方向，尤其是在世界大国制造业战略竞争激烈的今天彰显出独特优势。研究美国本科课程体系发展概况，厘清其课程体系特点，尤其是美国高校本科课程的特质，旨在为我国本科课程发展提供借鉴，从而建立起科学化、体系化、前沿化的课程体系，保证大学本科教育的良性发展。

一　美国本科课程体系的发展历程

不同国家的文化基因各有不同，但在教育问题上却有诸多共同之处，回顾美国本科课程体系发展的各阶段，剖析其一路以来课程体系建设特点和教育思想变革趋势，能够为进一步掌握其当代的课程体系特质和人才培养方向提供历史佐证。综合来看，美国高校本科课程的顶层设计主要是在强调专业性、职业性的精英教育思想和强调综合性、基础性的大众教育思想之间寻求价值平衡，具体可划分为如下阶段。

（一）18世纪中叶以前：古典主义课程的确立

美国高校本科课程的建立要追溯到殖民地时期的古典学院。1636年，英国在美洲建立了第一个殖民地，直至1789年，美国的九所教育学院都以英国大学教育为模板。根植于殖民地时期的社会背景，古典学院课程强调为宗教的利益服务，人才培养的目标即为教会培养具有文化基准的牧师，这同时也是哈佛学院最初的学校培养目标。正是在这种学校培养目标的促使下，美国古典学院的课程呈现出一种精英化的趋向：主要包括文法、修辞、逻辑、算术、几何、天文、伦理、历史等人文类学科，侧重于语言和理解力课程的设置，着重于学生身份责任和教养习惯的培养，要求学生服从纪律、遵守道德，着力于用课程训练青年学生的思想。当时的课程追求的是传授给学生基本的古典知识和有用的学术技能。[①] 17世纪中叶，随着社会经济的发展，特别是市政管理和商业的兴起，美国大

---

① 蔡景华：《美国高校本科课程发展述评》，《学术论坛》2005年第9期。

学开始逐步走向世俗化。① 为了适应社会的发展，各高等院校设立各种更为实用的本科课程，用来培养行政人员、医生和律师。到18世纪初，美国大学受欧洲启蒙主义和英格兰、德国大学所设科目的影响，一些学院开始增设自然科学课程。但这些只是零散的尝试和试验，科学知识的课程地位未确立，并受到神学的控制，② 尚未改变该时期古典主义课程在大学中的主导地位。

（二）18世纪中叶至19世纪60年代：功利主义课程的确立

美国高校课程在走向近代化的过程中深受法、德等国的影响。进入19世纪后，美国高校课程内容的功利性、实用性和职业性有所增强，不同课程开始主张关乎不同社会阶级的利益：学院派代表认为大学课程应致力于为社会培养具有良好素质的公民，主张将古典的人文学科加以传承；改革派则从社会工业经济发展的角度出发，主张引入具有应用价值的实用型课程，以促进大学教育在社会发展中的主动性。这一时期有关课程设计的争论，本质上来说是对知识内在价值的争论，为后期功利主义课程思想的形成奠定了一定的基础。自此，美国开始对高校本科课程体系进行大刀阔斧的改革。

表7-2　　19世纪导向功利主义的大学课程体系改革③

时间	学校	改革举措
1847年	哈佛学院	设立劳伦斯克学院，设置理工、化工类专业技术课程
1847年	耶鲁大学	设立科学技术系，发展科学技术
1849年	伦斯勒综合技术学院	增设矿业、金属、建筑、地质工程等实用型课程
1850年	罗彻斯特大学	设立与古典课程平行的科学课程，并设文理学士
1852年	达特茅斯学院	设立实用科学系
1855年	宾夕法尼亚大学	设立矿物、工业制造系，转向工业制造与实用技术

从上述汇总的几所学校的改革措施可见（见表7-2），各院校纷纷设

---

① 陈向明：《美国哈佛高校本科课程体系的四次改革浪潮》，《比较教育研究》1997年第3期。
② 蔡景华：《美国高校本科课程发展述评》，《学术论坛》2005年第9期。
③ 郭德红：《美国大学课程思想的历史演进》，中央编译出版社2007年版，第60—86页。

立具有实用技术性质的工业、工程制造门类的院系或课程，专业性逐渐凸显，不再一味追求古典课程中的人文精神。1862年《莫雷尔法案》的颁布是美国高校本科课程体系导向功利主义的重要事件，法案的颁布进一步加快了美国工业化、城镇化进程，用于大学教育的资源增加，美国高等教育呈现出层次多样、范围拓宽、入学机会加大的局面，有力地改变了美国高等教育的"殖民性"和对英国文化的依附性。这是美国建立现代大学制度的发端，美国高等教育的属性由殖民地化转型为具有为本国经济发展服务的功利化。

受英国学者斯宾塞《什么知识最有价值》的影响，"科学知识作为学校的课程内容，其价值是最大的"，美国高校本科课程的功利性开始体现并呈现为科学知识。[1] 在高校本科课程体系中创设实用学科、科学技术和工科院系，所有实用型课程的地位与古典课程齐平，设置对等的学分和学程。这种改革颠覆了传统本科课程的模式，打破了古典课程的垄断局面，使美国大学本科教育焕发出新鲜的活力。

（三）19世纪60年代至20世纪中叶：近代综合化课程体系的构建

19世纪60年代，继林肯总统批准《莫雷尔法案》之后，许多面向各州进行专门教育的农业或机械工艺学院得以建立，这些学院提供"农业和机械课程、军事策略课程，但不包括其他科学和古典课程"，由此开创了美国高校本科课程为社会服务的方向。大量面向工农业的技术课程得以设置，这也成为美国高校课程近代性特征之一。[2]

到了19世纪末20世纪初，工业革命的发展促使对科学技术的需求增加，课程内容体系整体由传统的古典主义人文课程转向具有专业化、职业化的自然科学和实用技术课程，选修制也应运而生。"自由选修制"的全面实行及其影响，是美国大学课程近代性的另一特征。[3] 由查尔斯·艾略特（Eliot C. W.）率先在哈佛大学推行的选修制，至20世纪初在美国大学得到普及。截至1901年，美国有34所学校的选修课比例达70%以上，12所学校选修课占50%—70%，各校开始对选修课程进行谨慎且积

---

[1] ［英］斯宾塞：《教育论》，胡毅译，人民教育出版社1962年版，第42页。
[2] 蔡景华：《美国高校本科课程发展述评》，《学术论坛》2005年第9期。
[3] 蔡景华：《美国高校本科课程发展述评》，《学术论坛》2005年第9期。

极的探索。例如，1909年哈佛大学实施"集中分散制"选修课程制度，规定本科生在全部的16门课程中必须有6门是本专业主修课程，另外10门选修课中至少有6门需要在所学专业之外进行选择，主要涉及工业、社会、科学等领域。

在该时期，跨学科课程或核心课程的雏形在美国各大高校逐渐显现。例如，1899年耶鲁大学首次面向本科生开设法律和医学课程；1906年辛辛那提大学工程学院建立首个合作研究课程；1914年，阿默斯特学院诞生第一个概论课程"社会和经济制度"；1919年，核心课程"当代文明"出现。[1]

随着新科技的发展，交叉学科或边缘学科的知识内容与主流学科不断交融，学生不再满足于专业教育中的知识，渴望涉猎更多领域，在多学科、多专业中广泛汲取知识，美国高校本科课程体系开始扩展与恢复通识教育课程。哈佛大学在美国普通教育课程思想的演进与发展中起到至关重要的作用，其于1945年发表的《自由社会中的普通教育》报告（《哈佛红皮书》），指出要将博雅与人文要素注入高等教育课程体系中，对课程的设计不再仅仅关注物质文明，更要追求对学生"心灵和理性的培养"，给予学生正确的认知、态度、品格、道德的指导，力求建立起适合所有学生学习的通识课程，帮助学生深入理解西方文化制度与历史背景，形成统一的社会观。可以见得，通识教育课程思想的发展契机最先出现在美国，通过第二次世界大战的带动蔓延至其他国家，在世界范围内提供了新的教育思路。如此一来，美国也最先能够更准确和更自觉地洞察到劳动市场的需求，从而通过高等教育补给社会需要。

总体来看，美国高校本科课程体系逐渐完善和系统化，课程发展趋势向开放性、综合性、融合性迈进，一定程度上改善了美国高校本科课程体系碎片化、功利化的专业课程发展状况，为后世发展奠定了基础。

（四）20世纪中叶至今：现代性课程的建立

第二次世界大战后，为巩固国家地位、提升国民整体素质和文化软实力，美国开始扩张高等教育，大学地位逐步由边缘性机构向社会中心机构转变。一方面，工业化的发展和战争的冲击，使充实军备力量、完

---

[1] 蔡景华：《美国高校本科课程发展述评》，《学术论坛》2005年第9期。

善政治制度、培养高素质人才一时间成为美国社会的重要问题，美国大学教育审时度势，进入了飞速发展与强化时期；另一方面，经济的飞速发展为教育行业带来了巨大的资金和技术支持，促使高等教育规模空前扩大，为现代性大学课程的开发提供了条件。

20世纪60年代，强调具有现实效能知识的功利主义在美国大学教育中占据主流地位。职业教育的盛行，过度强调实用效能和对经济的促进作用，使得大学逐渐丧失了其学术阵地的理性职能，也遭到以赫钦斯为主要代表的教育学家的反对和批判：美国大学教育过于"世俗化""狭隘化"，一味地强调实用性，削弱了学生对真理的追求欲，使大学课程走向了过度专业化和职业化的极端，学科知识过于零碎、分割，学生所选修的课程未能完整联结起来，不利于形成统一的知识体系和知识观系统。

教育学家们根据日益激烈的大学教育核心争论内容，鉴别出两种教育发展的立场，如果要解决美国教育之于社会发展的长期问题，必须使其在明确的目的与价值观念中稳定下来。因此，它只能在两条道路中选择一条：要么将教育引回几百年前传统的科学理智，寻求暂时的成功与稳固；要么就是开创思维，系统地运用科学知识，在经验的固有力量中进行教育的改革探索。

表7-3　　　　20世纪后半叶美国本科课程体系的探索

课程思想	代表院校	改革举措
自由教育课程思想	以教育家赫钦斯主导的圣约翰学院	开创了本科四年一贯制的必修课程，取消了选修课程。必修课程主要是对文学、语言、思辨能力的培养，学生必须要读完学校推介的经典书籍，必须学习希腊、拉丁、法、德四种语言并且不能少于一年，增添了实验室课程。其必读书目"必须是经过世界上最多的人阅读过的书籍，它应当提出世界上永不可确定答案的真问题，并且有诸多解释方法，是具有博弈精神的艺术的结晶"。

续表

课程思想	代表院校	改革举措
以研究为中心的课程思想	斯坦福大学、华盛顿大学、瓦萨大学、普林斯顿大学	斯坦福大学、华盛顿大学、瓦萨大学的学生资助研究制度，鼓励学生以自我教育为目的，提倡学生更深程度地参与教学活动；课程内容更加重视系统、科学的知识体系，注重知识的广博与深度，减少零碎学科；普林斯顿大学的导师制，强调对学生自我研究与独立思考能力的培养，以学程作为课程学习程度的核算方式，代替之前的学分、学时；学业考核不再以单纯的考试成绩结算，而是根据学生的实际能力综合测评，采取统考或普考的形式。

可见，20世纪后半叶的美国高校本科课程体系进入了一个新的发展阶段。美国本科教育课程改革再一次成为美国教育部门及学者们关注的核心问题，从先前追求学校规模和学生数量转化为追求教育教学水平和人才培养质量。从而衍生出自由主义教育思想、以研究为中心的课程思想等，不再像以往那样将普通教育与专业教育完全地割裂开，而是融合了普通教育对知识的广度和专业教育对知识的深度，致力于培养具有专业能力和全面素养的人才，寻求"博与专"之间的价值平衡。[①] 随着时间的推移与社会的发展，美国大学不断探索研究课程设置模式的问题，通识教育与专业教育的对立也逐渐转变为彼此补充、协调与融合。[②] 因此，自20世纪80年代起，美国教育专家开始趋同于整体知识观理念下的本科课程体系建设，致力于课程体系的整合连贯化，并取得了一定成效。

整体知识观理念下的本科课程思想重视知识的"整体性"，即在通识知识统一的整体架构下，为不同专业的学生设计独立课程，倡导主动学习和探索精神，在本科教育中建立起一种综合式教育，帮助学生认识课程学习表象下的知识本质，培养完整的学习观和学习方法。哈佛大学校长德里克·博克（Derek Bok）在《美国高等教育》一书中提到，大学应

---

① 郭志明：《博耶论教育》，山西人民出版社2019年版，第63页。
② 张凤娟：《美国高校本科课程设置的模式、特点与发展趋势》，《教育发展研究》2011年第3期。

当将重点放在"学生应当学习什么样的知识",而不是"学生学习怎样的知识更能创造利益",他提出本科教育应当具有的共同目标,即培养学生在擅长某一专业领域的前提下,拥有广博的知识,掌握不同的语言,拥有准确交流和合作学习的能力。杜克大学亦表明:"我们的课程旨在加深学生所学知识的深度的同时拓宽学生所学知识的广度,努力将我们特有的资源用于培养学生适应 21 世纪瞬息万变的社会的能力。"[①]

表 7-4　　　　　　　　整体知识观思想下课程体系改革

学校	课程体系改革措施
1997 年杜克大学"2000 计划"	将课程体系整合为四大板块:知识领域、探究方式、重点探究、能力培养。①设置文学与艺术、社会文明、社会科学和自然科学与数学 4 个"知识领域";②设置包括数学、哲学、音乐、语言学等"定量、归纳和演绎推理"方向课程和文学、宗教研究、史学等"阐释和审美方法"方向课程的两种"探究方式";③设置交叉文化、科学技术与社会、伦理研究三类定向培养的"重点探究"课程;④设置外语能力、写作能力、研究能力等"能力培养"课程,并对应设置所必须达到的课时。
加州大学洛杉矶分校本科课程改革	设立普通教育课程与专业教育课程之间的"中介课程",将多种学科划分为三大门类。①艺术、人文与社会科学知识类,包括艺术学院、建筑学院、管理学院、公共政治与社会研究学院等;②工程、健康科学、数学和自然科学学科知识类,包括化工学院、生命与科学学院、数学与科学学院等;③中介知识类,以"讨论班"和跨学科组的形式进行,用以过渡前两类课程。
哈佛大学本科课程改革	减少必修课的数量,将专业选择放宽到二年级进行,开创性地设置不超过 15 人的"小班讨论课"等。强调加强学生与教授之间的交流,注重打造体验式和探究式的课程,培养学生的自主学习与合作交流的能力。

我们可以看出,面向个体整体发展的通识教育课程在美国的现代本

---

① Duke University, Degree Programs, http://www.registrar.duke.edu/bulletins/Undergraduate/2003-04/degree.pdf. 2021-04-26.

科课程体系中形成了独树一帜的课程类别。在课程的内容、组织结构与实施方式上也表现出一种开放、灵活与融合性。现代科学技术的发展推动社会的发展，也推动着高等教育课程的变革。美国本科课程顺应当今世界时代潮流，直接将科学技术知识纳入本科教育作为课程内容的组成部分，还将科技融进教育以促进网络课程的生成和课程实施方式的现代化。同时，多元文化的美国也以开放的姿态构建多种类型的课程，开设了一些跨文化、跨学科的课程，如布朗大学有"美国文化""非洲研究""中东研究"课程，杜克大学有"拉丁美洲研究""意大利人""罗马尼亚人"课程，而哈佛大学则设有"当代视角的文化中国""法国革命""非洲资本主义的危机"课程等。[1]

二 美国本科课程体系的特点

（一）重视通识教育课程

"通识教育（General education）"源自19世纪初的美国，博德学院的帕卡德（A. S. Parkard）教授第一次将它与大学教育联系起来，为受教育者提供通行于不同人群之间的知识和价值观。20世纪上半叶科南特在哈佛大学的课程改革使"通识教育"在美国声名鹊起，哈佛6000名左右本科生的学校，开出了6000门左右的课程，基本上所有的东西，只要学生想学在哈佛都能学到，这是世界上很多其他大学做不到的，为此也引起了世界其他高校的效仿与学习。如今，通识教育在美国高等教育领域已成为一种根深蒂固的教育理念，[2] 通识教育课程是美国本科课程体系建设中的一大特色。

在美国的本科教育中，通识教育课程是具有核心地位的课程类型，占相当大的比重，一般安排在大一、大二学年，修习各种不同科目的课程，涉及人文、历史、社会与行为科学、自然科学与技术、艺术、写作等诸多学科领域，因此也称为"核心课程"。该类课程面向全体本科生，

---

[1] 张凤娟：《美国高校本科课程设置的模式、特点与发展趋势》，《教育发展研究》2011年第3期。

[2] 张凤娟：《美国高校本科课程设置的模式、特点与发展趋势》，《教育发展研究》2011年第3期。

课程内容具有很强的综合性和多元性，注重培养学生的实践精神和社会责任，有益于培养全面发展的人。[①] 其主要的特点是涉猎范围广，但不精深，旨在让学生专注于特定的专业学习之前，拥有各种科目的一般知识，以便为今后的学习与工作奠定基础。

（二）注重课程设置的多样性与灵活性

纵观美国大学课程改革的历史，其本科课程类型的设置、专业课程和教学科目的选择与组织日益丰富多样。我们会发现其课程沿革历史相继出现了专业课、选修课、通识教育课程、核心课程、跨学科课程等多种形式的课程，但是这些课程设置模式并非是孤立存在的，而是各自发挥作用，协同并进。

从课程形态看，美国高校本科课程已经走过了从分科课程到综合课程的发展历程，正在向更高水平的综合化方向发展。[②] 美国本科教育实行以核心课程融合专业教育和通识教育并行机制，把基本学科之间相互割裂分离的知识融合起来，将各类学科按照教育逻辑划分排列，形成多学科知识网，以领域内具体研究为基点，辐射其他专业课程内容，将碎片化的知识内容加以整合，从不同的视角和维度为学生提供导向性学习资源，这也体现出美国本科课程设置的灵活性。这种以核心课程融合专业教育与通识教育的并行机制，既能够使学生掌握人类共有财富中的经验与真理，拓宽视野，认识到大千世界中历史、文化、伦理、艺术、科技等的核心内容，又能够在核心课程的学习过程中找准自我定位，在感兴趣或者擅长的领域中学习到专业知识，从而提升业务学习水平。参与美国大学本科核心课程授课工作的教师，通常都是在专业领域中具有知名影响力的学者，他们饱览群书、博学多才，学生们慕名前来一睹大师风采，因此也为美国大学的本科教育建立起各自的品牌专业。另外，在这种机制下，学生能够更加直观地了解世界前沿问题和各学科的研究特色，更有针对性地确立自己的学习领域，而不会在繁多的学科门类中迷失方

[①] 黄坤锦：《美国大学的通识教育：美国心灵的攀登》，北京大学出版社2006年版，第52—53页。

[②] 张凤娟：《美国高校本科课程设置的模式、特点与发展趋势》，《教育发展研究》2011年第3期。

向，大大提升了学习效率。①

（三）追求本科课程学术自由精神

对学术研究的追求一直是世界各国大学本科教育的重点，美国本科课程的建设尤其强调学术自由思想。不同的是，学术自由（Academic freedom）在美国本科的课程建设中并不是一个空洞的、抽象的概念，更不是一个表面性的口号，它有着具体而严格的规范制度，在世界范围产生很大影响。从深度上来看，美国高校本科课程的学术自由可划分为两个层次："教学自由与学习自由"层次、"观点自由与信仰自由"层次。②

从教育主体来看，学术自由面对的是教师与学生两个群体，主要包括教师的教学自由和学生的学习自由。依据不同时期的国情和学术发展水平，美国在不同阶段对学术自由的目标、内容和评价有着不同的指标。上文中提到，美国政府对本科教育有着严格的管控，但实际上在许可范围内，教师和学生对教学内容的研究有着极大的自由空间。③ 学生有选择专业、课程、教师的权利，同时拥有对学习内容进行领会、怀疑、批评和创新的自由，还可以通过自发组成社团的形式开拓校园学术研究生活；教师除拥有选择教学模式、设计课程内容、实施课程评价等权利外，还有着提议教学改革、申报新课程等权利。师生在教学实践中集思广益，为美国高校本科课程的建设提供了新路径。

为了保障教师对学术研究的忠诚度不受外部因素的干扰，美国大学本科教育为教师专设了一系列独特的制度，使教师在社会、政府的压力下能够自由行使学术权利。1915 年，美国大学教授协会（Association of American University Professors，AAUP）正式成立，并在同年发表了第一次有关学术自由各项条例和态度的声明，声明中提到，"如果大学不能完全认可和严格施行学术自由的各项细则，就不可能保障教师的学术权利，也将影响大学课程中学术任务的完成度，最终致使社会和国家利益受到

---

① 向智男、熊玲：《关于推进学术型研究生课程建设国际化的思考与探索——基于美国著名高校研究生课程设置的特点分析》，《学位与研究生教育》2016 年第 12 期。

② 李子江：《学术自由在美国的变迁与发展》，北京师范大学出版社 2008 年版，第 13—15 页。

③ 李政云、邹琴：《新时期美国学术自由面临的挑战与选择》，《教育学术月刊》2013 年第 3 期。

损害"。协会将教师进行联合,成为教师"守卫"学术自由的第一道防线。除此之外,美国大学为保障教师自己的职业位置和经济利益不被学术言论所影响,设置了具有"特权"性质的终身聘任制。终身聘任制(academic tenure)指的是,已经得到正式聘任的大学教师,除非出现道德和伦理失范行为或者违背国家法律法规,否则大学管理者不可以随意解聘大学教师。① 美国大学为保护师生学术自由所制定的系列制度,在维护教师与学生研究利益的同时,也在一定程度上争取了来自教师和学生的信任,在这种受到严格保护的学术环境下,师生共同协作,发挥智慧,使自身才能在学术研究中充分实现,成为美国大学课程的学术成就在世界中不断突破的重要推力。

(四) 实行内外控制并行的课程管理机制

本科的课程设置机制决定着课程内容和实施的具体情况,反映着各学校办学宗旨和总目标,关涉高校教育系统的内在结构问题。美国本科课程的管理由外部控制和内部控制并行,相互作用。

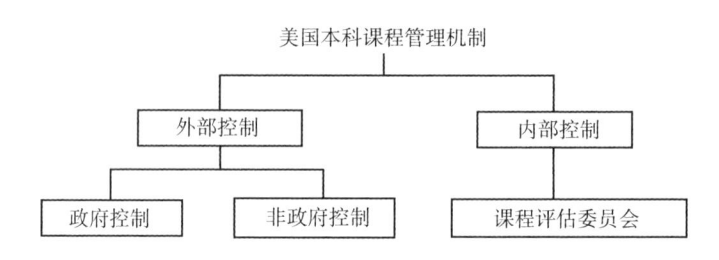

图 7-1 美国本科课程管理机制

1. 外部控制机制

横向上,外部控制由"政府控制"和"非政府控制"构成;从纵向上来看,"政府控制"从上至下由联邦政府、州政府构成,"非政府控制"由社会投资和捐赠方的企业、个人等构成。这些机构对大学课程的控制力度各不相同,"政府控制"决定着高校课程的高层行政管理,起统筹和总领作用,而"非政府控制"影响着大学课程的建设程度和质量,起到

---

① 王思懿、姚荣:《美国高等教育机构终身教职比例设置差异化分析》,《江苏高教》2018年第7期。

参与管理的作用。

在这种"多维"管理体制下，本科课程的审批与开发受控严格。政府有足够的政策权力对课程建设的指向性进行管控：最高级别的联邦政府对本科课程没有直接的管理权力，主要采用教育立法、颁布政策的形式，确立本科课程培养的大方向；州政府则通过结合联邦政府下达的国策制度，在此基础上制定符合本州发展境况的法令制度，对本州内的大学课程实施监控和管理，规范本科课程设置的内核问题、教师行为标准、财政收支情况等，并通过"授权代理"的形式参与学校内部委员会的成立，控制学校的重大事务，包括对本科课程的设置。

"非政府"通过捐赠和投资的方式在大学中"占股"，为课程建设提供空间。存在于美国社会中的"高等教育行业认定协会"是大学发展利益的评估者，也是受益方之一，在符合政府法律法规的基础上，它们通过企业赞助、个人捐赠等方式为学校争取更多的发展资源，依据其绩效考核程度水平决定对未来的资助内容与方式，这在一定程度上分削了州政府的管理权力，也为其获得了更大的自主性。这些行业认定协会定期对大学课程进行评估，对课程的设置提出具体的、针对性的问题，不断调整角度、更新课程内容，使课程建设更符合人才培养标准，贴近社会核心利益，顺应国际要求。[①]

2. 内部控制机制

美国本科课程的内部控制主要由学校领导层、专家学者、师生代表组成的"课程评估委员会"构成。来自外部控制的管理力度虽然严格，但给予了学校很大的发展空间，内部控制机制在可控范围内，通过对本校课程的现状进行实践和调研，不断调整课程设置的细节，建设具有本校特点的学科课程体系。

从下至上来看，师生代表们通过践行现有的课程体制，在教学与研究过程中结合自身需要提出有关课程改革的申报，包括申请者基本信息、申报课程改革内容、可行性分析、价值预判等内容，该申请将由学院专业内部的协调员进行初审，基本判断申报者所提议内容的学术性、前沿性，再通过系主任、院长等学院领导的审议，提交到学校层面。学校层

---

① 蓝汉林：《美国高校课程设置过程中的国家控制》，《中国高教研究》2016年第6期。

面组织教育类专家学者对申报内容进行评估，通过一系列的复杂审核流程确定是否采纳课程改革的提议，并依此商讨改革的模式和实施范围、时间，以及参与课程改革教师的教学能力和实施环境的资源条件是否能够支撑课程改革的实现。[1] 当专家学者小组通过该申请后，这项申报才会提交到学校领导层，由校级领导小组来控制该申报项目的"政治风险"，最终经过层层管控，确保课程设置的合理性与适切性，从而为美国本科课程注入新鲜且优质的血液。

第二节　英国普通高校本科课程体系

在世界发达国家中，英国作为高等教育的发源地，世界百强名校颇多，其办学质量、课程建设方面的成功经验，值得我们吸纳学习。研究英国本科课程，在呈现其课改历程、课程事件及课程设置的基础上，总结良好的经验，对我国高校本科课程的重塑与改革具有重要的借鉴意义，为建立世界一流大学与一流学科奠定坚实的基础。

一　英国本科课程体系改革的历程

随着高等教育管理体制的日臻完善，如今的大学类型丰富多样。作为世界上高等教育发展较早的英国，已历经800多年的历史。英国现有的90多所大学和150多所学院提供本科及以上课程的教育和培训。严格的教育质量保障体系，使英国的学历受到全世界的接受与推崇。[2] 如今英国独具特色的本科课程，是随历史的变迁而形成的，了解英国大学课程改革的发展史有助于我们审视当今该国大学的课程现状，并为我国本科课程的改革提供参考。为此，笔者按照时间脉络将英国本科课程的发展进程大体划分为以下四个阶段。

（一）19世纪中叶以前：文实并重且以人文课程为主导

19世纪30年代以前，英格兰的高等教育发展史主要体现在牛津大学

---

[1] 魏姝：《政策中的制度逻辑　美国高等教育政策的制度基础》，南京大学出版社2007年版，第35—37页。

[2] 魏莱：《留学英国攻略：一个人的精彩英国》，中国旅游出版社2012年版，第12页。

和剑桥大学的发展过程中。正如伯顿·克拉克（Burton R. Clark）所言："英国高等教育的历史，是一部大学集中的历史，因为仅仅牛津和剑桥两所大学就垄断了英格兰的高等教育长达6个世纪：从12世纪和13世纪早期直到19世纪中叶伦敦大学和达勒姆大学的创办。"①

从牛津和剑桥大学建立至16世纪以前的中世纪时期，英国高校本科课程的基础是文科，附带有神学、民法、教会法和医学等高级学科，② 开设的课程主要是法学、医学、神学和哲学。在整个文科学习的前两年，牛津、剑桥的学生主要修习逻辑学、文法和修辞三门课程。③ 其中逻辑学的地位要高于文法、修辞，其原因在于逻辑学是一门具有直接价值的学科，它可以为从事职业活动提供良好的准备，帮助学生拓宽知识面，使学生反应愈加灵敏、思维愈加条理清晰。而到了第三、第四学年，两所大学的课程模式则展现出差异。在剑桥，学生主要学习亚里士多德的自然哲学，牛津学生则主要学习"四艺"，即算数、几何、天文、音乐，此外也学习一些自然哲学。④

在16—18世纪，由于文艺复兴思潮的传播、反罗马教皇的新教运动的兴起以及新兴资产阶级走上政治舞台，英国大学的课程理念也随之发生了重大变革。15世纪英国人文主义学者纷纷去意大利、法国，带回了人文主义的思潮，使大学的课程内容吸收了新思想，新教理论开始在神学课程中渗透，古典哲学、希腊文化也开始进入课堂。随后亚里士多德学说、柏拉图哲学融入教学内容，逐步占据了统治地位。⑤ 16世纪末，牛津已经着手对数学和理科的研究。总的来说，培养教区僧侣和绅士成为当时大学教育的主要目标，世俗性知识开始进入课程之中。⑥ 在此阶段，本科生仍需学习文理科的全部基础课程，其中古典语言和文学在课程中占据核心地位，课程带有鲜明的人文主义特征。17、18世纪，牛津、剑

---

① ［美］伯顿·克拉克：《探究的场所——现代大学的科研和研究生教育》，王承绪译，浙江教育出版社2001年版，第96页。
② 杨春梅：《英国大学课程改革与发展》，北京理工大学出版社2006年版，第17页。
③ Alan B. Cobban, *English University Life in the Middle Ages*, Columbus：Ohio State University Press, 1999, p.155.
④ 杨春梅：《英国大学课程改革与发展》，北京理工大学出版社2006年版，第18页。
⑤ 张泰金：《英国的高等教育 历史·现状》，上海外语教育出版社1995年版，第9页。
⑥ 杨春梅：《英国大学课程改革与发展》，北京理工大学出版社2006年版，第23页。

桥两所大学由于陷入政治宗教的斗争而处于停滞状态,失去大学原本的活力。到了19世纪上半叶,古典教育仍然在英国大学的课程中占据主导地位,自然科学和一些近代学科没有地位,且大学组织管理不善,效率很低,人浮于事。

(二) 19世纪中后期至第二次世界大战以前:以自然科学课程为核心

由于19世纪英国产业革命的发展与科学技术的进步、大英帝国的兴起以及对外扩张的需要、国内兴办近代大学运动的出现、舆论对传统大学的批评等,英国大学不得不进行重大改革。其中课程改革的中心问题是将近代自然科学的成就引入大学,改革的重要事件有伦敦大学的创办(1828年)和城市大学的纷纷成立(19世纪下半叶)。表7-5总结了6所新型大学的主要专业课程设置及特点,从中可以看出这些新型大学以工科专业为主,课程设置上均以近代自然科学的成就为核心内容,强调课程的实用性和对社会的服务性,更为注重的学问类型是非专业化的自由教育。在此过程中,牛津、剑桥大学也经历了课程上的变革,改变了课程设置死守古典学科、忽视理论以及与社会脱节的缺点,开始加强理科建设,增设许多近代科学学科,自然科学成为主要学科,重建医科,进一步拓展了课程设置。同时还采取了改进教学方法、建立荣誉学位制度、完善导师制等系列措施。

表7-5　　　　　　　　新型大学专业设置及特点[1]

新型大学名称	专业	特点
伦敦大学 (前:伦敦大学学院和国王学院)	文科、理科、法律、医学、工艺学(航空、水泥、燃料)、建筑、城市规划、冶金、工艺光学等	注重实用技术知识
曼彻斯特大学 (前:欧文斯学院)	文科、自然科学、数学、化学、商学、医学、政治	强调开设实际的课程

---

[1] 杨春梅:《英国大学课程改革与发展》,北京理工大学出版社2006年版,第38—64页。

续表

新型大学名称	专业	特点
利兹大学（前：约克郡理工学院）	燃料工艺学、产业关系、皮革、冶金、纺织	注重以制造业为主的技术科学教育
伯明翰大学（前：约西亚·梅生学院）	机械、工艺学、文学、神学、医学、酿造	以实用机械、工艺学为主
布列斯特大学（前：布列斯特大学学院）	科学、语言、历史、文学、工艺、制造	强调实用科学的学习
谢菲尔德大学（前：谢菲尔德大学学院）	采矿业、建筑、城市规划、燃料工艺学、玻璃工艺学、冶金	注重工程学、实用科学

第一次世界大战使英国蒙受重创，战后英国面临重建和与美、德等资本主义国家竞争的双重压力。与此同时，伴随着工业革命的推动和社会生产力的发展，战后科技发展步伐加快，工业生产方式不断变革。在此背景下，大学科技课程进一步受到重视，与宗教性、贵族性相对的私立学园亦在英国悄然兴起，这些学校主要设立自然科学和实用课程，其设置更贴近现实生活，既符合当时社会变革的需要，也不失为英国本科教育领域的新探索。[1] 可以说，近现代自然科学技术的发展推动了英国课程的变革，高校本科课程也在历史传统的基础上，经过政府的干预及连续的改革，逐渐世俗化，不断满足社会大众的需求。

（三）第二次世界大战以后至20世纪80年代：自然科学和实用课程占主导

第二次世界大战以后，科学技术的发展突飞猛进。英国在效率上远不如美、德，进展显得比较缓慢，如何提高效率成为20世纪初英国朝野共同关注的首要问题。各政党一致认为大学是造就使大不列颠强盛兴旺人才的主要基地。[2] 由于现代各种职业的技术要求越来越高，社会对受过高等教育人才的需求量日益加大，因而高等教育在人们社会生活中的地位也达到了前所未有的高度。[3] 在此期间，有两个重要的课程改革事件。

---

[1] 易红郡：《战后英国高等教育政策研究》，湖南师范大学出版社2012年版，第3页。
[2] 张泰金：《英国的高等教育 历史·现状》，上海外语教育出版社1995年版，第43页。
[3] 龙献忠：《大学治理与大学发展》，中央编译出版社2018年版，第19页。

1. 《罗宾斯报告》的颁布

1963 年的《罗宾斯报告》正式揭开了战后英国高等教育大发展的序幕,是英国高等教育从传统模式走向现代模式、从精英走向大众型的标志。[①] 报告对英国大学本科(第一级学位)课程的结构、广度和深度,以及课程的灵活性等问题作出了分析。报告指出,本科课程分为荣誉学位课程和普通学位课程两种类型,课程结构的划分不仅有单科课程,还有复科课程。同时,还扩大了课程设置的范围,增强了课程的深度,在教育大众化的变革下,专门化的本科课程显然与之不相适应,广博的、多样化的课程才能满足学生未来职业的需求。基于此观点,报告明确指出高校本科课程的首要目标是教育学生学会如何思考。[②]

2. 多科技术学院的课程改革

多科技术学院升级为大学后对课程进行了充实与改革,增设了新课程和新专业,开设了如社会学、语言学、英语、历史、地方与城市研究、心理学等新专业。[③] 其课程扩充的主要目的是创造一种适合大众系统的高等教育形式,确保来自构成社会多数阶层的学生能够接受高等教育。[④] 与传统课程相比,多科技术学院的课程更具适切性,表现为:课程设置上虽偏重于应用研究,但涉及面广,并且广泛设置了"三明治"课程,为后来职业教育的发展及以学生为中心的学习做出了贡献。总体来看,本阶段英国本科课程改革的重要特征是重视进一步发展自然科学和实用性技术学科,并为解决英国教育中存在的过早和过分专门化问题进行了有益的探索。

(四) 20 世纪 80 年代以来:重视课程实践性与职业生活的联系

80 年代以来的英国大学课程改革是在政府干预下进行的,其目的是确保英国高等教育在国际竞争中获得原有的领先地位,同时改变英国综合实力一度下滑的态势,更好地适应国内社会和经济发展的需要。英

[①] 张静:《英国高等教育大发展时期的课程改革及启示》,《理工高教研究》2010 年第 4 期。

[②] 杨春梅:《英国新大学课程改革与发展——苏赛克斯大学个案分析》,《黑龙江高教研究》2006 年第 12 期。

[③] 张泰金:《英国的高等教育 历史·现状》,上海外语教育出版社 1995 年版,第 43 页。

[④] 杨春梅:《英国大学课程改革与发展》,北京理工大学出版社 2006 年版,第 110 页。

国政府在短短几年内先后颁布了多项关于高等教育改革的重要文件（见表7-6），其课程改革最为鲜明的特征是提高高等教育的质量、效益，注重学生能力的培养，加强课程与职业和工作世界的联系，平衡专业课程的设置。在此期间，英国大学的课程观也发生了重大变化，即从注重学术能力向注重操作能力的转化，从重理论的专业的课程目标转为重实践的一般的课程目标，而操作性能力教育课程的设置是为了平衡本科生理论学习过多与实际操作过少的悬殊。[①] 可以说，在过去二三十年里，英国大学的课程特征经历了从基于理论到重视实践和向行动世界的转化。[②]

表7-6　　　　　　　英国关于课程改革的教育文件[③]

政策报告	改革的方向
1987年《迎接挑战》白皮书	1. 加强技能培训，提高总体思维能力，发展文化知识学习和培养公民修养及素质 2. 要使教育活动更好地与工业、商业挂钩 3. 鼓励高校加强与企业联系
1988年《20世纪90年代英国高等教育的发展》绿皮书	1. 为繁荣经济，培养大量合格的科技人才，应该提高大学能够适应未来变化所需要的灵活性，改革管理体制，提高办学效率 2. 走出校门，加强与工商业的联系 3. 加强与地方企业和社区的联系 4. 倡议专业设置平衡，强调保持各层次技术课程和直接与职业有关课程的比重
1991年《高等教育：一个新的框架》白皮书	1. 通过学校企业合作提高毕业生对工作世界的认识 2. 扩大企业研究课程 3. 开设许多现代语言课程

---

① 程文靖：《英国本科生学业培养特色》，《时代教育》2013年第21期。
② 杨春梅：《当代英国大学课程改革研究》，《比较教育研究》2004年第4期。
③ 杨春梅：《英国大学课程改革与发展》，北京理工大学出版社2006年版，第114—137页。

续表

政策报告	改革的方向
1997年《狄亚林报告》	1. 保持所有的课程广度和深度的平衡，以便所有的本科生课程都包含充分的广度，使专业人才能够在背景中理解专业[①] 2. 课程中的四种关键技能：交流技能、数字技能、使用通讯和信息技术的技能、学会如何学习的技能 3. 加强课程和工作及其他经验之间的关系 4. 采取新的课程评价措施，保证评价系统的公平、有效、可信

进入21世纪，随着经济全球化的不断深入和国际交流的日益频繁，以及在世界迈向"工业4.0"时代的影响下，英国随即提出"高价值制造战略"，以适应社会职业对创新综合型人才的需求。在这样一个瞬息万变的社会里，各国都将高等教育学校作为培养高技术人才的重要阵地，英国则以市场为导向的能力型人才作为本科培养目标。面对新一轮的科技产业革命，以及高等教育普及化的提高，英国于2017年颁布《高等教育和研究法案》，以进一步巩固高等教育的领先地位。本次改革将学生置于中心地位，明确指出为学生提供更多的选择机会，本科教育以培养和造就社会经济发展需要的人才为宗旨，密切跟踪世界科技前沿和发展动态，形成了以国际标准为尺度，以服务社会、促进学生能力提升为目标的课程体系。为了推动教育的普及化和国家化，在课程方面，英国政府还大力借助教育技术，推行跨境教育、远程教育，发展大规模的网络开放课程（MOOCs），[②]让世界范围更多的本科生乃至研究生感受英国的课程。

二 英国本科课程体系改革的特点

历经800多年的大学变迁，英国高等教育改革过程中不断继承与创新，塑造了多样且各具特色的学校类型，既有坚守传统的古典大学，也

[①] National Committee of Inquiry into Higher Education, *Higher Education in the Learning Society*, London: HMSO, 1997, p.132.
[②] 马万华、匡建江：《英国高等教育政策改革趋势》，《中国高等教育》2018年第2期。

有在大学组织、课程结构、课程内容、教学方法上力求大胆创新的新大学,还有注重实际应用的多科技术学院和成功落实远程教育的开放大学,不同类型的学校呈现出鲜明的课程特色。

(一)课程设置突出基础化、专业化

1. 课程的起始阶段:注重基础化

英国本科教育注重学生夯实基础,基础知识不过关将无法进行后续阶段的深入学习和研究。以牛津、剑桥和苏塞克斯大学为例,本科主修的学科都比较集中,且专业设置口径宽广,基本建立在一级或二级学科基础之上,这就决定了基础课程和共同课程所占比重很大,学生的基础知识宽厚。通常来说,本科生在学习专业主修课程之前需要学习预修课程。比如文科生必须学习一门历史和哲学课程,理科学生必须学习数学基础课程和一门关于物质解构特性的课程。[①] 对于大多数高校,其通常会在第一学年开设一些综合性或专业核心课程,让同一学科相关专业的大部分学生共同学习。一方面是为了让学生从中等教育过渡到高等教育阶段有一个缓冲适应期,另一方面则是为后期专门化的学习奠定基础,帮助学生认清自己对专业领域的兴趣,以更饱满的热情投入专业学习领域。同时,高校要求理工科大学生学习一些人文社科领域的知识,文科类学生则学习一些自然科学领域的基本性知识,以免在今后的专业学习和科研活动中过于狭隘,增强了社会就业的灵活性。

2. 课程的深入发展:注重专业化

突出专业化是英国本科课程的一大亮点,能紧随就业市场的需要,具有鲜明的职业导向性。[②] 在英国,高校本科阶段开设的课程全部是专业课程,对于那些政治等意识形态的课程是不开设的,非常注重引导学生深化专业知识的学习,且没有公共基础课,大学一年级就开始专业知识的学习。[③] 再者,与我国本科课程有所不同的是,英国的必修课和选修课占据同样的分量,选修课同样是专业课程,学生可根据自己的兴趣和需

[①] 杨春梅:《英国新大学课程改革与发展——苏赛克斯大学个案分析》,《黑龙江高教研究》2006年第12期。

[②] 肖建康、陈晓龙、李希文、王秋芬:《英国研究型大学本科教育的特点及其对我国高等教育的启示》,《兰州教育学院学报》2018年第2期。

[③] 付忠勇:《英国大学课程体系特色借鉴》,《教育与职业》2014年第5期。

要选择课程,这是英国本科课程的一大特色。以牛津大学本科生物学专业为例(见表7-7),从横向层面看,每一学年在注重使学生掌握专业知识的同时,还注重对学生技能等实践能力的培养;从纵向层面看,该专业的课程设置呈现梯度性,由浅入深。第一学年的课程都是必修课,也是专业基础课程,从第二学年则开始逐渐偏向于专业选修课的设置,且课程内容的深度逐渐加深。由此可见,英国高校本科课程设置是一个循序渐进的过程,本科的第一、第二学年提供广泛的基础知识教育课程,使学生能够对三年级专业领域的学习做出真正知情的选择;第三学年或第四学年提供的课程是对学生所选专业学科的深入培训学习,在课程内容的选择上表现出更加专业化和精深化的特点。

表7-7　　英国牛津大学本科生物学专业课程结构[①]

学年	课程	评估
第一学年	1. 必修科目:生活的多样性;如何构建表型;生态学与进化 2. 必修技能培训(包括第一学期的一个迷你项目) 3. 夏季学期在威尔士进行为期一周的实地考察	三份笔试试卷(评估讲课材料和研究技能;评估实际写作)
第二学年	1. 有更大的专业化,可以从以下四个主题中选择三个:基因组和分子生物学;细胞和发育生物学;生物体的行为和生理学;生态与进化 2. 可以选择一系列延长的技能培训课程,为期一到两周	两份笔试试卷;实践性报告;课程作业
第三学年	1. 本课程包括大约八个选项,学生从以下总体主题中选择四个选项:生态与进化;基因组和分子生物学;细胞和发育生物学;生物 2. 定期技能培训,无论课程选择如何	三份笔试试卷(包括一篇科学论文评论);两份课程作业

① Oxford University, http://www.ox.ac.uk/admissions/undergraduate/courses - listing/biology, 2019 - 09 - 09.

续表

学年	课程	评估
第四学年	第四年，您将有机会在一名教职员工的监督下进行深入的研究项目。还将举行一个小型会议，所有学生都有机会向同龄人展示他们的工作。第四年的进展取决于前三年令人满意的学习成绩，而那些顺利完成四年级学业的学生将获得 MBiol 学位。	研究项目

(二) 课程设置密切结合职业发展

古典高等教育时代，大学本科的学科设置主要是文、法、神、医四科，其中神、法、医等高级学科体现出更强的职业化倾向，且在课程设置上较为专门化，不能相互融通，每门课程自成体系。直到20世纪60年代的课程改革，英国特别关注去课程过度专门化的问题，强调加强课程之间的交流以及课程与外界的联系，重视学生思考能力的培养，使学生可以根据需要和兴趣选择符合自身发展的课程及其类型。[①] 当时的英国不设学分制而坚持学年制，虽然本科课程的学时比较短，但是其课程设置紧凑，便于学生掌握系统完整的知识结构与内容。重视将大学所学的课程运用到未来的就业工作生活中，注重学生操作性能力的培养等。

为加强大学课程理论与实践的联系，英国增开了数所多科技学院和以工程技术、师资培养为主的教育学院，这些高校实行职业性教育，并且与许多企业公司有着深度合作，使得学生在校学习期间便可积累工作经验，表现优秀的本科生在毕业后就能实现直接就业。

(三) 课程形态的丰富多样化

从英国高等教育的课程发展历程来看，由传统的保守性课程到自然科学课程的增设、人文社会科学课程的丰富以及职业课程的补充，整个本科课程体系逐步走向完善，课程形态也日益多样化，给了学生足够的自由选择的机会。

---

① 程文靖:《英国本科生学业培养特色》，《时代教育》2013年第21期。

1. "三明治"课程

为了促进课程与职业的互通互融,英国高校在工科、商科等专业中设置了"三明治"课程,即在专业课程内容的学习计划中,穿插实际的工作实践,以此来锻炼学生的专业技能。这种"三明治"课程一般是大学第一年在校打基础,掌握了一定的专业知识,第二年到企业单位顶班实习,第三年再返回学校深入学习,完成毕业论文后便可获取学位。这样的课程设置紧紧把握市场化的需要,将课程与职业发展联系起来,使理论与实践得到很好的统一,非常有利于实现社会所需人才的培养目标。

2. 模块化课程

除"三明治"课程之外,英国大学还开发了模块化课程,包括公共必修核心模块、专业必修模块及任意选修模块。其中,公共核心模块课程特别注重对学生一般能力和职业技能的训练培养。与模块化课程相对应的教学方式则采用单元制模式,即把一门课分成几个符合标准长度、内容相对独立的单元进行学习,然后在通过测验和正式考试达标后才是修习了这门课程。学生可以选择甲专业的几个单元和乙专业的几个单元,甚至可以跨专业、跨学科选学单元。这大大拓宽了学生学习的广度和灵活性,有利于发挥自己的才能和特长。英国大学的模块化课程正好适应了课时量少和学生需获取系统知识之间矛盾的现状,教师可以将自己所擅长的研究领域和当前最前沿的问题呈现给学生,激发学生的求知欲和探索欲,进而保证各模块教学的质量。

3. 宽领域的课程

进入21世纪,国际综合国力竞争日益激烈。大学作为英国经济发展的引擎,通过支持创新与技术进步、创造就业机会、吸引人才和投资来促进经济的知识密集型增长,进而确保英国在全球市场上保持竞争力。[1]出于种种动因,英国高等教育顺应时代发展潮流,通过课程的国际化吸引各国学生前去留学。在此过程中,若要适应学生群体的多元化,满足不同学生的需要,势必要革新课程内容,开设多元且多样化的课程,将课程推向国际。如今,英国本科教育有数百个学科,有大约23000门学位

---

[1] 刘强、刘浩:《当前英国高等教育改革的路径与发展方向——基于〈高等教育与科研法案〉的分析》,《高等教育研究》2018年第8期。

课程可供选择。英国的许多继续教育学院和高等教育学院进行合作，联合提供本科学位课程，从而增加了可供选择的专业课程数量和种类。[1]

牛津大学拥有约 250 项本科课程；[2] 剑桥大学提供 30 个本科课程，涵盖超过 65 个学科领域；苏塞克斯大学提供约 50 个专业，涵盖约 476 门课程。其中，剑桥课程最鲜明的特点之一是，在最初几年中，课程涵盖的主题领域非常广泛，而在以后的几年里提供广泛的选择供本科生专攻。苏塞克斯高校本科课程则旨在拓宽学生的视野，并为学生提供所需的技能和经验，同时给予学生更多的选择方向。

（四）课程类型层次结构的均衡化

英国高校将专业课程划分为专业必修课和专业选修课两大类。就必修课和选修课的设置比例结构而言，我国通常更注重必修课的学习，学校必修课（包括公共必修和专业必修）的课时量、所占学分比重远远大于选修课，学生也因此更加重视对必修课的学习。但在英国高等教育中，选修课不是副科，而是专业课，而且专业必修课和专业选修课的配比结构较为均衡。自第二次世界大战以后，英国大学逐渐增加了选修课的比重，在各高校科系开设了灵活、广泛的选修类课程。究其原因：首先，它适应了学生发展的个体差异性，兼顾到学生的兴趣专长，且能提高育人质量；其次，有助于扩展学生的知识面，激发学生创造性，对于培养精专型人才具有重要作用；最后，教师通过选修课的教授，可以调动自身研究的积极性，结合自己所长，多做科研、多开新课，从而活跃大学的学术氛围。[3]

（五）课程实施上注重导师辅导

英国大学的学生上课的时间较少，每周要出席 8—10 个学时的讲授课，学校安排的课时量较少。那么，课余之外的大量时间，学生会如何度过和安排呢？其实，英国大学少量课程设置的背后拥有多样化的教学方式和管理制度作为强大的支撑。在这之中，本科课程最具特色和颇具

---

[1] 魏莱：《留学英国攻略：一个人的精彩英国》，中国旅游出版社 2012 年版，第 13 页。
[2] University of Oxford, http://www.ox.ac.uk/cn, 2019-07-16.
[3] 李素敏、吴国来：《英国高等学校的课程设置及其借鉴意义》，《河北师范大学学报》（教育科学版）2002 年第 5 期。

影响力的便是导师制。导师制是在讲授课、实验课之外,由导师对学生的学习进行个别辅导的人才培养模式。① 每个本科生进入学院后,学院会为学生指定一名导师（tutor,负责本科生的日常生活、纪律,并指导他的成长）、一名学习指导员（director of studies,负责本科生的学术进展,对学生考试和所听讲授课提出建议,帮助解决学习中的问题等）和几名辅导教师（supervisor,在其所教学科上给学生单独或几个人上辅导课,作为讲授课的补充和支撑）。在导师的选择上,可以是本学院的教师,也可以是其他学院的教师,还可以是研究生。然而,导师制所取得的实效并非完全取决于教师,还需要学生自主能动性的发挥,师生双方都需要在课余做好充分的准备,才可激发出活跃的思想交流,从而促进学生能力素质的提升。

第三节 德国普通高校本科课程体系

德国产品的优秀品质举世闻名,"德国制造"也成为质量和可靠性的代名词。② 在这背后,德国大学独特的教育体制和课程体系起着至关重要的作用。德国作为现代大学教育思想的发源地,是世界上高等教育课程开设较早的国家之一,已形成一套独具特色的课程体系。本书结合德国社会的时代背景,对德国高校本科课程体系的演变历程进行梳理,分析德国本科课程体系的特征,从其本科课程改革的过程中获得可借鉴的经验,有利于我国普通高校的本科课程体系改革,造就高素质人才。

一 德国本科课程体系的发展历程

近代历史上,德国的大学一直是世界高等教育领域效仿与学习的典范,尤其是洪堡大学的建立,其"学术与教学研究自由"的精神影响了几乎现代所有的大学。目前德国日臻完善的本科课程,是经过历史变迁不断发展与完善的结果。通过对德国本科课程的研究,不仅有助于重新

---

① 杨春梅:《英国大学课程改革与发展》,北京理工大学出版社2006年版,第184页。
② 薄建全:《德国高等教育体制的特点》,https://cdtf.qust.edu.cn/info/1028/1050.htm,2020年4月20日。

审视当今德国本科课程的发展现状，也有助于为我国本科课程改革提供参考与借鉴。按照时间脉络将德国本科课程的发展进程大体归纳为如下几个阶段。

（一）19世纪以前：人文课程为主，实用课程初步发展

14世纪起，德国兴起了第一批大学，随着文艺复兴和宗教改革运动的兴起，德国第二批大学也应运而生。德国早期的大学课程以巴黎大学为模板，设立了四个系：神学系、教会系和民法系、医学系、人文哲学系。① 此时，德国本科课程体系表现为继承和发展古代希腊和罗马的文化遗产，实现了古代教育遗产与当时神学影响的整合。早期的德国大学形成了初步的学科划分和学位制度、大学组织形式和管理模式以及大学内部组织结构，初步确立了德国高等教育体系，为德国多层次、多类型、多职能的现代高等教育体系奠定了基础。

到了15世纪后期，处于转型时期的欧洲社会经历了文艺复兴和宗教改革的洗礼，人文主义思潮风起云涌，并对德国大学产生了一系列影响，具体表现如表7-8所示。课程之所以有如此变化，主要得益于这一时期大学职能发生了转变：从中世纪时期主要为基督教服务，旨在培养神职人员，转向为世俗社会服务，追求"人文精神的信仰"。自此，课程"七艺""神学"的统治局面被打破，经院哲学的正统地位受到挑战，人文主义课程在大学有了一席之地。②

表7-8　　　德国文艺复兴和宗教改革时期的课程设置③

时期	变化1	变化2	变化3
文艺复兴	古典拉丁语取代经院式的拉丁语	希腊语在德国占有一席之地	古代希腊和罗马关于诗歌和雄辩术方面的内容进入大学课程

---

① 周谊、吴伟：《德国教育年表》，《西南师范大学学报》（人文社会科学版）1987年第2期。
② 毛钧瑶：《欧洲中世纪大学的课程设置》，《黑龙江科学》2019年第11期。
③ 黄福涛：《外国高等教育史话（三）欧洲高等教育近代化》，《纪念〈教育史研究〉创刊二十周年论文集（18）——外国高等教育史研究》，2009年，第42—45页。

续表

时期	变化1	变化2	变化3
宗教改革	神学系地位最高，拥有监视法律、医学、文学系和其他学校各级机构的权利	法学系地位逐渐上升，课程内容逐渐扩展	文学系是进入神、法、医等系的预备教育机构

自17、18世纪起，以哈勒大学和哥廷根大学为代表的第一次大学改革使德国高等教育改革的面貌焕然一新（表7-9为两所大学改革后的课程设置），它们在办学理念和课程设置方面区别于中世纪大学，对19世纪创办的柏林大学也产生深远影响。

表7-9　　　　　　　　　　两所大学课程设置[1]

学校名称	课程设置
哥廷根大学	基本沿袭传统大学课程，设立文学、神学和法律三系，内容上注入服务于国家发展的实用世俗学科
	法学系强调课程的实用性和功利性，开设大量实用性课程培养精英阶层
哈勒大学	首次在法学系将绅士教育内容同培养官吏必备的知识结合起来
	文学系改为哲学系，摆脱从属地位，取得与神、法、医学系同等的地位

这一时期本科课程主要包括文学、法学和医学系方面。大部分文学系改为哲学系，教授内容从传统"七艺"和亚里士多德的哲学转为实用的经济学、政治学、地理学、数学等；在法学系上，新设置国际法、宪法、外交法和交通法等；而在医学方面，内外科学、药学、生理学和解剖学进入课堂，教学从解释书本转向运用近代实验的方式。[2] 在经历了人文主义的冲击后，德国本科课程体现出明显的近代化倾向。

---

[1] 易红郡：《哈勒大学：现代大学的先声》，《内蒙古师范大学学报》（教育科学版）2005年第1期。

[2] 高雪梅：《人文主义、新人文主义与德国现代大学发展研究》，硕士学位论文，华中师范大学，2019年，第29页。

(二) 19世纪初至20世纪60年代：自然科学与人文科学课程并驱

18世纪末，英、法等国家工业革命基本完成，资产阶级政权相应建立，而此时德国在政治上仍处于分裂状态，工业发展缓慢，直至19世纪中期德国工业革命基本完成。工业的发展急需大量实用技术人才，德国的高等教育也因此受到重创，不得不进行改革。① 综观德国19世纪的高等教育改革及其高校开设的课程，最具典型性的是洪堡教育改革及柏林大学的发展，因此通过洪堡教育理念下柏林大学课程的相关情况来研究德国19世纪的本科课程体系。

1810年，威廉·冯·洪堡（Wilhelm Von Hunboldt）创建了柏林大学，柏林大学延续了哈勒与哥廷根大学的办学模式，由四个学院（神学院、法学院、医学院、哲学院）组成，其中哲学院取得了与其他学院平等的地位，取代了一直以来神学院占主导的地位，在综合大学中居于核心地位。② 19世纪中期，在高等教育改革浪潮的影响下，柏林大学的部分薄弱学科得到加强，医学方面取得显著成就，自然科学学科也得到一定程度的进展，但占统治地位的依旧是社会科学与人文科学。③ 直至19世纪40年代，柏林大学的自然科学学科飞速发展，培养了一批自然科学人才。19世纪德国的课程改革主要表现为课程的设置更加广泛和多样，以哲学院为例，哲学院课程不仅包括人文科学与社会科学课程，而且包括自然科学课程。据统计，哲学学院总课程约为78门，不仅包括语言学、历史学、考古学、艺术学等文科课程，也包括数学、物理学、气象学、化学、植物学、动物学、解剖学、地理学、矿物学等理科课程。自然科学的课程数量不断增加，但仍旧少于人文社会科学课程，技术类课程在19世纪仍旧没有出现。④ 医学也得到迅速发展，内容愈加丰富，以柏林大学为例，其新开设的课程多达28门，大多数课程是吸收自然科学、人文

---

① 杨志华：《14世纪中期—20世纪初期德国高等教育体系变革研究》，《中国电子教育》2015年第1期。

② Hans W. Prahl：《大学制度の社会史》，山本尤译，东京：法政大学出版局1988年版，第190页。

③ 别敦荣、李连梅：《柏林大学的发展历程、教育理念及其启示》，《复旦教育论坛》2010年第6期。

④ 肖光华：《对德国大学教育现代化的历史考察》，硕士学位论文，陕西师范大学，2009年，第14—15页。

科学与社会科学的最新成果，如外科学、比较解剖学、药物化学、细菌学、实验治疗学、精神病学等。

另外，课程内容的丰富也带来了教学方法的巨大进步，主要体现在习明纳的采用上。"习明纳在柏林大学被称为'科学研究的苗圃'，这种教学模式简而言之，就是学生在教授的指导下，就某一课题结成小组，在大量调查研究的基础上与教师自由地进行学术探讨，从而达到教学和科研的双重目的。"[①] 初期，习明纳只是面对少数学生在特定领域进行研究，后期习明纳的数量明显增多，同时扩展到众多学科领域。

(三) 20世纪60年代至今：注重实践课程与国际化课程

第二次世界大战后，随着德国经济的快速发展与科学技术的突飞猛进，各行各业对劳动者的要求提高，而传统大学与职业院校培养出的理论专家与职业人员无法满足这一要求，社会迫切需要既掌握科学知识与方法，又具备实践能力的高素质应用人才。为了适应经济发展与技术进步的要求，德国的本科课程体系引入大量实践性课程，注重企业对劳动者的素质要求，以学生的职业方向为目标培养人才。同时，为适应全球经济发展，德国高等教育开始发展国际化课程。通过研究20世纪60年代的德国高校本科课程体系，发现最具代表性的就是德国应用科技大学与双元制大学对课程进行的改革，将双元制课程模式引入高校。因此，笔者通过应用科技大学、双元制课程模式以及国际化课程的具体内容来研究德国20世纪60年代以后的本科课程体系。

1. 应用科技大学增设实践课程

应用科技大学是为解决社会对高素质应用人才的需求而建立的。为解决人才培养问题，1968年10月31日在各州州长会议上签订了一个共同建立应用科技大学的协议，1969年首批应用科技大学诞生。[②] 应用科技大学以培养学生在科学的基础上进行跨学科、以应用和实践为导向解决问题的能力为目标，以学生未来的就业岗位需要为导向，根据社会、经

[①] 王林义、杜智萍：《德国习明纳与现代大学教学》，《外国教育研究》2006年第7期。
[②] 王立人、顾建民：《国际视野中的本科应用型人才培养》，浙江大学出版社2008年版，第116页。

济、企业的需求去培养学生。① 学校根据社会岗位的需求设置学科，主要侧重于工程技术和应用技术，设有工程、技术、农林、经济、金融、工商管理、设计、护理等应用型强的专业。

在课程设置上，可以将应用科技大学的课程体系分为基础课程、专业基础课程和专业方向课程三大块。从课程实施维度来讲，每种类型的课程又可分为理论课程与社会实践课程，理论课程即教学计划中列出的各门学科课程，社会实践课程则指学生的两次社会实习与毕业论文。其中，专业实习与实验室练习课占据了社会实践课程很大的比例。在实践课程的课时分配上，以德国纽伦堡应用科技大学为例，该大学学制为四年，共八个学期，第一次社会实习一般安排在基础课程和专业基础课程之间，即第三学期，要求学生在企业中进行一线生产组织和管理。第二次社会实习一般安排在专业基础课程和专业方向课程之间，即第六学期，要求学生到企业从事本专业技术工作，在教师的指导下解决实际的问题。第三次社会实践课程，即毕业论文，安排在第八学期，时间大约为 3 个月。专门设置两个学期的社会实践课程，是德国应用科技大学课程的一大特色，体现出德国高校重视实践教学的理念，有利于学生职业能力的培养。②

在课程内容安排上除专业的学科类课程以外，应用科技大学还设置了跨学科类的选修课程，如德国汉诺威应用科技大学的机械制造专业开设了法学、企业学、经济制造、综合素质、劳动科学等跨学科课程。③ 由此可以看出，德国的应用科技大学课程设置广泛，并且都保持了课程应用性与实践性的特色。应用科技大学以实践为导向的课程体系是对德国传统高等教育课程体系的一大突破，自创建以来为社会输送了大批的应用型人才。

---

① Hendrik Lackner、陈颖：《应用科学大学 50 年：德国应用型高校的成功模式及其发展前景》，《应用型高等教育研究》2019 年第 2 期。
② 鲁晓泉：《试析德国应用科技大学的课程结构与培养目标》，《晋城职业技术学院学报》2010 年第 5 期。
③ 徐刚：《德国高等教育领域"双元制"培养模式的发展及借鉴意义》，《应用型高等教育研究》2019 年第 1 期。

2. 高校引入双元制课程模式

20世纪70年代,德国本科学校引入了双元制课程,双元制是指由学校与企业共同培养人才的一种教育模式。① 最早属于德国的第二层级教育,即职业教育。随着社会的发展,人们意识到职业教育毕业的学生失业率高于大学毕业生的失业率,同时不少企业抱怨毕业大学生缺乏实践技能,在这样的背景之下,德国教育界将职业教育中的双元制课程引入普通高校中,包括部分应用科技大学、部分综合性大学、所有的职业学校以及德国建立的双元制大学。巴登符腾堡州双元制大学(简称DHBW),是德国于1974年10月1日在巴登符腾堡州斯图加特市建立的第一所双元制大学。② 根据"德国联邦职教所"(简称BIBB)的统计数据,德国不同类型高等院校开设的"双元制"专业数如表7-10所示(因DHBW是德国第一所引入"双元制"模式的高校,故在统计时单列)。

表7-10　　　　　　德国高校开设"双元制"专业数量③

高等学校类型	所开设双元制专业的学校数量(单位:个)
应用科技大学(FH)	1100(其中公办864,私立236)
巴登符腾堡州双元制大学(DHBW)	211(均为公办)
高等职业学院(BA)	186(其中公办91,私立95)
综合性大学(UNI)	69(其中公办55,私立14)
其他类型高校	26(其中公办7,私立19)
合计	1592(其中公办1 228,私立364)

资料来源:德国联邦职教所BIBB的培训+数据库(AusbildungPlus – Datenbank;2017年元月更新)。

从数据中可以看出,截至2016年底,德国不同类型高校中开设的

---

① 胡海燕、熊火金:《德国本科教育双元制课程体系的特点及其理论基础》,《佛山科学技术学院学报》(社会科学版)2013年第1期。
② 朱佳婧:《德国双元制大学课程的兴起与特点》,《科学导报》2016年第1期。
③ 徐刚:《德国高等教育领域"双元制"培养模式的发展及借鉴意义》,《应用型高等教育研究》2019年第1期。

"双元制"专业已有1592个（其中在公办高校中有1228个，私立高校中有362个）。德国高等教育领域开设"双元制"专业的主体是应用科学大学，其所设"双元制"专业数占全部"双元制"专业总数的69%。此外，双元制专业主要设置在工程学、经济学、信息学三个领域之下，[①] 各个领域都是根据本州企业和社会事业机构的实际需要开设不同的专业方向，同时保证各专业集中在应用性比较强、企业需求量大、学生比较容易就业的专业领域。[②]

对于双元制大学教育形式的划分，学界有着不同的声音。2016年，德国联邦职业教育研究所委员会最终采用了科学委员会的建议，将双元制大学教育模式大体上分为两类：一类是初次培训，另一类是进修培训。在这两大类之下又分别进行两种区分：前一类分为与职业培训相融合的大学课程以及与企业实践相融合的大学课程；后一类分为与职业相融合的大学课程以及与企业实践相融合的大学课程。而其他的并行形式，如与职业培训并行的大学课程、与企业实践并行的大学课程以及与职业并行的大学课程等都不再被列为"双元制"的大学学习课程（见表7-11）。

表7-11　　　　　　　　双元制大学课程形式[③]

个体受教育阶段		大学学习形式	
^^	^^	双元制	非双元制
初次培训	带有职业培训	与职业培训相融合的	与职业培训相并行的
^^	带有实践部分	与企业实践相融合的	与企业实践相并行的
选修培训	带有职业岗位	与职业相融合的	与职业相并行的
^^	带有实践部分	与企业实践相融合的	与企业实践相并行的

[①] 徐刚:《德国高等教育领域"双元制"培养模式的发展及借鉴意义》,《应用型高等教育研究》2019年第1期。

[②] 季靖、李玉珠:《德国"双元制大学"应用型人才培养模式特点及启示》,《职教论坛》2017年第22期。

[③] BIBB, AusbildungPlus, Duales Studium in Zahlen 2016, Trends und Analysen, Bonn 2017, p. 6.

双元制大学课程的学时安排视专业和地区有所差别，大致可分为两种：一种是周课时模式，即每周三天在企业里进行职业培训，两天在大学学习理论课程；另一种是板块模式，即职业培训和大学学习按每三个月或12周交替进行。另外，还有一些稍微不同的板块模式，例如学生在学期中正常上课，而寒暑假在企业里进行职业培训。[①] 以下莱茵应用科学大学的"双元制"电子技术专业教学进程为例（见表7-12），这是一个与职业培训相融合的大学课程的"双元制"专业。

表7-12　　　　下莱茵应用科学大学电子技术本科专业
（双元制）教学进程[②]

学期	教学安排	
第一学期	在企业培训3天/周	在学校学习2天/周
第二学期		
第三学期	在企业培训2天/周	在学校学习3天/周
第四学期		
职业培训结业	参加工商行会的职业资格考试	
第六学期	在学校进行全日制学习	
第七学期		
第八学期		
第九学期	毕业实习或海外实习	撰写学士论文

同时，双元制专业的课程内容由学校和企业双方的专家委员会共同制定，一般以学校为主导，企业参与协商讨论，制定的课程内容以及衔接方式还需要专门的认证机构进行认证，包括对理论学习内容、企业实习内容、校企合作与协调方式、教学法与教学条件等进行认证。[③]

---

① 余传玲：《德国双元制大学教育模式的特点及对我国地方本科院校转型的启示》，《职业教育研究》2018年第11期。

② Hochschule Niederrhein, Dual Studieren nach dem Krefelder Modell. https://web.hs-niederrhein.de/fileadmin/dateien/FB03/Studieninteressierte/Broschuere_Dual_Studieren, 2018-09-15.

③ 胡海燕、熊火金：《德国本科教育双元制课程体系的特点及其理论基础》，《佛山科学技术学院学报》（社会科学版）2013年第1期。

3. 高等教育国际化课程的发展

受经济全球化、欧洲一体化等影响，德国传统的综合性大学已经脱离了时代发展与国际化改革的潮流，为适应国际发展趋势，提升德国高校对全球学生的吸引力，德国对高等教育体制进行了一系列改革，高等教育国际化是改革的趋势之一。[①] 在高等教育国际化的进程中，德国非常重视课程的国际化，旨在吸引更多的国外留学生，培养具有国际视野的国际化人才。

在课程设置上，从1997年起，德国联邦教育与科研部开始资助德国高校实施"面向国际的课程"，鼓励高校开设国际化课程。这些课程分为学士、硕士两阶段，主要是在经济学、科学、工程、文化和社会科学领域。[②] 同年，德国联邦教育部制定了开设国际专业的计划，这些专业主要针对外国留学生的特殊需求，向新生和通过考试的大学生提供工程和自然科学、环境、经济、社会学等专业，保证了较高的学术水平、密切的学习咨询、实习和国外学习。[③] 在国家大力支持下，德国国际课程迅速发展，留学生人数迅速增长，2001年留学生人数超过10%。[④]

二 德国本科课程体系的特点

（一）课程设置的职业化倾向

职业教育在整个德国教育体系中占有重要地位，其中独具特色的双元制教育模式是德国职业教育的主要模式。双元制职业教育以法律的形式得以确立是1969年德国颁布的《联邦职业教育法》，双元制职业教育指德国的企业与学校共同合作、共同开展的职业教育。双元制本科教育的课程体系突出职业教育特色，围绕职业开展课程，类型有与职业相融

[①] 汪全胜、金玄武：《德国高等教育国际化改革及其对我国的启示》，《国家教育行政学院学报》2009年第9期。

[②] 袁琳：《德国高等教育国际化发展研究》，博士学位论文，西南大学，2011年，第104页。

[③] 伍慧萍：《德国高等教育国际化的政策框架及措施分析》，《德国研究》2000年第2期。

[④] 彭良琴、夏新蓉：《德国高等教育国际化现状、改革战略及特征》，《西部素质教育》2017年第16期。

合的大学课程以及与企业实践相融合的大学课程。① 学生在职业学校中既要学习理论知识，也要在企业中学习一定的实践技能，学生通过学校与企业的双重学习，具备一定的职业技能，在某一职业领域进行研究与创作，最终向应用型人才靠拢。20世纪60年代末德国应用科技大学的课程设置也体现了职业教育的特色。德国应用科技大学的课程设置注重专业性和未来的职业方向，开发以能力结构和职业倾向为导向的课程。② 其中，课程分为基础学期阶段与专业学习阶段，基础课程阶段注重学生的职业需要，专业学习阶段依据学生未来就业方向设置课程。从双元制教育和应用科技大学的角度看德国高等教育的课程设置，课程围绕职业教育开设，培养某一职业领域应用型人才，为德国源源不断输送应用型人才，提升了德国职业教育的质量。

（二）课程结构注重理论与实践结合

第二次世界大战前期的德国高等教育受洪堡教育思想的影响，被认为是纯科学、无目的的研究和教学的场所。大学更加注重理论知识的学习，而实践与职业是被视作第二位的。随着社会的发展与技术的进步，德国高等教育开始重视实践，引入实践课程。德国应用科技大学的理论教学课程和实践教学课程交叉进行，使得理论教学课程传授的知识可以在实践中得到验证、加深理解，又可以把实践中获得的经验和体会通过理论学习得以提炼和升华。德国应用科技大学把理论教学和实践教学放在同等重要的地位，既未因突出应用型人才培养，过分强调实践教学而忽视理论教学，也未使实践教学和理论教学二者互为附属。双元制课程兼具综合性高校对理论的学习要求以及职业学校对职业方向的实践教学要求。一般要求实践的时间不少于12个月，最多达到总学时的一半。学习的内容包括在企业与学校两个地方的学习，实践的内容纳入整个课程规划中，并与阶段性的理论学习相辅相成，即实践的内容也是课程的一部分，集理论学习和企业实践于一体。

---

① 余传玲：《德国双元制大学教育模式的特点及对我国地方本科院校转型的启示》，《职业教育研究》2018年第11期。

② 潘黎、郑钧丹：《德国应用科技大学课程设置的特点及启示》，《中国高等教育》2018年第6期。

（三）课程实施注重科研与教学相结合

社会经济的发展影响教育事业的发展，经济发展是高等教育发展的基础，经济结构的变化影响和制约着高等教育的专业和学科结构的形成和调整。在工业革命的影响下，德国经历了第一次和第二次科学革命，其高等教育的职能也在悄然发生转变，更加注重开展科学研究类课程，将科研与教学相结合。早在洪堡创建柏林大学时起，他就非常重视科学研究和学术研究，提出"学术自由，科研与教学相结合"的理念。在上述理念的支撑下，在新型大学中实施教学自由必须坚持教学和科学研究相结合，大学教授在传播知识探求真理的过程中具有在其学术领域内不受干涉、探索和传播真理的自由。[①] 德国的许多科研型大学，承担主要教学任务的是有科研任务的大学教授，目的是使教学过程和科研活动对接，使学生有机会参与教授的科学研究，也使教授们有机会将研究中发现的问题和取得的成果充实到教学实践中，实现教学与研究的结合。大学不仅承担着教学的任务，它更重要的角色是进行科学研究，追求知识与真理。人们在进行科学研究的领域中提升了自我的个性与道德的修养，达到全面发展的境地。[②] 研讨班、研究所的出现以及工科大学、技术学院为代表的教育机构的发展，都是德国注重科学研究的成果。

（四）课程设置有明显的国际化倾向

国际化的教育资源是教育国际化的重要组成部分，高等教育的国际化已成为世界各国发展的共同趋势。2013 年，德国联邦教育与研究部与16 个州的教育和研究部联合推出了高等教育国际化战略，包括促进各机构的国际化、完善国际化的法律框架、营造"欢迎文化"（culture of welcome）、创建国际化校园、增强德国学生的国际流动性、增强德国作为留学目的国的国际吸引力、吸引国外优秀（年轻）学者、扩大国际合作研究、提供跨国教育课程。[③]

1997—2002 年，联邦政府共资助 62 个用英语开设的国际学位课程，

[①] 李惠：《德国高等教育近代化的特征及影响》，《高教学刊》2016 年第 4 期。
[②] 吴睿：《德国高等教育发展的特点与启示》，《课程教育研究》2014 年第 24 期。
[③] 汉斯·迪特尔·丹尼尔、吕耀中、徐翠桦：《德国高等教育国际化进展》，《世界教育信息》2020 年第 3 期。

这些国际学位课程以工程和技术类专业居多（约占27%），其次是商科类专业（约占24%）及社会学专业（约占20%），最后是其他专业，包括德国语言文学、法律及人类医学等（约占29%）。至2009年，德国大约投入8000万欧元用于国际课程建设。英语学位课程实施后，德国高校外国留学生人数持续增长，2001年留学生占比超过10%。[①]

第四节　日本普通高校本科课程体系

日本从一个封建落后的农业国发展成经济大国，教育起着至关重要的作用。从明治维新时期开始，日本将教育作为立国之本，经过多次改革，日本已经形成了一体化的课程结构、综合化的课程教育、灵活化的课程设置和较为规范的课程管理，本科课程体系较为完备。近年来，日本大学经过改革，彰显出众多特色。本书通过了解日本本科课程体系的发展历史与现状以及未来高等教育改革的新动向，为我国本科人才培养改革政策与实践提供参照。

一　日本本科课程体系改革的历程

在日本，真正意义上的大学是从明治维新时期才有的。日本的大学是"作为学术研究中心，在广泛传授知识的同时，以深入教授及研究专门的学艺、发展智慧、培养道德和应用能力为目的"的高等教育机构。[②]追溯日本教育史，日本大学课程改革主要以一般教育为核心而展开。在21世纪的今天，各个国家都致力于建立终身教育思想的高等教育体系，如今日本已形成具有本国特色的教育体系，通过梳理日本大学本科的课程发展历史，总结其经验，对于我国本科课程体系的完善有一定的借鉴意义。日本本科课程的发展可以分为三个阶段。

（一）19世纪中后期至第二次世界大战之前：以专业教育为主

19世纪中期，日本面临着沦为殖民地的危机，为逃脱西方列强的摆

---

①　彭良琴、夏新蓉：《德国高等教育国际化现状、改革战略及特征》，《西部素质教育》2017年第16期。

②　张琦、程文新等编：《日本现代高等教育》，四川大学出版社1988年版，第33页。

布，在 19 世纪中后期，日本进行了一场深刻的社会变革——明治维新，旨在通过学习西方先进的技术和教育制度，消除封建主义，打破传统的闭关锁国状态。在改革之前，日本以农业为主，人的受教育程度有限。在明治维新初期，日本教育以"富国强兵"、"殖产兴业"和"文明开化"为口号①，对经济、政治、教育等领域进行改革，其中发展教育是首要任务，倡导普及教育。为了更好地对教育进行改革，日本设立文部省作为全国最高教育机构。在文部省的指导下，日本兴办大学，颁布学制，东京大学和帝国大学就是这一时期的产物。东京大学的前身是开成学校，该校认识到："国家盛衰交替之原因，在于民众之智愚，学士之众寡。故欲开发人智，必先普及普通教育；欲学士众多，必须兴办专门教育。方今我国国运方兆，普通教育的普及已指日可待，当务之急是兴办专门教育。因此，现在本校担负着专门教育之使命，作为培养学士之场所，责任尤其重大。"② 1886 年，日本政府将文部省直属的东京大学（由法、文、理、医 4 个学部组成）和工学部的工部大学合并，创办了帝国大学，后又将东京农林学校并入，设立了农、工分科大学，包括多个学部，每个学部每个学科进行编排课程，实施专业教育。③

战前，日本高等教育机构主要有大学、专门学校、高等学校和高等师范学校，其中，大学、专门学校与高等师范学校以专门教育为主要课程内容，高等学校与大学预科实施普通教育，在高等学校毕业后可进入大学。④ 纵观明治维新至战前的本科教育，这一时期的教育具有强烈的国家主义色彩，学校对人才的培养主要是为了服务国家，课程改革的目的主要是培养社会发展所需的专门人才，比如技术人才和管理人才等，大学过于专门化，虽然普通教育也有所涉及，但学生仅仅是在中等教育阶段进行学习，对普通教育的重视程度不够。

---

① 邱生：《当代世界教育改革与教育立法》，辽宁教育出版社 1989 年版，第 3 页。
② 强连庆：《中美日三国高等教育比较研究》，复旦大学出版社 1995 年版，第 50 页。
③ ［日］关正夫：《日本高等教育的改革动向》，陈武元译，厦门大学出版社 1991 年版，第 51—53 页。
④ 胡建华：《战后日本大学史》，南京大学出版社 2001 年版，第 63—64 页。

(二) 第二次世界大战后至20世纪90年代：通识教育与专业教育并重且相互分离

众所周知，在第二次世界大战之后，美国军队打着联合国军的口号，对日本进行了占领，在美国占领期间（1945—1952年），其占领军对日本进行了全方位的改革。在教育领域，主要通过成立民间情报局和美国使节团这两个组织机构及由他们提出的有关政策和报告对日本大学进行改革。[①] 民间情报教育局成立的主要目的在于消除战前实行的军国主义和国家主义教育制度，普及民主主义思想。为实现这一目标，民间情报教育局下发了一系列的指令，比如，停止一切军事课程与训练，在学校中讲授国际和平、个人权利、宗教信仰自由等基本人权思想；对教师和教育行政人员进行调查，将具有军国主义思想并积极参与侵略战争的教师逐出学校；删除具有军国主义色彩的教科书等。[②] 民间教育局成立后不久，为了更好地对日本的旧教育制度改革进行指导，美国政府派遣教育使节团到日本，同时要求日本政府组成一个教育家委员会来协助美国教育使节团的工作。美国使节团根据日本教育的现状提出了一份报告书，这也是日本战后大学改革的纲领性文件。在1946年提交的《美国教育使节团报告书》中，很大的篇章在论述高等教育改革，高等教育逐渐被重视起来。报告书中提出大学是一切现代教育制度的起点，大学教育有三大任务：一是学术自由，思想自由，重视科学研究；二是培养社会所需要的以及能在国际交流中发挥指导作用的人才；三是培养能够适应社会变化、具有一定技术的专业人才。[③] 在谈到一般教育问题时，报告书中指出战前日本教育过于专门化，职业色彩较重，对普通教育重视程度不够。在美国使节团的建议下，日本大学课程引入了美国大学的"通识教育课程"，并作为基础性课程纳入大学课程体系，大学在课程设置上也给予了更多的自由。

战后，日本设立了新制大学，即将旧制的帝国大学、单科大学、高等学校、大学预科、专门学校、高等师范学校、青年师范学校及其他培

---

① 胡建华：《战后日本大学史》，南京大学出版社2001年版，第28页。
② 胡建华：《战后日本大学史》，南京大学出版社2001年版，第29—30页。
③ 胡建华：《战后日本大学史》，南京大学出版社2001年版，第33页。

养教师的诸多学校等近十种高等教育机构，统一成单一类型的四年制大学。① 新制大学课程改革以一般教育为核心逐步展开，虽然报告书中提到了一般教育理念，但对于一般教育课程没有具体规定。对一般教育课程产生重要影响的有两个文件，一是 1947 年制定的《大学基准》，二是 1956 年颁布的《大学设置基准》，这两个文件对一般教育课程和修习学分都作了明确规定，《大学设置基准》对《大学基准》中有关一般教育的内容进行了修改。文件公布后，从 1956 年起，在本科大学课程设置上，实行"二·二分段式"课程体系，把本科教育课程分为一般教育课程和专业教育课程（参见表 7-13）。具体实施方法是：学生进入大学后，先在教养学部学习两年的一般教育课程，包括一般教育科目、外语、保健和体育等，再去各专业学部学习两年的专业教育课程。对于一般教育科目，主要由三大系列课程组成，即人文科学、社会科学以及自然科学。大学实行学分制，学生必须修满 124 个学分才可以毕业，其中专业教育课程占 76 个学分，一般教育课程占 48 个学分。

表 7-13　　　　　战后日本高校本科课程内容及各学科学分数②

学期	学年	教学单位			教育科目		学分
8	4	各专业学部			专业教育科目		76
7							
6	3						
5							
4	2	教养学部	教养部	专业学部	一般教育科目	一般教育 人文	12
						自然	12
3						社会	12
2	1					外语	8
1						保健+体育	4
合计				124			

---

① 梁忠义：《战后日本教育研究》，江西教育出版社 1993 年版，第 32 页。
② 黄福涛：《日本高校本科课程改革与启示》，《龙岩学院学报》2006 年第 2 期。

"二·二分段"课程模式将一般教育与专业教育相分离,在不同的阶段进行学习,在学习专业课程之前,必须先学习一般教育课程,修满一般教育课程的学分后,才能进行专业课程的学习。这一模式改变了战前大学本科教育只重视专业教育、忽视基础教育的做法,将一般教育与专业教育并重培养,突出了一般教育的作用。1971年,日本中央教育审议会在向文部省提交的《关于今后学校教育综合扩充、改善的基本政策》报告中提出:大学要加强一般教育课程的综合性,外语教育中运用外语能力的培养。[1] 这一决策成为此次大学课程改革的开端,也表明了一般教育课程的发展方向。

(三) 20世纪90年代以来:通识教育与专业教育相互融合

经过战后20多年的发展,日本逐渐成为世界经济强国。在日本产业中,重工业所占比重最大,知识密集型产业成为主导行业,脑力劳动在增加,对人才的要求也越来越高。经济的增长和技术革命的到来要求大学所培养的人不仅要有数量上的增加,还要有质量上的保障,需培养有创新精神的科技人才,才能满足社会环境的变化。而之前的大学教育在发展过程中逐渐暴露出一些弊端,例如:一般教育课程的过分划一性,忽视了学生个性的发展;一般教育与专业教育之间缺乏有机的联系,所有学生在进入大学后都要先在教养学部学习一般教育课程,然后再去各学部学习专业课程,这样很难形成一个较为完整的课程体系。

日本经历了一系列的教育改革,从完全模仿美国模式到逐渐形成具有本国特色的较为完备的高等教育制度。1991年,大学审议会对《大学设置基准》进行修改,取消了大学必须开设一般教育课程、外国语课程、保健体育课程和专业教育课程的规定,大学可自由设置课程,可设置必修科目、选修科目和自由科目。[2] 在学分的设置上,只规定了毕业所需修够的总分数,取消了对各科目具体的学分规定。1993—1994年,一场席卷全国的课程改革高潮在日本形成,本次改革的一项基本原则是高等教

---

[1] 沈美华:《战后日本大学的改革和发展》,《山东师范大学学报》(人文社会科学版) 2008年第4期。

[2] 闫飞龙:《中日本科课程的比较研究与课程理论探索》,博士学位论文,厦门大学,2009年,第110页。

育的个性化、多样化。为了实现这一目标，各大学在课程设置上力求打破过去划一、僵化的做法，纷纷探索具有特色的、符合本校办学思想的、能够适应社会变化的新的课程结构。[①] 90 年代中期，日本各大学普遍实行课程改革，改变了以往一般教育与专业教育相分离的课程分类，将一般教育课程与专业教育课程相融合，贯穿于大学四年的课程中，提出本科教育课程是"四年一贯制"的编制模式。这样一规定，传统的"二·二分段"模式被彻底打破，代之以一般教育与专业教育相结合的"四年一贯"模式。

在日本大学进行的"四年一贯"课程改革中，名古屋大学可以说是这次改革的典型代表学校。1994 年，名古屋大学正式开始实行"四年一贯"的大学本科教育，其教育目标是培养具有高度的专门知识与能力、综合的判断力、丰富的个性、对各种社会问题的探究心和解决社会问题的创造力以及身心健康的人才。[②] 在名古屋大学的课程体系中，主要包括主题课程、开放课程、语言文化课程和专门类课程四种课程类型，与"二·二分段"课程体系形成对比，如图 7-2 所示。

专门类课程包括专门课程、相关专门课程、专门基础课程以及基础课程研讨，其开设目的在于使学生能系统地学习到专业知识。主题课程包括基本主题课程和综合课程，面对信息化、国际化的社会，培养具有国际视野的日本国民以适应社会的发展。在"四年一贯"的课程体系中，课程可以划分为各学部开发的课程和全校公共课程两大类。在上述表述的课程中，全校公共课程主要有基础课堂研讨、主题课程以及语言文化课程，专门类课程的前三类均属于各学部开设的课程，开放课程是为了满足学生个性的发展，是各学部开发的允许其他学部的学生进行选修的一门课程。

[①] 朱洪涛：《近年来日本大学的课程改革及其特点》，《中国高教研究》1998 年第 4 期。
[②] 李玉光：《现代日本大学的教育趋势与课程改革》，《大连大学学报》2000 年第 3 期。

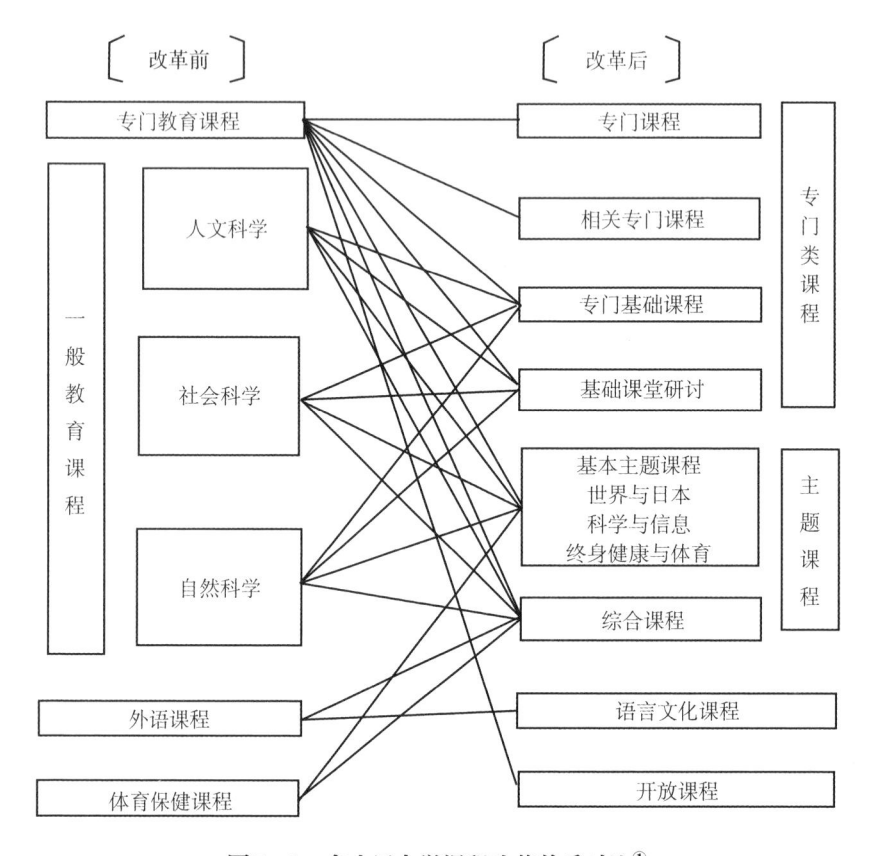

图 7-2　名古屋大学课程改革前后对比[1]

90年代进行的课程改革涉及范围较广，90%多的日本大学进行了课程改革，包括修改课程门类、重新确定选修制和必修制、修改学分等。[2] 另有几项改革也值得我们关注：（1）许多大学改学年制为学期制来安排本科课程，并制定了教学大纲；（2）采用小班教学，课堂研讨大多采用这种教学方式，大大缩小了班级规模，提高了教学效率；（3）引入自我评价制度，在开展自我评价的基础上实施校外评价，将自我评价、外部评价和学生评价相结合来评价课程，有利于促进教学质量。纵观这一时期的日本大学课程改革，学校更加重视培养的人才的质量，而不仅是学

---

[1]　胡建华：《战后日本大学史》，南京大学出版社2001年版，第263页。
[2]　胡建华：《比较视野中的高等教育研究》，中国海洋出版社2009年版，第200页。

生数量上的变化，课程日趋综合化，课程设置较为自由，各大学可根据学校特点设计课程，逐渐形成了具有本国特色的教育模式。

进入21世纪，面对新一轮的科技革命和产业革命，随着德国"4.0"、美国"先进制造业国家战略计划"、英国"高价值制造业战略"的提出，日本推出了"产业复兴计划"。在这一背景下，创造性人才的培养成为各国综合国力竞争的主要关注点，这对高等教育提出了更大的挑战。1996年，教育审议会在公布《面向21世纪我国教育的发展方向》中指出，应将创造性作为个人在今后急剧变化的社会里的"生存能力"的重要内容。[①] 2008年，大学审议会通过了《面向学士课程教育的构筑——审议总结》，报告中提出今后大学本科改革的基本方向，创建学士课程教育以培养"21世纪型市民"，并提出了"学士力"的概念，即大学毕业生在获得学士学位时必须具备的素质和能力，包括"知识·理解""通用性技能""态度·志向性""综合性的学习经验和创造性的思考能力"等四个方面。[②] 其中，"知识·理解"是指学生在对自己所学知识理解的基础上，能将自己学得的知识与实际生活相联系，从而加深对知识的认识；"通用性技能"是指学生需具备的一些必要的技能，比如沟通交流技能、信息读写能力、逻辑思维能力等；"态度·志向性"是指学生需明确自己的态度，比如有自律的能力、终身学习的能力等；"综合性的学习经验和创造性的思考能力"是指学生能够运用学过的知识或获得的经验来解决问题的能力。这些政策都在强调创造性能力的重要性，日本在20世纪90年代就提出了以"科学技术创造立国"政策为指导理念，这也是值得我们国家去学习的，即将创新理念具体落实到大学教育中，明确人才培养的目标。

二 日本本科课程体系改革的特点

回顾以上三个阶段的日本大学课程改革，如果说第一次改革是急功

[①] 伍红林：《21世纪初日本高等教育本科人才培养模式变革探析》，《现代教育科学》2005年第1期。

[②] 闫飞龙：《中日本科课程的比较研究与课程理论探索》，博士学位论文，厦门大学，2009年，第122页。

近利式的模仿,第二次改革是为了消除军国主义,实行民主化的教育,那么第三次改革是日本从欧美化转向本土化的一次变革。历经140多年的发展,日本本科课程体系的改革呈现出以下几个特点。

(一)课程结构上普通教育与专业教育的一体化

战后很长一段时间内,日本学生进入大学后的前两年主要是在教养学部学习一般教育课程,然后再进入各学部接受专业教育。随着社会的发展,这一模式导致的各类教育之间缺乏一贯性的弊端日益显露,在一定程度上忽视了学生的主体性,降低了学习的积极性。20世纪末,日本建立了"四年一贯"的课程体系,将一般教育课程与专业课程融合贯穿于整个本科阶段,使其符合学科向综合化、交叉化发展的要求,建立跨学科的、横向的、综合的一般教育课程结构,[1] 实现了一般教育与专业教育的一体化构建。现如今,日本课程体系仍沿用着"四年一贯"模式,不仅能考虑到一般教育的长期性和整合性,也能发挥专业课程的教养作用,全校协调、各学部参与教养教育课程的教学充分调动了全校师生的积极性,[2] 从而更好地实施一般教育和专业教育。

(二)课程设置的综合性与灵活性

从日本大学的设置情况来看,综合性大学占大多数,比较注重综合性人才的培养,注重全面性知识的传授与习得。在日本的数次改革中,也愈来愈注重课程的综合化,在90年代的大学课程改革中,许多大学都设立了综合课程,将其作为全校公共课程供大家选择。课程综合化还表现为:一是建立了综合的、跨学科的课程群,学生可以跨学科选择课程;二是课程组织的综合化,开发的课程由不同学科专业的教师共同承担教学工作,这就要求教师在熟练自己本专业知识的基础上掌握学校所开发的课程。[3] 综合性教育的开展不仅能提高大学生的文化素质水平,也能提高学生对社会的适应能力,有利于扩大学生的就业率。

日本实行自由化的课程编制,在课程设置上,大学拥有较多的自主

---

[1] 朱洪涛:《近年来日本大学的课程改革及其特点》,《中国高教研究》1998年第4期。
[2] 黄福涛:《90年代日本大学改革的新动向》,《高等工程教育研究》1997年第4期。
[3] 张爱梅、刘卫萍:《略论二战后日本大学课程改革的发展与特点》,《日本问题研究》2003年第4期。

权。在明治维新至第二次世界大战之前，在一般教育课程的设置上，除了规定的教授科目，各个学校根据学校特点增添其他科目，对于专业课程，各个学部会根据学生的发展设计课程。20世纪90年代以来，日本取消了一般教育科目，代之以注重学生教养的科目，实行课题教学，由不同学部的教师进行课程的开发。日本高等学校的课程会根据社会发展的需要进行调整，在保证总学分（124个学分）不变的情况下，改革旧有课程，开设新型课程，比如跨学科、综合性课程、志愿服务性课程、创业课程等。[①] 另外，在课程选修问题上，实行灵活的选课制度，不断扩大选修课的范围，逐渐减少必修课程的数量，学生可以根据自己的兴趣爱好进行选课。还有专门的教师对学生的选课进行指导，在学科选择上没有限制，学生可以跨学科选择课程，使得学校教育向个性化方向发展。

（三）课程管理上的规范性与专业性

日本大学采取了一系列规范的课程管理机制，从课程的设计到课程实施、课程评价，对课程管理的整个过程都有明确的规定。在课程设计方面，日本政府逐渐下放权力，学校拥有较多的自主权，通常由各个学部负责课程体系的构建，以保证课程的质量，既能立足于学术前沿，又能面对复杂的社会环境，适应社会发展的需求。在课程实施方面，注重课程计划的"落地"施行，强调以提高教育质量为目标，在实际的教学中，贯之以各种行之有效的方法策略。比如，在教学组织上，实行小班额教学，每班控制在20人左右，有利于教师能够全面了解每个学生的发展现状，为学生营造轻松的学习氛围，增强学习效果。在教学方法上，日本大学一般采用启发式的教学方法，引导学生自己发现问题并解决问题。在学生的课程选择上，基于培养学生个性、尊重学生学习自主性的考虑，大多数学校逐渐增加选修课的数量，缩减必修课，并且还有专门的教师帮助学生解答选课问题，老师会根据学生的兴趣、所学的专业及就业方向等方面为学生提供未来出路与课程关系方面的指导，引导学生自我认识，强调学生的主体性。在课程评价方面，日本大学采用第三者

[①] 高有华、王银芬：《当代日本大学课程改革发展研究》，《黑龙江教育》（高教研究与评估）2009年第9期。

体系自我评价体系,实行内外评价。①

（四）课程发展趋向上的国际化与信息化

当今世界经济快速发展,经济国际化必然会促进教育的国际化,这也是当代教育的世界潮流,因为一个国家的教育能反映出其社会经济发展程度。日本政府为保持在教育领域的领先地位,大力发展国际化教育政策,培养日本国民的国际素养,要求全体国民应具有国际视野,在21世纪的科技及教育的竞争中能处于不败之地。为此,日本政府采取了一系列的政策以迎接国际化,实施国际化教育。比如：加强日本国民的国际理解教育,增加了外语课程和教学时间,以便了解异国文化,增强国民全球视野；重视对外教育,加强日语课程的开设,并向国外派遣教师教授日语,介绍本国文化,积极与外国教师进行学术交流；鼓励赴外留学和研修活动,加强留学生教育；积极参加国际教育活动等,以培养合格的世界公民。

面对技术革命的挑战,在这个知识大爆炸的时代,人类知识呈几何数增加,知识的储存方式、传播方式更加多样化,如慕课、翻转课堂等,外来技术不断进入学校领域。在信息起主要作用的社会,日本将"教育信息化"作为基本国策,把计算机技术列为必修科目,培养学生的信息应用能力；在职业学校专门设立信息类专业培养信息专业人才；在全国普及信息设备,开展网络教学等,大力发展国家的信息化程度。信息技术与课程的融合,大力推动了日本本科课程体系的完善与发展,这也是我国高校本科课程体系需借鉴学习的一个方面。

第五节　法国普通高校本科课程体系

法国作为欧洲高等教育近代化的先驱,具有悠久的高等教育历史,培养了大批各领域的精英人才,对世界各国的教育产生了深远的影响。研究法国高等教育本科课程,对我国高等教育的发展具有一定的借鉴意义。

---

① 郭德红、吕世彦：《日本高校本科课程管理运行机制分析》,《北京教育》（高教版）2010年第4期。

一 法国本科课程体系改革的历史演进

翻开西欧教育史的篇章,独树一帜的法国高等教育可谓源远流长。始建于12世纪的巴黎大学不仅是历史最悠久的大学之一,更因其对现代大学的深远影响而被称为"欧洲大学之母"。毫不夸张地说,近代欧洲的众多大学共享着同一种基本构架——巴黎模式;它们生来就携有某种全球化的"基因"。[①] 法国的高等教育历史悠久且十分复杂,一直处于不断的发展变化当中。目前的高等教育体系是根据1984年1月26日沙瓦里法案而建立起来的,而该法案的主要条款则是延续了1968年11月12日的爱得加·佛耳法案的主要内容。法国大学的课程发展变化主要经历了以下几个阶段。

(一) 18世纪之前:以博雅教育课程为主

法国中世纪大学下设文、法、神、医四个学院,实行所谓"博雅"教育。学科基本上分为文、法、神、医四大类,其中文科乃是其他三科学习的基础。文学院也即初级学院,相当于今天的中学,在大学中地位最低。法、神、医三科乃是主要的学科,与其相对应的法、神、医三院就是大学中的高级学院,负责在文学院教学的基础上进行专业培养,其中神学院的地位最高。一直到18世纪以后,社会和科学技术进一步发展,大学依旧跟不上时代的步伐。于是,一批高等专科学校应运而生,这类新型的正规高等学校,既有国立的,也有私立的。它们的共同点是重科技、重实践、重应用,且拥有严格的入学选拔和毕业考试,学生质量高,适应性强,能为新兴资产阶级培养高级专门人才。高等专科学校的出现,打破了长期以来大学一统天下的局面,使人耳目一新,从此开始了具有法国特色的高等专科学校与大学并存的历史。

(二) 18世纪后期:重视实用课程的设置

中世纪大学采用过时的方法教授过时的知识,与当时知识创新不断增强的社会现实产生了巨大的矛盾,难以适应国家建设和社会发展的需要。为了培养对国家忠诚、适应社会需要的、具有某种职业技能的健全

[①] 汪少卿:《"外欧内美"——全球化时代的法国高等教育改革》,硕士学位论文,浙江大学,2012年,第1页。

人才，法国政府和一些教育开明人士开始着手建立新的教育机构——专科学校，它们讲授军事科学、采矿学和土木工程学等实用课程，培养国家需要的专业人才。

1. 大革命时期的法国本科课程

1789 年，法国资产阶级大革命的爆发彻底推翻了封建制度，随着工业革命的发展，社会迫切需要一批专业人才，而发展日趋保守的中世纪大学已经无法满足新兴资产阶级对人才的需要。1793 年 9 月 5 日，资产阶级革命议会通过了《关于公共教育组织法》，即著名的《多努教育法案》，法案关于高等教育的规定是："关闭现存的中世纪大学，建立各种专科学校，对现存的部分综合性学院和若干与军事有关的学院等给予改造，并在此之外设置某些专门研究机构。"依照法案要求，资产阶级关闭巴黎大学、奥尔良大学等传统大学，建立起了适应国家建设需要的一批专科学校培养专门人才，如数学、物理学院，伦理、政治学院，机械学院，军事学院，语言学院和商学院等，著名的巴黎理工学校和巴黎高等师范学校就是创办于这一时期。

专科学校基本上不从事学术研究，主要实施专业或职业教育，特别强调教育的实用性和实践性，课程以应用数学、物理、化学、制图、战略战术等近代新兴学科为主，即使是属于人文和社会科学教育类的文学、音乐等专门学院，也摆脱了宗教和传统的束缚，倾向于实用学科。[1] 表 7-14 为大革命时期专科学校的课程设置，课程为适应国家建设需要制定，由中央政府各个部门负责管理，它的发展培养了一批满足国家建设和发展需要的人才，自此专科学校成为这一时期法国高等教育的主体。

表 7-14　　　　　　　　法国大革命时期专科学校课程设置[2]

专科学校	主要课程
数学、物理	纯数学、应用数学、天文学、化学、物理
伦理、政治	伦理、文法、历史、地理、统计学、政治经济学、立法、外交
文学	东方语言学、希腊文学、拉丁文学、近代文学

[1] 周敏娟：《法国大学校早期发展研究》，博士学位论文，河北大学，2017 年，第 38 页。
[2] 黄福涛：《外国高等教育史》，上海教育出版社 2008 年版，第 90 页。

续表

专科学校	主要课程
机械	机械学、应用化学、制图
军事	基础战术、战略战术、军事行政
农业	农业、林业、葡萄园艺、面包制造
医学	不详
兽医	生物解剖、外科、内科
制图	绘图、数学、建筑、雕刻、装饰、解剖、古代艺术
音乐	简谱、各种乐器演奏法

综合理工学院是法国体现近代教育的高等教育机构。初创时期课程的主要内容有：解析几何、化学、作图和测量等。综合理工并非是简单的工科院校，它不止开设传授实用性技术的课程，还首次将近代科学内容引进课程，并将科学基本理论的学习作为传授实用技术知识的基础和前提。

除培养专门人才的专科学校以外，法国资产阶级还创立了一批新型科研机构，以自然历史博物馆最为著名，它侧重理论研究，强调近代自然科学，以农业、医学、地质等为主要研究对象，涉及矿物学、普通化学、化学工艺、植物学、农林学、动物学、解剖学、地质学等研究领域，构成中世纪大学核心内容的文法、修辞、自然哲学没有包括在内，这从侧面体现了初创时期政府不重视或者排斥人文以及社会学科的特点。[①]

2. 拿破仑时期的本科课程体系

拿破仑摄政以后，极为重视教育在国家建设和发展中的作用，他对法国高等教育的改革堪称法国高等教育史上第一次重大改革。1808年，拿破仑成立了国家最高行政管理机构——帝国大学，负责统一帝国教育和监督全国公共教育事业，[②] 这一中央集权的教育行政体制将教育彻底置于国家的控制之下。拿破仑十分重视实用知识以及实用人才的培养，他在1801年说："我们已经结束了大革命的传奇，现在我们……只要那种

[①] 贺国庆、华筑信：《国外高等学校课程改革的动向和趋势》，河北大学出版社2000年版，第86页。

[②] 周敏娟：《法国大学校早期发展研究》，博士学位论文，河北大学，2017年，第56页。

在应用革命诸原则时的现实的、切实可行的东西，不要那种纯理论的、假设的东西。"① 拿破仑对大学校进行的一系列改革体现了他的实用思想。他对大革命时期保留下来的专门学院进行了一系列改革，恢复在大革命时期停办的优秀专科学校，并建立了一批新型专科学校，培养了一批国家需要的高级实用专门人才。巴黎理工学校在这一时期得到了拿破仑的许多重视与关照，其办学的目的是"传播数学、物理、化学等科学和制图技术，特别是为炮兵、工兵、路桥、造船、军用和民用工程、开矿和地理等技术性的公立专科学校输送学生"。这种改造是适应新时代需要的，是对理工学校作为基础学校的确认和肯定。从此，法国的高等专科学校，也就是后期的大学校，按照基础和应用两种类型基本定型。拿破仑还改造并创立了一批以工科教育为主，主要培养军事、土木和工业技术人才的专科学校以及附属的两所应用学院，即矿业学院和桥梁道路学院。同为专科学校翘楚的高等师范专科学校在这一时期也被拿破仑恢复，培养了大批的优秀高中师资队伍，缓解了师资紧缺的压力。与此同时，拿破仑还建立了一批教授基础战术、战略战术和军事行政的新型军事院校，如著名的圣·西尔军事学校（1808年）、布雷斯特海军学校（1809年）、圣·日尔缅因骑兵学校（1809年）、土伦海军学校（1810年）等。军事学校学习法语、古典语言、古代史、地理、绘画、数学以及军事训练，毕业生优秀，办学成绩斐然。专科学校在原有基础上获得了更大的发展，在数量上较以前也有所增加，成为法国社会培养政治、经济高等专业人才的场所。②

此外，还初步形成了一批研究机构，如法兰西学院和高等学术实用学院、自然历史博物馆等，这一时期的科研机构基本不从事教学，主要精力集中在纯粹或实用的科学研究以及其他与科研有关的活动上。可见，拿破仑时代的高等教育呈现出教学和科研相互分离、各自独立的特点。正是这一缺陷的存在，使19世纪后期注重教学与科研相结合的德国大学后来居上，法国的欧洲强国地位随之为德国所取代。

---

① 史静寰：《拿破仑与帝国大学》，《华东师范大学学报》（教育科学版）1985年第2期。
② 周敏娟：《法国大学校早期发展研究》，博士学位论文，河北大学，2017年，第61页。

(三) 19世纪70年代：技术类课程占主导

拿破仑时代之后的60年，法国高等教育伴随政治的变换几经曲折。随着19世纪70年代前后欧洲第二次工业革命的到来，法国高等教育兴起了工科教育的热潮，"帝国大学"在形式和内容等方面也发生了相应的变化。通过在普通高校设置工科学院、加强高等教育与地方工商业发展的横向联系等，将大量与工业发展密切相关的知识内容纳入高校课程。这一时期，理学院所设置的课程基本上以化学和电学方面的内容为主，当时许多理学院中都设置了实用科学机构和实验室。[①]

众所周知，巴黎理工学校、军事工程学院、炮兵海军工程学院、道路桥梁学院和矿业学院等是拿破仑时期培养军事和应用人才的高等专门教育机构。这些不同的教育机构隶属中央各部门直接管辖，满足国家特定的行政、经济、军事需要，它们有国家规定的严格的入学标准、课程设置、考试制度和必须达到的培养目标。然而，由于专科学校开设课程过于呆板，同时受国家和政府控制而缺乏灵活性，难以及时调整教学内容和课程设置以满足来自工业发展的需要，这与社会发展日趋专门化的趋势是格格不入的。19世纪后期，科学的不断分化和法国工业的突飞猛进促使了新型工科学院的出现。这些工科学院同样属于高等教育系统中培养专门人才的机构，它们直接培养和造就工业人才，培养那种运用科学和技术知识，通过特定的机械、化学或电学生产过程，直接创造物质利益的"工程师阶层"。[②] 这些新型工科学院不再完全为国家所把持，往往由企业家和地方部门联合创办、维持和管理。

随着工业社会越来越取决于技术的开发和应用，工科学院从初期的不入流发展成为法国高等教育的重要组成部分，甚至通过颁发各种类型的工科学位和证书取得与专科学校等机构相同的学术和社会地位。为此，拿破仑时期的新型高等专科学校不得不顺应历史潮流，逐渐引入应用技术课程，为工业发展造就一批技术和管理人才，在课程领域呈现出一种整合资源、融合发展的趋势。

---

① 贺国庆、华筑信：《国外高等学校课程改革的动向和趋势》，河北大学出版社2000年版，第87—88页。

② 周敏娟：《法国大学校早期发展研究》，博士学位论文，河北大学，2017年，第61页。

(四) 20世纪60年代至今：多种课程体系并存

1968年"五月风暴"的爆发使法国跨入了现代高等教育的大门，在近8个世纪的变革之中形成了自己独特的高等教育制度特色，那就是"一个国家，两轨高教"，即大学与高等专科学校（"大学校"）两个差异很大的学校体系并存。前者不仅培养本科、硕士、博士等层次人才，而且进行科学研究，规模大，专业齐全，属于综合性高校；后者是法国的精英培养机构，是法国军政、工商等领域高级科技与管理等应用人才的主要培养基地，其数量多，规模小，重高级应用性训练，不强调基础科学研究。[1] 由于两者培养目标不同，其课程体系也存在差异。

1. 综合大学：基础理论与专业课程并重的课程体系

综合大学直属国民教育部领导，是综合性的多学科大学，大学的主要培养目标是教师和科研人员，同时负责所有领域的干部培养。综合大学的学制为4年，分两个阶段学习，每个阶段2年。学生在第一阶段学习基础理论，不细分专业，只设主修学科方向，学习相关学科的基础理论知识，合格者授予"大学普通学业文凭"，持有文凭者即可进行第二阶段的学习或者进入劳务市场就业。与"大学普通学业文凭"并列的还有用于职业目的的"大学科技学业文凭"，在教学内容上更加重视某种职业的培训，帮助学生获得职业专长和职业技能，建立新的实用人才培养模式。[2] 综合大学设有必修课、限定选修课和自选课三种类型的课程，它们分别占总学时的45%—75%、5%—35%、10%—20%。选修课的学科由学生自己选择，时间由自己掌握，主要目的是扩大学生的知识面，丰富和修改知识结构。在两年时间内，学生可以更改或者重新确定自己的专业方向。这两年的课程安排灵活性大，学生除了来校上大课，基本上靠自学，学习成绩靠平时辅导课和实习课作业的得分积累。学期末和年终还得通过考试，合格者才能继续学习。因此，综合大学第一阶段为学生

---

[1] 孟雅君、郭晔丹、常永才：《"一个国家，两轨高教"之谜——法国大学校社会地位的历史文化分析》，《民族教育研究》2008年第1期。

[2] 李兴业：《七国高等教育人才培养：法、英、德、美、日、中、新加坡人才培养模式比较》，武汉大学出版社2004年版，第15页。

全面展示各科教学内容，供他们选择专业方向和打好基础。① 第二阶段进行专业学习，本阶段的教学目的是"组织不同程度的普通教育和专业教育"，特别考虑到为某一或某类职业做准备，同时还需进一步扩充学生的专业知识，加深学生的文化修养，初步接触有关专业的研究工作。可以看出，第二阶段也是以全面广泛的课程设置和更高水平、更深入的专业教学为特点，培养学生的专业研究工作和实际操作能力。

2. 高等专科学院或学校：设置综合性课程体系

在大学校中，以工程师学校居多，法国的工程师学校分为理论和应用两类，两种类型学校的课程体系既相互独立，又相互联系，下面以最具有代表性的巴黎理工学校和巴黎高等矿业学校为例来介绍大学校的课程特点。

（1）巴黎理工学校

巴黎理工学校是一所综合性技术学校，隶属国防部，学制最初为 2 年，后来改为 3 年，2000 年改为了 4 年。② 招收预备班学生，学校不分专业，全部学习基础课程，第三年可进入其他学校如矿业学校进行专门学习。综合理工学校重视基础学科、基础理论课程的学习，更确切的是重视数学和理论，并且要求学生学习物理和力学，以物理和力学为基础学习数学。③ 其中，数学课程安排如表 7-15 所示。

表 7-15　　　　　　　　巴黎理工学校数学课程设置

学习阶段		课程内容
一年级		共同基础课：一般拓扑学、广义函数、卷积、傅理叶变换、希尔伯特空间、丈量、微分几何学、积分、解析函数
二年级	上学期	数值分析和概率论（基础课），泛函分析、偏微分方程、微分几何学（学生可任选一门学习）
	下学期	选修课：算数、范畴论、数学经济学、数学和理论物理学，力学和偏微分方程以及其他相关课程

---

① 贺国庆、华筑信：《国外高等学校课程改革的动向和趋势》，河北大学出版社 2000 年版，第 102—103 页。

② 范玉芳、曹群：《巴黎理工学校》，《高等教育研究学报》2003 年第 1 期。

③ 贺国庆、华筑信：《国外高等学校课程改革的动向和趋势》，河北大学出版社 2000 年版，第 109 页。

从表 7-15 可以看出，共同基础课占据较大比例，学生需要用一学年的时间进行学习。共同基础课的内容自 1970 年以来一直在发生变化，如解析函数一度被删除，因为人们认为理工学校的学生有能力在需要时自学，它的理论只对数学家有用，大多数学生只需要认识一下它的定理，不需要做论证。广义函数、卷积特别是傅理叶积分是学生常用到的数学工具。从数学的课程结构中我们可以看出，综合理工的课程重理论，但着眼于应用；重数学，但将它作为其他学科的"公仆"。其目的在于让学生有一个坚实的理论基础，在今后具有较强的应变能力和适应能力。[1]

20 世纪 80 年代以来，科学技术的迅猛发展和信息化程度的迅速提高，尤其是企业转型升级，对高校人才培养提出了新的挑战，为适应新时代的需求，跨学科融合课程应运而生。如巴黎理工学院形成了由科学理论教育、应用技术科学教育、非技术教育、实践性教育所组成的综合课程体系。[2] 具体课程设置如表 7-16 所示。

表 7-16　　　　　　　　　巴黎理工学院课程设置

教育内容	课程内容
科学理论教育	主要学习共同基础课，包括数学、应用数学、物理学、力学、信息论、化学和经济学
应用技术科学教育	主要是指学生的实习活动，体现了理论与实践的结合
非技术教育	非技术教育主要学习人文科学和社会科学，内容包括普通文化、人际关系和外语等

（2）巴黎高等矿业学校

巴黎理工学校的学生若升学，往往升入七类应用工程师学校：矿业、桥梁、公路、远距离通信、军工、航空、农林水利、统计等，其中矿业学校最具权威。它创立于 1783 年，主要培养能够解决行政、经济、工业

---

[1] 贺国庆、华筑信：《国外高等学校课程改革的动向和趋势》，河北大学出版社 2000 年版，第 110 页。

[2] 胡瑞棣：《大学之中的大学，理工学中的王者——巴黎理工学校》，《教育与职业》2013 年第 16 期。

等重大实际问题的高级官员或学者,也培养能源、矿物原材料特别是铁和其他金属采掘冶炼的工程师。其教学原则是:理论加实践。课程主要是专业基础课和实践课,且实习在教学中占有重要位置。矿业学校的教学反映出工科学校重专业基础知识、重实际、重应用的教学特点,表7-17 是巴黎高等矿业学校的课程设置情况。

表7-17　　　　　　　　巴黎高等矿业学校课程安排

学习阶段	学习内容	学习时间
第一阶段	准备参加工业工作的接触阶段	2个月
第二阶段	以新晋工程师身份在某一工业中的生活阶段	1年
第三阶段	以新晋研究员的身份在某一科研中心进行科研的阶段	10个月
第四阶段	回到学校以讲习班和解决工业部某一决策问题的实际作业相结合的决策学习阶段	1年

在这三年四阶段学习中,首先,每一阶段都要求学生以担负一定职责的工作人员身份参加某个多科性小组,取得切身的体验。其次,各阶段尽可能要围绕一个中心课题进行学习。最后,各阶段的实际工作都要结合讲座、讨论、调查研究和写报告等教学活动。这样学习的目的在于使学生真正获得实际经验,掌握工业和科研的实际能力,为国家、地区或某大企业的战略做出决策掌握本领。正是由于理工学校的学生具有数理和人文社会科学基础,矿业学校才能推出这样的课程和教学方式。所以,巴黎理工学校的学生可以直接升入矿业学校就不难理解了。[1]

二　法国本科课程体系的特点

(一) 课程内容基础化

法国高等教育课程致力于培养学生宽厚的知识基础,在历次课程改革中都体现了基础性的特点。1984年1月24日《萨瓦里高等教育法案》及其实施文件的中心问题便是改革综合大学第一阶段的教学,其中一条

---

[1] 贺国庆、华筑信:《国外高等学校课程改革的动向和趋势》,河北大学出版社2000年版,第112—114页。

重要的改革措施便是加强基础性学科（计算机和外语）的教学。以法国高等师范教育为例，学生在进校前都至少学习了两年的普通专业高等教育，文化基础比较扎实，在此基础上增加教育理论、方法技巧课的比重，既丰富了学生的课程内容，又加强了各专业学生的基本职业素养，提高了未来教师们"教"的能力。在综合大学第一阶段，理科学生不分专业，只分结构与物质科学和自然与生命科学两大门类，设置广泛的基础课，既包括一般的文化基础课，也包含注重基于专业需要的基础课，重视数理化课程的教学。以巴黎第七大学第一阶段教学为例，学生必须修满22学分，其中数学课学分占41%，物理占27%。化学占4.5%，外语占9%，而选修课仅占18.5%。正如一位法国人所说："我们法国是衣架式教育，要求学生具有像衣架那样宽厚的基础，这样才让学生选修一个专业方向，这就是衣架的顶端了。"[①]

（二）课程设置职业化

"职业化"在法国有其特定的含义，其实质就是进一步调整高等学校的办学方向，高等学校不仅要对学生传授系统的文化科学知识，而且还要对学生实施以职业为目标的培训，从而使学校培养出的人才在职业能力方面能更好地适应社会需要。

长期以来，法国的高等学校尤其是综合大学教学思想偏于保守，教材更新缓慢，专业和课程设置落后于实际，教学过分强调理论，忽视对技术和实践能力的教育，培养出的大学生不能很好地满足工业界和企业界的实际需求，在就业竞争方面也常常显得无能为力。1968年起，法国开启了此起彼伏的设置职业课程的改革浪潮，法国综合大学的学制在改革中也日趋丰富和复杂，在各阶段均开设了带有专业化、职业化教学的新分支。例如，过去第一阶段只发放不具有真正就业资格的DUG，现在还有职业文凭DUST；第二阶段也一改过去只有LICENCE和MAITRISE文凭，增加了MST、MSG、MIAGE和MAGISTERE等专业文凭；甚至还可

[①] 贺国庆、华筑信：《国外高等学校课程改革的动向和趋势》，河北大学出版社2000年版，第115—116页。

获得工程师头衔,且与每一个专业文凭相对应都开设了大量的职业课程。①

(三) 课程实施实践化

在课程体系建设上,一方面根据社会的发展需要设置相关课程;另一方面增设实践性强的课程,提高教学过程的实践性,以培养出具有较强动手能力的人才。实验教学是加强教学过程实践化的重要途径,法国大学实验课是必修课,不允许学生缺席,实验的内容比较多且比较深。实验报告和实验考试的分数按比例录入总成绩之内,不及格者需要补考。以巴黎第六大学细胞生物学为例,该门课总共 100 学时,安排了 13 次实验,每次为 3.5 小时,其中实验占了近一半的时间。在高等师范教育方面也根据需要开设了许多应用性较强的教学技能课,教学法课程突破了原有的狭隘范畴,充实了许多有针对性的内容,如开设"移民儿童的教育问题""残疾儿童的适应"等专题。教育实习更是培养合格师资的重要实践环节,法国师范生在成为正式教师前要做 1—2 年的见习教师,在见习期每周上一定数量的课,并进行带班实习。现在法国师范院校改变了过去把实习放在最后的传统做法,采取观察入门、实行现场实习和责任实习等多种形式,把教育实习安排成连续的、常规性的教学活动。② 学生在本科期间便能接触到未来职业工作的真实场景,增强了学生对社会工作的适应性。

(四) 课程结构综合化

高校课程结构的综合化趋势是当今世界高校课程改革的普遍追求。高等学校课程结构的综合化主要包括两方面的内容,一方面是基础科学与技术、工程科学相结合,即基础课与专业课的结合,提高基本文化修养和改善理论思维方式,培养创造性学习能力;③ 另一方面是人文科学、社会科学与自然科学相渗透,突出课程的职业性和应用性。

法国现代高等学校在专业设置和课程结构综合化方面取得了显著的

---

① 贺国庆、华筑信:《国外高等学校课程改革的动向和趋势》,河北大学出版社 2000 年版,第 118—120 页。

② 贺国庆、华筑信:《国外高等学校课程改革的动向和趋势》,河北大学出版社 2000 年版,第 117—118 页。

③ 张婷婷:《法国本科学科专业调整浅析》,《外国教育研究》2003 年第 6 期。

进展。文理结合、理工结合、多科综合的现象很多,交叉学科、综合性学科层出不穷。1968 年的富尔改革首次明确提出高等教育要贯彻"自治、参与和多科性"三原则,其中"多科性"原则对法国本科课程结构综合化起到了重要的推动作用。巴黎大学的第一阶段基本上不细分专业,只按结构与物质科学、自然与生命科学两大门类上基础课,包括了相当的综合性科学内容。理工科大学也非常重视普通基础教育课程的学习。它们认为,为了培养经济建设人才,更是为了使学生能适应现代复杂的社会以及未来社会的发展,即使是科学家和工程师,也必须学会善于处理他所遇到的任何政治问题和社会问题,善于分析和解决职业和生活中的各种问题。而理科和人文、社会学科这两种教学的平衡,可以使理工院校的学生更广泛地掌握知识和选择职业,可以迅速地接受社会上提供的某种专业的补充教育,使他自身保持很大的灵活性,以适应今后剧烈变动的国内、国际状况。[1]

第六节 西方发达国家本科课程体系创新启示

对西方发达国家本科课程体系发展历程的梳理,为我国高校本科课程体系改革提供了诸多有益的启示。

一 高校本科课程体系与社会需求之间关系日益密切

通过对西方发达国家高校课程体系的研究发现,近代以来各国高校与外部社会之间呈现出相互渗透、不断融合、日益密切的互动趋势。课程改革均以服务国家需求、产业或行业为导向,高校课程体系建设与国家发展、产业或行业发展、区域发展紧密结合,并成为国家战略发展的重要力量。美国麻省理工学院的崛起就在于其把握了美国国家发展的脉搏,将大学的发展与国家的特殊需要紧密联系,最终服务了国家发展,也成就了其自身的发展。从其课程发展史即可得出这一结论,19 世纪后期,为了美国工业化发展的需要,麻省理工学院率先进行课程改革,建

---

[1] 贺国庆、华筑信:《国外高等学校课程改革的动向和趋势》,河北大学出版社 2000 年版,第 120—122 页。

立工科类专业课程体系,为国家培养了大批技术人才。第一次世界大战和第二次世界大战时期,麻省理工学院又为国家需求服务,设立新专业和课程,肩负起为国家培养飞行员、航空工程师、无线电工程师等国家急需的专业人才,也真正践行其对学生的培养要求,"在国家陷入危机时,要拿出你们的所学去奉献去报答国家,勇于承担起维护国家的重任"[①]。美国斯坦福大学与"硅谷"之间的相互促进、共同成长的事实也充分印证了这一点。日本筑波大学的崛起也得益于其将国家发展与大学发展紧密结合在一起,其课程改革是建立在对国家需求、社会信息的搜集和调查基础之上的,该校设有专门的计划调查室、大学公开研究室等,对课程设置、教学效果、入学考试、毕业生情况等进行追踪调查。德国的汉堡理工大学、哥廷根大学、基尔大学,英国的沃里克大学等,也都是以服务国家、产业或行业需求著名,将高校发展和课程改革与相关产业或行业发展紧密结合,最终成为行业、产业、区域发展不可缺少的力量。这些大学之所以成功,一方面源于高校内部课程体系的主动创新,另一方面源于各国政、产、学、研、用的有效合作机制。西方发达国家高校、企业与政府的良性互动为我国提供了可资借鉴的经验。在服务国家创新驱动发展战略及区域发展战略的具体做法上,我国普通高校与西方发达国家高校相比还有一定的差距。当前正值"十四五"新发展阶段,借鉴西方发达国家的成熟模式和成功经验,对于我国以课程体系创新为纽带,建立政产学研用合作机制,推动校企、校地等方面高质量合作发展,具有重大意义。

二 高校本科课程体系改革源于其社会变迁和未来发展

从实践角度看,西方发达国家大学课程体系改革与其社会变迁和工业化进程相适应。近代以来,高校课程改革基本上源于工业化带来的危机感,比如,20世纪50年代的《国防教育法》、80年代的《国家处于危险之中:教育改革势在必行》、21世纪初的《不让一个孩子掉队法案》以及2015年奥巴马签署的《每一个学生成功法案》等。其中,《国防教

---

① 别敦荣等:《麻省理工学院的发展历程、教育理念及其启示》,《高等理科教育》2011年第2期。

育法》的重要性并不在于教育与国防的联系,而在于其能够及时反映教育所面临的现实问题和社会变迁;《国家处于危险之中:教育改革势在必行》更是聚焦于课程改革如何适应社会变革和科学技术的发展。可以看出,国家社会的危机是课程改革的前提,而这种危机感源于对未来的想象和对社会现实的建构。同时,各国高校课程改革均非常关注国家的未来发展和当今国际科技竞争。当前,面对风险社会的不确定性,各发达国家的高校本科课程体系改革都拥有了更宽阔的视野,更加关注国家的未来发展和全球竞争。

三 高校本科课程体系建设关注创新型人才培养

在全球化趋势下,为培养适应未来社会变革的创新人才,世界各国都很重视教育改革。如日本在20世纪90年代提出了"科学技术创造立国",并将其作为基本国策。2002年,日本文部省开始推行实施"21世纪COE(Center of Excellence)计划",旨在把日本大学打造成能培养出世界级创造性人才的、具有国际竞争力和富有特色的、世界一流的教育研究基地。[①] 目前,日本已经形成较为完善的创新教育课程体系。中国虽然也出台了一系列的政策和计划来推进创新型人才的工作,如"科教兴国""人才强国""创新驱动发展"等战略,提出着重培养学生的创新精神和实践能力,但我国教育最大的问题仍是对创新型人才的培养。清华大学经济管理学院院长钱颖一指出,中国教育所培养的人"均值"较高,但"方差"小,也就是说我国所培养的学生在知识掌握方面平均水平较高,但"杰出人才"少、"拔尖创新人才"少。我们也应该意识到,我国对创造性教育的重视程度并不高,甚至被边缘化,虽然有相关政策的支持以及各个高校尝试性的开设相关课程,但效果并不理想。因此,我国应继续推进创新型人才培养模式,高校应确立创新型教育理念,创造条件,形成氛围,造就更多的高素质劳动者和创新型人才,为"中国制造2025"国家发展战略目标的实现注入新能量。

---

① 丁妍:《日本高校创造性人才培养研究——以东京工业大学的课程改革为例》,《清华大学教育研究》2005年第6期。

四 强调课程内容的开放性、现实性、人文性

课程范围组织的均衡性原则最终追求的是课程结构的均衡美,这种"美的境界"是以学习课程的学生实质上获得身心健康的和谐发展,能够焕发出生命活力美为根本衡量。[①] 因此,应从整体上优化课程结构,系统规划各类课程,以缩小通识课和专业必修课的数量为基础,增强专业选修课程的比重,构建理论课与技能实践课、必修课与选修课、通识课与专业课配置合理的课程结构体系。国外发达国家的本科课程体系具有前瞻性,在课程建设时强调课程内容的开放性、现实性、人文性。开放性即能够及时将现代科学知识纳入高校课程,同时高校应将世界优秀文化纳入课程内容之中。现实性即高校本科课程应与社会需求、行业需求相结合,关注全人类面临的重要问题,保证人才培养的方向与社会所需要的人才方向相一致。人文性是指高校本科课程内容将更加注重对人文精神和价值意识的弘扬,赋予本科生正确的价值观与人生态度。[②] 我国高等教育建设应审时度势,不再将课程和学生置于校园的狭小站位中,而是从源头上搞清楚高等教育应承担的责任和风险,将本科生的培养工作融入社会整体发展结构的视野中:一方面要密切关注行业风向、企业需求,在保持明确培养方向的同时,时时调整和更新知识内容,不仅要与时代发展相并肩,更要走在时代发展的前列,打造具有前瞻性、创新型、高效型的本科教育培养系统;另一方面要严格筛选本科课程知识系统,为学生呈现有真正价值的知识和方法,尤其要关注通识课程、专业课程的知识设置,因为这些知识对学生的就业发展和终身发展影响深远。

---

① 全国十二所重点师范大学联合编写:《课程论》,教育科学出版社 2007 年版,第 189 页。
② 张凤娟:《美国高校本科课程设置的模式、特点与发展趋势》,《教育发展研究》2011 年第 3 期。

第八章

制造强国战略下普通高校本科课程体系研究结论与反思

本书主要通过三个大型的实证研究和对发达国家高校本科课程体系建设的考察,探讨我国普通高校本科课程体系建设现状。三大实证研究主要包括普通高校本科毕业生课程满意度调查、高校毕业生职业能力与课程体系的关系研究、课程体系与先进制造业人才需求研究。首先,毕业生课程满意度现状调查的主要对象是本科毕业5年以内的毕业生,一是这批毕业生与在校生相比,更能从整体视域出发来看待高校本科课程体系;二是毕业生能够通过在工作中遇到的实际问题,感知高校本科课程体系现状,直接反映课程体系存在的问题。其次,高校毕业生职业能力与课程体系的关系研究能够客观呈现高校本科课程体系存在的问题以及哪类课程影响了职业能力等。再次,通过对《中国制造2025》中提及的十大先进制造业人才需求现状的分析,能够更加真实地反映当前高校人才培养与用人单位之间的落差,并间接反映高校本科课程体系存在的问题。最后,通过对西方发达国家高校本科课程体系建设特征的梳理,旨求为我国普通高校本科课程体系建设提供有益借鉴。

第一节 研究结论与讨论

一 制造强国战略背景下普通高校本科课程体系与社会需求之间关系日益密切

从概念逻辑而言,课程与人才培养是从属关系,课程是人才培养最重要的载体,课程的功能就是为人才培养服务。大学课程体系直接关系到大学生的知识结构和能力结构,因此,发达国家无不将课程改革作为最重要的"事件"。从历史上看,现代学校始创于工业时代,合乎社会发展是学校的首要目标,也是教育的规律。科学技术是引起高校课程变革的原动力,这一点从工业1.0到工业4.0可见一斑。工业1.0时代(蒸汽时代)实现了生产的技术方式从手工作坊到机械化的转变,但科学原理只起到辅助作用。由于科技的发明主要来自实践经验,而不是通过高校或科研部门诞生,如工匠哈格里夫斯发明珍妮纺纱机、仪器修理匠瓦特发明蒸汽机。因此科学发展的最新成果或技术学科难以进入高校课程内容,这一时期高校课程未能与工业革命相呼应。工业2.0时代(电气时代),高校课程开始与科技联系,西方国家也开始建立世俗性大学,开设工科教育专业。如英国城市学院的建立、德国工科大学的开办、美国为此专门于1862年颁布了"莫里尔法案"等。大量的近代新兴自然科学和科学原理进入高校本科课程体系。工业3.0时代(信息与自动化时代),高校课程的科技化和社会服务性成为这一时期各国高校课程的显著特征。高校更加强调以学术研究带动区域经济发展,如美国硅谷高技术工业园、128号公路工业园以及北卡罗来纳为产业结构升级形成的高技术产业园等都是以大学为依托,以社会服务为目的,现代新科技被纳入高校本科课程体系。为适应社会服务的整合性特点,高校开始设置跨学科、跨专业、跨学校甚至跨界的课程整合,强调"大学作为一个探索和传播高深学问的学术团体,为社会提供的直接服务业必须是学术性的,要以研究为基础,要有教育内涵,坚决反对低层次的社会服务"[①]。随着工业4.0时代(智能化、数字化、网络化时代)的到来,社会的不确定性、复杂性、风险性越来越高,劳动力市场中的分工日益细密,自动化、机械化、信息化程度越来越强。用人单位更重视员工的综合素质、跨界能力、领导能力、沟通能力、批判性思维能力以及解决复杂问题的能力等。用人单位需求的高端化正在倒逼高校课程改革,因为"学院和大学从来不会高居

---

① [美]约翰·布鲁贝克:《高等教育哲学》,王承绪等译,浙江教育出版社2002年版,第17页。

于历史神话的顶层,它们常常,也必须屈服于周围环境的某些压力和约束"①。有学者认为,相比于扎实的基础知识与娴熟的技术手段,批判性思考与解决问题的能力、跨界合作与以身作则的领导力、灵活性与适应性、主动进取与开创精神、有效的沟通能力、评估与分析信息的能力、好奇心与想象力等七大能力才是毕业生职业生涯发展的关键影响因素。②因此,高校课程改革开始打破不同学科、不同专业之间的壁垒,走向跨学科、跨界课程研究与课程体系建设。

二 普通高校本科课程体系对毕业生职业能力的影响整体呈中等偏高水平

为探讨普通高校本科课程体系对毕业生职业能力之间的关系,笔者经过不断对自编问卷《普通高校本科课程体系对毕业生职业能力影响》进行测试和修正,在对问卷题项经过探索性因素分析与验证性因素分析后,最终获得了拟合度较高的涵盖专业知识与技能、专业能力、职业情感、问题解决能力和综合素质在内的毕业生职业能力五维结构模型。其中,专业知识是毕业生职业能力的原动力,系统的专业知识是职业能力形成的基础;专业技能本身就是职业能力的操作力表现,是毕业生胜任本职工作的必要条件;专业能力是职业能力的关键力,是毕业生职业能力的必备要素,也是毕业生职业能力最直接、最突出的体现;职业情感是职业能力形成的内驱力,贯穿于职业能力形成与发展的全过程;综合素质是职业能力中最基本的能力,是在不同领域、不同行业内能够共通的普遍知识和基础能力,它作为一种"可携带能力",是现代社会中毕业生从事任何职业都必需的能力或素养。专业知识与技能、专业能力、职业情感、问题解决能力与综合素质五维协同发力,共同构成完整的毕业生职业能力互动机制。

高校本科课程体系主要由专业课程、通识教育课程和实践课程三类课程构成,是学生职业能力培养的最重要的载体。笔者运用自编的《高校本科课程体系对毕业生职业能力影响》问卷进行大规模调查,并以素质教育课程、专业课程、实践课程对毕业生职业能力的影响程度为变量,

---

① [美]克尔·C.:《大学的功用》,陈学飞译,江西教育出版社1993年版,第13页。
② [美]瓦格纳·T.:《教育大未来》,余燕译,南海出版社2019年版,第27页。

经描述统计与分析得知：高校本科课程体系对其职业能力培养的帮助程度处于中等偏高水平，按照影响程度的高低依次排列为专业课程体系（M = 3.631，SD = 0.833）、素质教育课程体系（M = 3.515，SD = 0.761）、实践课程体系（M = 3.405，SD = 0.842）。其中，实践课程对毕业生职业能力影响程度最低，该结果也与高校本科课程体系对毕业生职业能力具体维度的影响分析结果相互印证。笔者进一步以高校本科课程体系对毕业生职业能力五维度的影响为变量进行描述统计与分析发现：毕业生综合素质（M = 3.543，SD = 0.703）、职业情感（M = 3.474，SD = 0.787）两个维度的平均值高于总问卷均值（M = 3.459），专业知识（M = 3.365，SD = 0.760）、专业技能（M = 3.211，SD = 0.642）、专业能力（M = 3.468，SD = 0.698）三个维度的平均值低于总问卷均值（M = 3.459）。易言之，高校本科课程体系在毕业生专业能力、专业知识与专业技能的培养上稍显欠缺。而从课程类型与学生能力培养的关系矩阵来看，学生专业能力、专业技能的培养多来源于实践课程的开设。当前高校实践课程体系既然无法对毕业生职业能力培养产生较大影响，自然也会影响到毕业生职业能力具体层面的培养，这是无法回避的现实。

办学的根本目的是培养人。在高校人才培养中，课程体系的设置是核心，课程设置不是简单的各门课程的汇总，应体现根据培养目标的需要而设计的一个完整的教育思路。[①] 但在笔者的调研过程中，受访毕业生以及受访企业主管普遍认为，在现有的普通高校本科课程体系当中，实践课程体系面临实践环节教学不够突出、实践课时安排不足、人员配备不合理等挑战，"走形式""混学分"问题尤为突出。受访毕业生如是评价道："实践就更不用提了，就是实习的时候，交了钱，开着车拉着跑一圈就回来了，基本上也没有什么其他有用的东西。""我们学校有见习，主要是去厂区里进行观摩，转一圈，走个流程就可以了，有点形式化的感觉，不会让我们动手操作，我们专业的见习可能还不如大专生有效。"用人单位也提到，学生毕业后一般都要用较长时间才能适应本岗位工作，尚不能做到无缝对接、零距离顶岗，这多源于学生在校期间动手机会太

---

① 钱英：《高职会计专业课程体系与岗位能力需求适应性的调研分析》，《会计之友（上旬刊）》2009 年第 12 期。

少，进入岗位后一切都要从头学起。这既浪费时间，也不得不让我们反思当前的高校课程究竟教给了学生什么。针对这一严峻问题，也有企业主管从一线工作者视角出发，结合多年毕业生招聘以及新入职毕业生培养的工作经验，给出针对性的建议："其实我觉得高等教育也可以把这些东西做一些结合，归结一点就是开设课程和企业需求能更贴切、更接近一些，还是把理论课程和实践相结合。""我个人的建议就是能和企业现有的工作内容再结合一下，包括大学里开设的这些课程，我觉得职业院校，包括技工院校，他们现在课程开设的有些模式，高等教育有些地方可以做一些借鉴。"目前，摆脱传统高等教育课程体系的学科性已成为共识，强调实践与突出应用能力将成为高等院校的一致行动。

三 高校毕业生对本科课程体系的满意度整体呈中等水平

大学生课程满意度能直观反映大学生对课程学习体验自我评价的指标集群，能够反映出大学生学习满意状态度量的水平。课程满意度状况也能够为课程建设提供重要的问题导向。目前，我国对于普通高校课程满意度的研究还存在样本窄化、指标体系不够全面、缺乏院校类型区分、问卷信度和效度较低等缺点，本书力图从课程本体出发，旨在为我国的学生满意度测评理论的研究提供有益的借鉴，并推动学生满意度测评在我国高等教育管理中的应用。

本书运用经典测量理论（CTT）、探索性因素分析（EFA）和验证性因素分析（CFA）等方法，创建了普通高校课程满意度测量工具"UCSS量表"，高校课程满意度的五个因子分别为"课程目标满意度""课程体系与内容满意度""课程实施满意度""课程资源满意度""课程评价满意度"。经验证，该工具有较好的测量信度与效度。由于在校大学生容易存在"当局者迷"的现象，容易囿于自身兴趣和学业需求框架内，很难从整体上把握学科框架，也很难考虑到用人单位和社会对高校课程的需求，难以客观全面地评价高校课程。因此，本书在业内首次以山东省普通高校本科毕业5年以内的毕业生（包括在读研究生和就业生）为研究对象。研究的结果显示：第一，高校毕业生课程满意度总体上处于中等水平，本科毕业生对于不同维度的课程满意度存在显著的差异，由高到低依次为课程实施、课程资源、课程目标、课程评价、课程体系与内容。

第二，在校研究生和毕业生的课程满意度也存在显著的差异，这是由于上文中所述的在校研究生和毕业生的评价角度不同，前者更多地从学术和学业发展角度分析，而后者更多地考虑社会和用人单位的需求。在读研究生的课程满意度明显高于就业生课程满意度。但是，无论在读研究生还是就业生对课程的满意度最低的都是"课程体系与内容"。主要表现在三个方面，一是课程内容的广深性、前沿性以及方法论知识普遍不够；二是通识课程，即公选课只重视课程的门类与数量，忽视课程结构导致课程体系杂乱；三是高校的进人政策和进人标准，博士生甚至是"985"毕业的博士生逐渐成为高校教师的主体，这些教师往往拥有较好的科研素养，但缺乏必要的教学专业性，很多教师在实践性课程的实施方面力不从心。"高学历教师的学术训练背景使得教师呈现出高度的学术化倾向，而这种倾向又不可避免地折射至院校的课程设置，导致专业教育的实践应用性淡化。"[1] 第三，不同专业背景的学生持有不同的课程观，本书调查了文科、理科、工科与其他四类专业的毕业生。不同学科类别的学生无论是在总体上，还是在各个维度上均存在显著性差异。理科学生的平均得分最高，说明理科学生的课程满意度最高；依次是文科、其他、工科。理科学生尤其对课程体系与内容的满意度最高；文科学生对课程内容的基础性满意度较高，而对课程内容的广深性和实践性满意度较低。

课程作为学生与大学、学生与社会、教学与科研、学生个体文化和社会文化结合的重要载体，其质量的高低、实施的效果最终都指向高校人才培养质量。"高校在培养人才的过程中，课程与教学活动的过程贯穿其中，教师的教，学生的学，尤其是本科生教学主要围绕课程来展开。"[2] 教育部高等教育司司长吴岩在2018—2022年教育部高等学校教学指导委员会的成立会议上指出，"专业是人才培养的基本单元，课程是人才培养的核心要素，全面振兴本科教育的主攻任务是全面治理整顿本科教学秩序，主攻方向是专业、课程、教师和质量保障体系建设"。因此，不断完善高校本科课程建设、提升高校教学质量已成为高校工作的重中之重。

---

[1] 鲍威：《未完成的转型：高等教育影响力与学生发展》，教育科学出版社2014年版，第220页。

[2] 刘献君：《论大学课程设计》，《高等教育研究》2018年第3期。

但是高校课程的目标应该是什么？是否所有的学生都应该学习通识课程？哪些课程应该是学生们学习的通识课程？学校应该为学生未来的发展做怎样的准备？学校的课程与学生的未来职业选择存在怎样的联系？这都是课程改革亟待解决的问题，脱离了这些问题，一切课程改革都将成为奢谈。

四　普通高校本科课程体系难以培养出专业领域的创新人才，先进制造业人才需求与高校本科课程体系的匹配性不强

结合《中国制造 2025》的背景，运用网络收集十大先进制造业的招聘信息，本书主要选取了一批知名的、具有代表性的企业，采用内容分析法进行内容分析和数据挖掘，最终得出企业对毕业生能力素质的需求情况。因为招聘信息可以最直接地反映用人单位的人才需求，所以这些要求一定程度上也意味着毕业生在离校步入工作岗位时应具备的能力素质。[1] 笔者利用质性分析软件 Nvivo11.0 对收集到的 124 个先进制造业企业的招聘信息以及企业业务副总的访谈材料进行整理与分析，得到以下结论：先进制造业人才需求与高校人才供给的匹配性不强。普通高校本科课程体系与先进制造业的人才需求存在不相适应的状况，尤其表现为当前以专业课程为核心的课程体系难以培养出先进制造业所需要的创新型、复合型人才。

首先，目前的高校本科课程体系能够培养出本专业的骨干，但培养不出本专业领域的领军人才。第四次工业革命引发了学科类别的重构，传统专业的内涵也随之发生了很大的变化。新业态的产生几乎没有出自"科班出身"人才之手的先例，本专业的人虽然精通专业知识但是很难在这个方面做出突出贡献，往往是其他领域的人才进入到该领域，整合工程思维、信息技术等创造出了新的业态，由此也说明专业课程体系在培养学生的知识结构、素质结构等方面都存在缺陷。本书将毕业生的能力素质分成了专业能力、社会能力、方法能力和其他能力四种，按照企业的重视程度排序依次为社会能力、方法能力、专业能力、其他能力。将

---

[1]　宋齐明：《劳动力市场需要什么样的本科毕业生——基于近 1.4 万条招聘信息的量化分析》，《中国高教研究》2018 年第 3 期。

十大先进制造业招聘信息能力素质各维度的统计频次通过 SPSS 做卡方检验，其检验结果是：$X_2 = 36501$，$P = 0.000 < 0.05$，表明不同制造业在专业能力、方法能力、社会能力和其他因素方面存在显著差异。再结合描述统计的结果可知，十大先进制造业对社会能力的要求明显高于其他能力，方法能力较低，在所有方法能力中最低的是创新能力，其次是逻辑思维能力。因此也不难发现，我国专业教育存在的显著缺陷，无法培养出领军人物所应该具备的品质，大学教育在新业态的产生和发展中仅处于"跟跑"的地位。近年来，国家逐渐意识到这一点，开始重视大学课程体系建设，以"学科—应用"为导向的应用性本科教育人才培养和课程体系改革、基于产教融合的"卓越工程师培养"计划、与专业教育相融合的创新创业教育课程体系建设、利用现代信息技术发展对课程体系的延伸性改造，[①] 以及全面推进新工科、新医科、新农科、新文科建设，旨在培养出高层次创新型、复合型和应用型人才。

其次，先进制造业人才需求与高校本科课程体系的匹配性不强。通过对十大先进制造业企业招聘信息中的能力素质要求出现的频次进行统计发现，排名前几位的分别是专业技能、人际沟通能力、团队协作能力、责任心、组织协调能力、外语能力、抗压能力等。对专业技能的要求最高，这是因为专业技能是与特定岗位有关的专门技能，它强调的是毕业生的动手、实践能力，属于专业能力，但是实践证明我国大学毕业生的实践能力薄弱。另外，先进制造业对毕业生的人际沟通能力、组织协调能力等综合素质的要求也很高，这与对企业业务副总的访谈结果一致，"高校应承担起学生的忠诚、责任心、团队合作、适应性、学习力等方面综合素质的培养"，"特殊专业能力是需要在工作过程中实现的，大学的课程学习无法培养学生的这些能力"。相关研究表明，综合素质和跨学科能力的欠缺已经成为高校毕业生普遍存在的共性问题，很多教师尚未意识到素质教育课程与培养学生综合素质的关系。

习近平总书记提出，高等教育人才培养要面向世界科技前沿、面向经济主战场、面向国家重大需求，而我们更是希望在专业领域能够培养

[①] 陈兴明、郑政捷、陈孟威：《新中国 70 年高校本科课程体系的嬗变》，《中国大学教学》2020 年第 1 期。

出创新型人才。但事实证明，以单纯朝向精英人才的培养目标来培养学生，往往很难培养出高层次的拔尖人才。因为创新人才的基础一定是一个全面发展的人，因此要重构课程体系，突出行业特色，建设大类交叉融合的文理通识课程体系，培养融合领域的人才。高校本科课程体系作为人才培养方案的核心内容，是连接高校和社会的桥梁，其合理性和科学性直接关系到高校人才培养的质量，影响到毕业生的就业能力。因而，克服传统课程体系中课程目标不清晰、课程体系纵向梯度不够与横向跨学科不足、课程结构松散与失衡、课程内容陈旧与固化、课程设置与市场需求错位等弊端，建立全新的课程体系，是当下亟须关注的重要议题。

第二节　制造强国战略背景下普通高校本科课程体系建设反思

综上可以看出，当前高校人才培养质量是制约我国科技发展的瓶颈。当然人才培养质量问题并非都是高校课程的问题，但高校课程一直是高校人才培养的"黑箱"，属于微观问题，很多人不屑于研究这么微观的"小"问题，更多的是将高校人才培养的问题归因为制度因素、社会因素、管理因素甚至是文化因素等。通过对发达国家本科课程体系的研究可见，其大学人才培养最成功之处恰恰在于对课程的关注。美国高等教育专家赫佛林（Hefferlin）说："课程是大学心脏中的战场。"[①] 课程改革也一直是美国大学教育改革争论的中心，美国的历次课程改革都与国家、社会的危机连在一起。同时，课程又具有自身的继承性，课程改革既受到各种社会变迁的影响，其核心课程领域又保持着相对稳定性。当前，我国高校更为重视学科建设、忽视课程建设，诸多研究指出这已严重影响到国家与社会的利益，笔者的调查结果也折射出当前我国高校本科课程建设在促进学生发展方面存在的一些深层次问题。故而，当下我们应加强对大学课程的研究，加强高校课程与社会的良性互动，推动高校本科课程建设创新，使大学课程能够更好地回应社会变革所带来的影响。

---

① 郭德红：《20世纪美国大学课程思想演变》，博士学位论文，河北大学，2005年，第3页。

一 课程体系建设未能落实"以学生为本"理念

以学生为本,是高等教育教学的最高理念,是课程改革的必然要求。美国学者布鲁贝克认为:"学生对课程适切性的呼声之强,已使得课程的选择逐渐变得特别重要。"[1]这里的"适切性"就是既适合学生自身学习又符合社会需要的一种满意度标准,高校本科课程建设应依此标准进行规范。目前,无论是国家层面的课程建设还是高校层面的课程建设,均在某种程度上忽视了学生。国家层面课程建设的主体是课程专家、教师以及行政人员,其主导的课程优点是能较好地反映学科发展逻辑、体现国家的意识形态,但往往不完全切合学生的实际;学校层面课程建设的主体是教师,其主导的课程往往有利于知识表达和教师教授,但不一定对学生"适切"。这种情况造成课程未能紧紧以学生成长成才为中心,不能更好地满足其兴趣爱好和形成创新及发展能力的需求,缺乏真正以学生为中心,从学生人格完整性、知识综合性、能力及学科体系的角度的课程设计。

当前,工业 4.0 时期的高等教育要真正树立"以学生为本"的理念,即以培养学生学习能力和创新能力为重点。1998 年,美国学者欧内斯特·博耶领衔的美国研究型大学本科教育全国委员会发布的《重建本科生教育——美国研究型大学发展蓝图报告》(《博耶报告》)为我们提供了借鉴。报告提出:"大学的使命应该是大学生都是探索者和学习者,大学的任务就是让每个学生都参与到这一共同的使命——探索、研究和发现中来。学生应该是积极的参与者,而不是消极的接受者。"[2]即大学要使每个学生有一个完整的教育体验。通过提供整体性教育,大学本科将培养出独具特色的毕业生,这些毕业生具有探索精神、交流能力、批判性思维且富有多种经验。大学的责任就是使其毕业生发挥独特作用,使这些学生成为将来科学、技术、政治上有创造力的领导者。在《博耶报

---

[1] [美]约翰·S. 布鲁贝克:《高等教育哲学》,浙江教育出版社 2002 年版,第 103 页。
[2] The Boyer Commission on Educating Undergraduates in the Research University, *Reinventing Undergraduate Education: A Blueprint for America's Research Universities*, Carnegie Foundation for the Advancement of Teaching, 1998, p. 9.

告》影响下,哈佛大学、麻省理工学院、耶鲁大学等美国著名大学掀起了以核心课程改革和以学习者为中心的"重建本科教育"改革,培养学生的深度学习能力和创新能力,改变大学本科教育的职业化倾向。

二 课程体系目标定位模糊,未能精准指向社会需求

我国课程体系建设缺乏对人才素质能力的分析,使得课程建设依据不足。当前高校的课程定位主要是从学科逻辑角度出发,瞄向社会需要与职业需求不够。课程设置上往往偏重于构建学科知识体系,无意中忽视了以能力为导向的素质培养;重理论知识课程、轻实践课程,由于缺乏足量的课程基础,致使学生毕业后所需要的工作知识和能力不足,问卷调查中已就业本科毕业生课程满意度低于在读硕士研究生的原因就在于此。同时,由于当前高校学科体制僵化、壁垒森严,为适应社会需求而新增设的专业和课程挤不进课程体系,社会需求的多样性和迅速更新与高校学科专业设置的相对传统、凝滞之间产生矛盾。此外,高校与社会沟通不畅,所获社会需求信息欠准确,"政产学研用"平台未能建立,高校缺乏学生未来发展预期,没有充分体现学校和专业特色,用人单位的参与没有制度化等都影响了课程的定位。访谈中,一些已就业的学生也抱怨"所学非所用",在校时的课程学习带有盲目性。

我国的课程体系建设忽视了普通高校本科课程体系在毕业生职业能力培养中发挥的重要作用。通过毕业生职业能力与高校本科课程体系的调查结果可见,尤其是在重要创新领域,高校本科课程体系在培养学生职业能力方面明显处于弱势。综观西方发达国家,其先进制造业和高校课程的关系密切,如瑞士机床"享誉全球",在世界范围内几乎找不到可替代的产品,其最重要的支撑便是教育体系。瑞士是我国机床的主要进口国和地区之一,我国超九成的高档数控系统都需要依赖进口。据统计,2020年1—11月中国从瑞士共进口了305台数控机床,尽管只占全部进口数量的3.94%(见表8-1),但瑞士机床广泛应用于我国航空航天、军工制造等关键领域,与国家安全息息相关,一旦瑞士机床真的"断供","卡脖子"危机箭在弦上。

表8-1　　　2020年1—11月中国数控机床进口市场格局①

地区	进口数量（台）	占比（%）	进口金额（亿美元）	占比（%）
德国	906	11.69%	5.63	28.23%
日本	2067	26.67%	5.39	27.00%
瑞士	305	3.94%	1.55	7.77%
意大利	237	3.06%	1.37	6.85%
韩国	1054	13.60%	1.00	5.01%
美国	191	2.46%	0.50	2.49%
奥地利	81	1.05%	0.44	2.19%
捷克	68	0.88%	0.42	2.08%
西班牙	27	0.35%	0.20	0.98%

瑞士产业最重要的支撑便是其教育体系。如图8-1所示，从10年级（16岁）起，超过80%的瑞士学生选择进入职业技术学校开展3—4年的"双元制"课程学习，只有20%左右的学生选择读大学。瑞士、德国和奥地利是双元制教育落实得最好的三个国家。瑞士培养工程师的大学共有两所联邦理工学院（ETH和EPFL，具有从学士到博士学位授予权）和八所应用科技大学（具有学士到硕士学位授予权），将学生的动手能力训练得相当扎实。

三　课程体系结构松散，纵横梯度和广度不够

课程体系结构的松散性导致学生缺乏整体性、逻辑性、层次性的知识体系，知识难以转化为可迁移的解决问题的能力。在课程体系结构上，其主要表现为以下两个方面：一是从纵向上来看，课程体系的梯度设计不合理。从大一到大四课程梯度不明显，从低阶思维到高阶思维深度不明显，缺乏真正的创新、创业课程以及实践实习科研。而且由于大学课程设置因人开设，专业课程内容之间重复，也导致了课程体系的梯度不够。二是从横向上来看，课程体系的整体结构性欠缺。近年来，我国高校课程改革注

---

① 张乃琳：《搜狐："瑞士机床'断供'，中国面临怎样的威胁？"》，https://www.sohu.com/a/484009762_99985415。

重基础、宽口径和跨学科人才培养，通识核心课程、文化素养课程、学科基础课程、学科大类平台等选修课比例增加。而所谓的通识课程是将英语、计算机、政治理论课、职业规划课等专业课程以外的课程统统列为通识课程，缺乏课程体系的结构性与层次性，也误解了通识课程的本然诉求。西方通识课程即核心课程，包括历史与现在、东方与西方、人文与自然等多个维度，注重培养学生多元贯通的价值观和理性思维方式，是综合化、跨学科、创新型人才培养的基础。当下，创新型人才的培养更离不开基础性、跨学科性、广博化的知识基础、思维与情意基础。

	德国和瑞士的双元制教育			
19—20	夜校 Evening College	技术院校 Technical College	自学考试 Matriculation Exam School	大学 University
16 (10年级)		学徒制教育/Apprenticeship 3—4年	普通高中 3—5年	高中 Long term Secondary School 6—5年
13 (7年级)		初中/Middle School		
7 (1年级)		小学/Primary School		
4—5		幼儿园/Kindergarten（4/5/6岁入园）		

图 8-1　德国和瑞士的双元制教育[①]

四　课程内容反映新知识新科技创新成果不够迅速

通过访谈笔者发现，工科学生的课程满意度之所以最低，是因为工科对技能技术有更强的实践需求，但社会信息化与工业化融合产生的新技术、新技能未能及时进入课堂，课程明显落后于科技发展和时代变化。据了解，有些工科课程内容仍是 20 世纪 80 年代的内容，30 多年少有更新，不能满足学生求知欲和实践需求。对在读硕士研究生和已就业本科毕业生的调查也反映了类似的问题。这两类学生对"课程体系与内容"

[①] 张乃琳：《搜狐："瑞士机床'断供'，中国面临怎样的威胁？"》，https://www.sohu.com/a/484009762_99985415。

的满意度之所以都最低，是因为所学课程内容的广深性、前沿性以及方法论知识普遍不够。在读硕士研究生普遍反映，本科课程内容学科化倾向强，缺乏对学科前沿性动态的及时反映，无法满足学生对学科最新动态的需求。已就业本科毕业生也认为所学课程不能帮助他们成为专门人才，专业课理论脱离实际、知识分化太细，都致使学生掌握的知识支离破碎，无法建构有效的知识结构。调研数据显示，只有约 1/4 的被调查者对大学课程广深性"比较满意"；而对课程广深性"一般"、"不满意"或"非常不满意"的被调查者约占总数的 3/4。

五　课程设置容纳跨学科理论方法不够宽广丰富

当今学科交叉融合加快，新学科不断涌现，尤其是最近十年新技术、新理论都在交叉领域诞生的创新现实，更凸显了跨学科课程在高校本科课程设置中的重要地位。当前我国大学课程设置主要是按照公共基础课、专业基础课、专业课以及必选课的结构组织的。这种课程设置方式过分强调分科课程设置，缺少跨学科课程设置和问题中心课程，学生解决实践问题的能力得不到较好的训练。同时，不同学科、院校共享资源的欠缺也在很大程度上影响了跨学科课程实施的效果。通过对在读硕士研究生的调查和对其学位论文的分析发现，由于跨学科知识的缺乏、学科前沿知识的欠缺以及方法论知识的匮乏，在读硕士研究生科研创新视野窄化，研究力不从心。就通识课的实施而言，由于院校普遍追求公选课的课程门类与数量，导致课程体系杂乱，课程内容缺乏必要的深度与广度；就实践课程的实施而言，高校进人政策的某些负面影响不可小觑。高校几乎全都要求新进教师为博士且特别青睐"985"高校的博士，有的甚至要求"三个985"，即本科、硕士、博士三个学位都在"985"高校获得。"高学历教师的学术训练背景使得教师呈现出高度的学术化倾向，而这种倾向又不可避免地折射至院校的课程设置，导致专业教育的实践应用性淡化。"[1] 这批人才逐渐成为高校教师主体，他们往往拥有较好的科研素养，但缺乏必要的教学专业性，这正是学生课程满意度低的重要原因。

---

[1] 鲍威：《未完成的转型：高等教育影响力与学生发展》，教育科学出版社 2014 年版，第 220 页。

六 教师的教学与研究协同发展程度不够高

一部分高校教师坚持"述而不作、明辨笃行",即不做研究,单纯以传授知识为目的。这种教学传统使得教学所具有的无限丰富性和价值被遮蔽,从深层意义上架空了深度学习、创造精神、实践能力、人文素养等丰富性的指标,使得课程改革的应然目标在官方的课程与教学中迷失。除此之外,更普遍的现象是许多教师科学研究与教学脱离。当前,高校教师的教学与科研孰轻孰重依然是人们讨论的热门话题,高校与教师更加偏向于与教学无关的科研,导致了大学教学作为学术性的缺失。正如前哈佛学院院长哈瑞·刘易斯(Lewis H.)所说:"大学已经忘记了更重要的教育学生的任务。作为知识的创造者和存贮地,这些大学是成功的,但他们忘记了本科教育的基本任务是帮助十几岁的人成为二十几岁的人,让他们了解自我、探索自己生活的远大目标,毕业时成为一个更加成熟的人。"[1]

任何教育形式都无法离开课程,很多发达国家可以没有专业,但不能没有课程。课程是人才培养的核心,一所大学培养目标的实现离不开基于本校教育哲学的逻辑清晰、结构完整的课程体系。近年来,我国大学课程体系一直处于重构阶段,但由于相关理论的欠缺导致缺乏清晰的课程建设理念,尤其是对大学课程体系仍然鲜有系统化的改革思路。[2] 同时,真正基于深层逻辑的反思和建构的缺失也使得研究成果往往处于表层、肤浅之处,难以真正达成预期目标。例如,当大批专家学者批判毕业生视野狭窄、综合素养低、实践能力不足、解决问题的能力差等问题之后,一些大学便开始着手修订课程方案,力图通过增加通识课与实践课的课时予以解决。但是,这些大学往往对到底哪些课程知识才是通识教育核心课程,如何设计核心课程,课程层次应该怎样设计,怎样进行跨学科、跨专业设置,实践课程与理论课程之间的逻辑关系是怎样的,实践课时增加多少最为合适,其深度和广度如何拓展等问题都缺乏结构性和深度的考察与思考,这也直接导致了课程改革效果的不尽如人意。

---

[1] [美]Harry R. lewis:《失去灵魂的卓越——哈佛是如何忘记教育宗旨的》(第2版),华东师范大学出版社2012年版,第10页。

[2] 刘道玉:《论高校本科课程体系的改革》,《高教探索》2009年第1期。

第九章

制造强国战略背景下普通高校本科课程体系建构

当前,新的科技和产业革命正在重构人类的生产方式、生活方式、思维方式和价值观。为迎接这种"世界百年未有之大变局",近年来教育部召开多次会议,出台多个文件,提出"以本为本"、"六卓越一拔尖"以及建设"四新"学科,以全力打造"教育强国",促进高等教育改革;党的十九届五中全会也作出"建设高质量教育体系"的重要战略部署。落实这些政策最重要的抓手就是建设一流的本科课程体系,吴岩司长也多次提到"教育改革改到深处是课程"。但长期以来,我国大学课程建设主要基于自上而下的学科逻辑或学者与教师的直觉经验和感性思维,以及对国外大学课程改革的经验借鉴,既缺少自下而上的基于"证据"的理论建设,也缺少中国本土的课程建设逻辑体系,致使大学课程建设存在突出的价值模糊、认识错位、方法模型欠缺等问题。因此,厘清制造强国战略背景下高校本科课程体系建设的逻辑向度、加强高校本科课程建设的教育自觉、探讨制造强国战略背景下普通高校本科课程体系的创新路径是当前亟待解决的重要任务。

第一节 制造强国战略背景下普通高校本科课程体系建设的逻辑向度

探讨制造强国战略背景下普通高校本科课程体系建设,首先应从价值论、认识论和方法论上澄清课程体系建设的基本逻辑向度,这也是普通高校本科课程体系建设的理论基础。

一 制造强国战略背景下普通高校本科课程体系建设的价值论向度

习近平总书记提出"培养什么人是教育的首要问题",规约了大学课程建设的逻辑起点是"培养什么样的人",决定了教育的根本任务和目标方向。在这一问题上,党的十八大以来习近平总书记着眼于中华民族伟大复兴,从治国理政的战略高度提出了许多重要的观点,为我们描绘了大学课程建设的思想图景,指明了课程建设的方向性、全局性、战略性等重大问题。因此,立足国家的人才需求,对课程进行价值性建构成为当前大学课程改革的基本向度。

(一) 课程体系建设本质上是一个价值过程

大学课程建设是一项人为和为人的活动,本身内含着伦理性和价值性,因此这一活动本质上是一个价值过程,是大学课程建设者和实践者"致知"和反求诸己的过程。"就课程而言,它也不是'价值中立'或文化无涉的纯粹知识活动,作为课程的理性认识和其他任何认识活动一样,对于概念构架的任何选择,都是以价值为先决条件的。当人们在选择一个描述日常教育活动和社会关系的课程架构时,必然首先涉及价值。"[1] 阿普尔(Michael W. Apple)也曾讲,"学校课程知识选择的过程是主观意义上的知识价值审视过程"。[2] 近年来,我国学者开始反思专业课程体系的弊端:课程体系目标不清晰,各专业之间交叉融合,课程体系结构松散、缺乏连贯性,课程内容重复、纵向上梯度不够、横向上广度不够等。还有人批判"大学培养的人虽能满足社会对职业和科技人才的一时需求,但往往缺乏远见与创造力,对社会的责任心和道德素质亦显不足"。[3] 这些问题很大程度上都与缺乏正确而清晰的价值目标有关。

(二) 课程建设本身的前瞻性、预设性特点,需要正确的价值逻辑

课程建设者应积极自觉地将社会主义核心价值观融入课程的理解与

---

[1] 丁钢:《价值取向:课程文化的观点》,《北京大学教育评论》2003年第1期。
[2] [美] 迈克尔·阿普尔:《教科书政治学》,侯定凯译,华东师范大学出版社2005年版,第16页。
[3] 谢鑫、张红霞:《一流大学本科教育的课程体系建设:优先属性与基本架构》,《江苏高教》2019年第7期。

建构之中，发挥课程的教育价值，实现立德树人的根本目的，从而规避价值混乱导致的迷失和无所适从，因应习近平总书记提出的"面向世界科技前沿、面向经济主战场、面向国家重大需求"的高等教育人才要求，使大学适应全球化、信息化、智能化时代带来的挑战，避免大学各专业领域新业态、新产业方面的"配角"和"跟跑"尴尬，使产业升级、制造业强国过程中暴露的问题在大学课程建设过程中找到抓手，真正培养适合时代的复合型、创造型、研究型和高层次人才，才能正确回答第四次工业革命和智能化时代下课程到底是怎样的、具备哪些特征等核心问题，而不是冷冰冰的几条理论建议。只有在正确价值观的引领下，才能诞生真正的"三新专业"，即通过对原有专业与课程体系的升级改造产生新型专业；通过对专业与课程体系改造产生新兴专业；通过专业内或不同专业的交叉整合产生新生专业，以适应科技革命和新业态的人才需求。

（三）"以人为本"是高校本科课程建设的逻辑起点

教育的本质与目的是促进人的发展，本科课程建设必然围绕人的发展这一本质，合目的性与规律性是高校本科课程建设的追求。课程不是既定价格与执行标准的件件商品，课程建设也不是工厂里的生产流水线，中国传统儒家思想强调取法天地于自然之道，并最终回归于人伦之道，大学课程建设也必须回归到其终极目的——学生的发展。但长期以来我国的大学课程建设更多的是考虑学科发展而不是学生发展；强调学生应该学习怎样的课程内容，而不是怎样的学习方式能够真正促进学生的发展，无法达成学生生命意义的成长。大学课程建设者只有树立以人为本的高等教育课程观，清晰把握课程与学生发展的关系，厘清课程内部和课程之间的逻辑关系，将促进学生生命完整成长作为旨趣，使学生在学习中感悟生命、体验生命、发展生命和彰显生命，才能成为社会责任担当人。

二 制造强国战略背景下普通高校本科课程体系建设的认识论向度

有学者认为格物致知是儒家的认识论原则。《大学》第六章中说，"至于用力之久，而一旦豁然贯通焉，则众物之表里精粗无不到，而吾心之全体大用无不明矣。此谓物格，此谓知之至"。即认为获得知识的途径是通过主体对事物的实践认识和深入探究，而不是仅仅从书本上获得知识，强调的是认识主体性逻辑而非纯客体性逻辑，这是其一大特色。因为天下万事万物都有其背后的原型或原理，要想获得真知，就必须通过接触事物并彻底探究其原理。经过长期探究学习，终会豁然贯通，并使自己的认识能力得到彻底发挥和提升，这实质上是实践认识论的体现。其"知"是具体的，不是抽象的，是在洞察事物的实践过程中达到觉解的境界。大学课程建设的过程也应是具体的，而非抽象的，是建立在动态的、真实的实践过程之中的，体现的是课程建设主体思维的本质特征和内在机制，课程建设的过程表明了课程建设者与课程之间的逻辑互动关系，使认识从客体性逻辑转向主体性逻辑。就认识论而言，这也是在探究人、己的过程中获得的理论与行为准则；就逻辑本质而言，这一准则强调课程建设主体的反求诸己，是对自己认识的理性自觉和自我规范。

（一）课程体系建设是课程逻辑的重构过程

《大学》中的"八目"本身就是环环相扣又互为条件的，所谓"修身在正其心""治国必先齐其家"说明要立足于事物之间的逻辑，挖掘事物之间的联系，只有厘清事物内在的逻辑才能透析其真理。人的认识是一个由浅入深的过程，人类知识体系也是一个有层次、有结构的逻辑整体。大学课程建设作为一种有目的、有计划、有组织、有影响的社会活动，本身就是一种逻辑的存在，是课程建设主体基于自身立场和对经济社会发展需求、学科发展需求、学习者个体发展需求理解的基础上，对课程知识的最优化组织，而不是对课程知识或若干课程的简单相加，任何缺乏课程逻辑的建构都会造成学生学习的混乱和使用的低效。行为经济学家卡尼曼（Raniol Kahneman）在《思考：快与慢》中将人类的思维模式分为快思考与慢思考两个系统，快思考是依赖直觉、经验的、无意识的思考系统；慢思考则是有意识的、逻辑理性的思考系统。而在人类的行为中由于慢思考系统的惰性，很多时候是快思考占主导，而依赖直觉的快思考存在很多缺陷，容易导致种种偏见和失误。深究大学课程存在的诸多问题概因在课程决策中直观经验多、理性思考少。美国课程论学者塔巴（Hilda Taba）也曾说过，"课程建设大部分是根据压力、凭借直觉或者权宜之计做出来的，而不是以清晰的理论思考或者经过检验的知识为基础……"① 由此可以看出，使得课程建设理论建构短视，甚至混乱、低效，使我国大学课程中的课程纵向梯度不够、横向逻辑不足的原因就在于此。课程的纵向梯度不够说明课程内容与学生能力、先修课程与后置课程等之间的逻辑性不够；课程的横向逻辑不足说明了通识课程、专业课程、实践课程、跨学科课程等各类课程建设中缺乏系统合理的课程整体规划。因此在课程建设中应有意识地用慢思考系统去弥补，以提高大学课程的质量。所谓课程逻辑是课程建设过程中逐渐形成的相对稳定的组合格局和态势，它至少包括课程目标的价值逻辑、课程内容的结构逻辑和课程实施的规范逻辑，三者共同构成了课程对产业发展、学生发展及专业知识发展三重需求。课程建设者只有具有正确的认识论基础才能厘清课程知识之间的内在逻辑，才能建设一流的课程。因此大学课程建设者应不断增强自身认识的深度和理论自觉，怀有教育的责任感、使命感和时代的敏锐感，立足大学现实问题和学生发展实际，及时掌握知识信息的主动权，对学校课程建设中的育人观念、课程理论、实施方式等进行反思性调整，在批判、改革、借鉴的基础上实现新旧更迭，不断进行课程建设的自我否定与超越。

（二）在笃实务本中建构高校本科课程体系

受传统课程观念和教育惯性的影响，我国大学课程实体化、同质化严重，深陷发展困境与危机之中：课程定位不能精准指向社会需求、课程建设难以学生为本、课程内容不能迅速反映新知识新科技创新成果、课程设置不能培养学生的跨学科能力、课程价值观迷失等。还有学者运用国外"课程矩阵"技术，在考察了某专业课程体系与目标体系的一致性后得出如下结论：一是课程重复，几门课程同时指向一个专业子目标；二是无关课程，即某些课程与专业目标没有任何相关性；三是目标虚置，有些专业目标没有任何课程支撑等，② 这些都是当下高校本科课程建设中存在的突出问题。其原因主要在于我国大学课程建设过程中缺乏务实精

---

① H. Taba, *Curriculum Development: Theory and Practice*, New York: Harcourt, Brace and World, 1962, p. 9.

② 周光礼：《"双一流"建设中的学术突破——论大学学科、专业、课程一体化建设》，《教育研究》2016 年第 5 期。

神，主要表现为三个方面：一是课程建设不是基于现实性问题，缺乏对大学课程现实性问题的理解与思考；二是缺乏对政策的深刻思考与深层解读，甚至断章取义，简单粗暴地执行，欠缺什么就补什么；三是缺少对大学课程本体的结构化研究，使课程体系缺乏系统性，课程建设缺乏"格物致知"的精神和笃实务本的作风。所谓笃实，就是在大学课程建设上，各校要立足于本校和本专业实际，以学校的现实问题、环境、文化等为基础，实事求是地寻求自身发展的出路，不能高估，也不能过分"谦虚"，而要务实、戒骄戒躁，形成格物致知的风气，创建务实创新的学风。对现实问题解决的程度是判断大学课程建设有效性的基本标准。因此，应将现实问题作为大学课程建设的起点，强化问题意识，坚持问题导向，对国外理论、模式的引进也要经过吸收、消化和本土化改造后再行使用。所谓务本，乃致力于根本，高校本科课程建设的根本即是坚持以学生发展为本，坚持笃实务本，精准定位课程建设的发展方向，回答好"培养怎样的人"这一贯穿大学课程建设全过程的重要议题。

（三）提高高校本科课程建设者的主体责任意识

诠释学家伽达默尔（Hans. Georgcadamer）曾说，作品的价值并不在于作品本身的内容，作品本身只是构成其存在价值的要素，它的真正意义在于基于历史逻辑之上的、不同时代中不同人物对作品的阐释与再现。大学课程建设不是课程专家的事情，而是教师的事情，教师对课程的理解、诠释决定了课程的价值与意义，教师是学校课程建设的主体。教师是否有担当、是否有课程责任意识、是否具备课程建设能力、是否具有专业判断力以及对教育的敏感性等，往往决定了学校课程的科学性和培养目标的达成度。"课程建设的内在驱动力是教师主体意识的觉醒，它决定了教师在日常课程实践过程中的自我存在与责任，意味着教师能够自觉审视课程的价值追求，主动改变自我的行为方式，满足学生内在发展需求。"[1] 教师课程建设的主体责任意味着教师能够自觉地承担起用先进的思想与理念引领课程发展的责任，这本身是一种信念、情怀和责任。教师课程建设的过程是教师对未来人才画像的预测、判断、构想与架构

---

[1] 刘天宇、周海银：《我国先进制造业重点领域人才职业能力需求研究——基于2498条先进制造业招聘信息的分析》，《中国成人教育》2021年第5期。

的过程，因为大学课程是未来人才成长的载体。因此大学教师应具备对课程建设的各要素、各种内外部关系进行理性认识和反思的能力，包括对教育政策的理解与把握、课程方案的制定与实施、课程建构的理论与实践等，从而建构适合学生发展与社会进步的课程。教师也正是在课程建设整体思考的过程中提升其自身的职业责任感和专业能力，从而形成良性循环机制。

三　制造强国战略背景下普通高校本科课程体系建设的方法论向度

大学课程建设是一种教师参与的实践活动，需要先进的课程理论和正确的方法论指导，但当前大学课程建设恰恰缺乏系统的理论指导和恰当的方法论模型。一方面，对教师而言，很多课程理论都是独立于教师课程理解之外的，与教师的实践活动格格不入。这种课程理论研究者重视的往往是具有普遍性、客观性和真理性的理论建构，其研究起点是概念理论体系，而不是活生生的现实问题。杜威将这种理论建构称为"旁观式认识论"[1]，施瓦布批判这种课程理论已"穷途末路"，课程理论的六大危机：课程研究者逃避自己研究的领域本身、不关注课程实践问题、为课程研究而研究、使课程理论旁落、理论脱离实践、老调重弹。教师对课程建设理论的理解往往是片面的和不系统的，难以转化为实践的方法。一直以来学校管理者的应对方法也往往是妄图通过一两场专家报告就能改变教师，从而提高教师的课程能力，事实证明这是难以实现的。课程理论成了"旁观式的理论"，同样，拿着此类概念体系去演绎实践方法，更难以产生契合的方法论。在课程发展史上，西方发达国家一直重视课程建构的方法论，为我们提供了一些好的案例，但我国的课程建设研究更喜欢自上而下从理论或经验中推演方法，因此很多研究成果提不出具体的方法、模型，而是列出一系列不痛不痒的原则体系，导致课程建设中出现大量无所适从和随意现象。

（一）建立课程建设的整体论思维

贝塔朗菲（Bertalanffy, L. V.）曾说："任何系统都是一个有机整体，

---

[1] ［美］约翰·杜威：《确定性的寻求——关于知性关系的研究》，傅统先译，上海人民出版社2005年版，第16页。

而不是各个部分的机械组合或简单相加，系统整体功能是各要素在孤立状态下所没有的性质。"① 大学课程不是孤立的个体，它与学校培养目标、毕业要求一起形成大学"三位一体"的育人模型，发挥整体育人功能。大学课程的诸多问题都与培养目标模糊、毕业要求不具体、课程体系松散或者三者之间没有建立有效的证据链有关。因此课程建设首先应建立培养目标、毕业要求、课程体系的三维证据链。

1. 课程建设者应清晰理解三个方案（见图 9-1）

（1）确定培养目标。培养目标是对毕业生职业能力的预期，准确的目标定位是对学校或专业人才的素质、服务面向以及人才的总体描述，通过对毕业生和服务领域的考察，可以判断是否符合毕业后服务领域的需求，因此培养目标应具体明确。

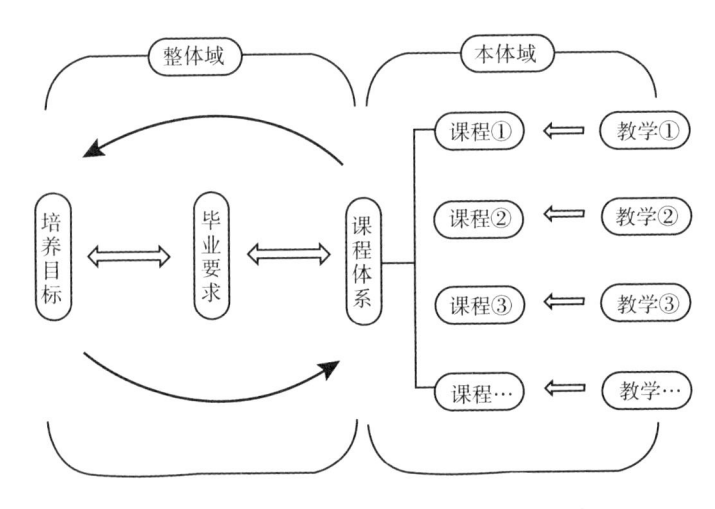

图 9-1 课程体系在其整体域、本体域中的关系

（2）确定毕业要求，即对在校生毕业能力的承诺。这是对学生毕业时应掌握的知识、素质与能力的具体描述，如学生应该具有什么知识与能力、承担什么责任，学生的道德取向、人文关怀和社会责任如何，应具备怎样的素养，包括学生应具备的素质与潜在的职业发展能力。毕业要求既是实现培养目标的保证，又是建构课程体系的依据。

---

① 赵俊：《贝塔朗菲的符号概念》，《科学经济社会》1999 年第 2 期。

(3) 确立课程体系。课程体系应明确可测，覆盖毕业要求，这是专业能力能否落实的重点。

2. 科学制定三类课程矩阵

(1) 建立培养目标与毕业要求的关系链，即培养目标与毕业要求的对应关系矩阵（见表9-1）。培养目标是毕业要求制定的依据，学校的人才出口能力应当支撑其专业定位与育人理念，体现专业特色与水平。因此大学要明确培养目标，跟踪社会改革新发展，跟踪行业岗位新需要，核验培养目标与毕业要求的关联度。这样可以将同时支撑一个培养目标的重复课程进行整合，将与培养目标无关的课程进行剔除，弥补开设培养目标中没有任何课程支撑的新课程，从而建构基于证据的课程体系，将非大学课程、伪大学课程、低价值甚或无价值大学课程赶出大学课堂，同时也间接规定了大学课程的准入标准。在培养目标能够满足社会需求的基础之上，毕业要求应当对照查明，是否能够满足对培养目标的践行，当未能与培养目标相匹配时，可适时调整或取缔。大学教育的根本目的是培养人才，而人才培养的目的是给予国家以发展的人才支撑，毕业要求代表着学生毕业时的即时能力，也象征着学校能为社会所出口的人才水平，就某种程度而言，大学毕业要求的设定应当与国家企事业发展方向相一致。因此，融通大学课程与社会需求已不能在课程基础上做简单的加减法，而是要深谙国家与企事业发展的内核方向，并将其明确体现在毕业要求中。如此一来，不仅能够缩小毕业要求与培养目标之间的距离，实现从高校本科课程体系到市场需求的联结，也能在专业性和综合性中寻求价值平衡，淡化学校教育与社会工作之间的界限，使学生更好地适应工作。

表9-1　　　　　　　培养目标与毕业要求对应关系矩阵

	培养目标1	培养目标2	培养目标3	培养目标4	培养目标5	培养目标6
毕业要求1						
毕业要求2						
毕业要求3						
毕业要求4						

续表

	培养目标1	培养目标2	培养目标3	培养目标4	培养目标5	培养目标6
毕业要求5						
毕业要求6						
毕业要求7						
毕业要求8						
毕业要求9						

注：在二者相对应匹配的位置打√。

(2) 毕业要求与课程设置矩阵。高校本科课程体系往往具备中矩性、理论性、专业性的特点，而社会需求则具有灵活性、实操性、综合性等特征。从毕业要求所代表的大学生职业能力的角度出发，处理好大学课程与社会需求之间的错位矛盾，既能够建立起明确而科学的毕业要求，还能够使高校本科课程体系的设计更具指向性、有效性。优质而合理的毕业要求，应当细化为不同的指标点，并在其广度和深度上检验课程目标、课程内容、课程实施的全阶段内容，对学生应当掌握的知识和能力进行具体描述。分解毕业要求，落实、评价各项毕业指标点，是逆向设计大学课程体系的重要内容。

高校需将毕业要求与课程体系中各项课程的达标程度进行匹配，在将毕业要求的每一项细化为不同的指标点后，可借助布鲁姆教育目标分类学中对认知维度的划分，在相应位置做出从L1—L6的评价，直观检验课程体系是否能够达到毕业要求的内容，为进一步改善课程体系提供评价指标（见表9-2）。我国高校本科课程体系中的课程类别和分配比例往往是常年不变的，即使是进行调整一般也要等到下一届学生，大学课程的更新也需要通过复杂的课程大纲、课程计划等的编写和审批程序，而社会需求往往随着时代的变化而迅速变化着，这一滞后问题导致大学课程知识总是跟不上时代发展的步伐，无法满足行业需要。毕业要求是构建专业知识结构、形成课程体系以及开展教学活动的根本依据。大学依据毕业要求逆向设计课程体系，需时时调研专业对口企事业单位的发展方向，关注相关专业研究领域的前沿动态，勇于剔除那些已经废止和落伍的课程思想、知识和技能，跟踪职业先进科技和时代前沿问题，缩短课程改革的进程周期，使"供给"双方能够稳固在一个相对一致的规律中，互相促进和补充。

表9-2　　　　　　　　　毕业要求与课程对应关联矩阵

	毕业要求1			毕业要求2			毕业要求3			毕业要求4		
	指标点1	指标点2	指标点3	指标点1	指标点2	指标点3	指标点1	指标点2	指标点3	指标点1	指标点2	指标点3
课程1												
课程2												
课程3												
课程4												
课程5												
课程6												
课程7												
课程8												
课程9												
课程10												
课程11												
课程12												

布鲁姆教育目标分类法认知维度：L1：记忆 L2：理解 L3：运用 L4：分析 L5：评价 L6：创造

（3）建立课程体系与培养目标关系链（见表9-3）。课程体系的建立，其最根本的目的是实现人才培养，培养目标是一个学校对人才培养预期的概述。课程体系的建设应当以培养目标为导向，聚焦学校定位和发展目标，深度剖析课程所存在的价值和取向，检验课程体系是否能够覆盖学校培养目标的预期，在培养目标与课程的对应关系中查漏补缺，同时建立起不同课程之间所包含的类同属性，建立课程与课程的微观证据链，使课程体系能够形成对知识的科学统整。

表9-3　　　　　　　　　培养目标与课程体系对应关系矩阵

	培养目标1	培养目标2	培养目标3	培养目标4	培养目标5	培养目标6
课程1						
课程2						

续表

	培养目标1	培养目标2	培养目标3	培养目标4	培养目标5	培养目标6
课程3						
课程4						
课程5						
课程6						
课程7						
课程8						
课程9						

注：在二者相对应匹配的位置打√。

我国大学的课程评价往往以考试、考核的形式呈现，强调学生对理论知识的掌握，主要解决一些专业方面的原理性问题，倾向于应试知识的积累，这也是中国教育环境中的常态。而制造强国战略背景下的国家发展境域，决定着社会更需要的是能够创造效益的实用性、实操性技术技能，大学应将对书面化理论知识的要求适时转为能够创造实用价值的实践知识要求，将理论性知识置于实践过程中去理解和转化，使学生不仅能够掌握原理性的理论基础，还能有解决问题、分析应用的技术技能水平，更加贴合于市场对人才的需求。

（二）创建基于本土的课程建设方法模型

任何社会系统的建构都离不开方法框架模型的架构，因为它反映了人们对事物本身的认识水平、理解程度和价值定位。只有形成了正确的理论模型和思维方法，才能正确地处理周遭各种关系与要素，使得其有序、规范和健康的发展。由于历史的原因，我国高校本科课程建设理论和方法论的研究薄弱，尚未形成课程建设的框架模型，导致课程体系建设"头痛医头，脚痛医脚"的现象。例如，一提到毕业生通识能力的缺失，大学的反应就是增加通识课的课时，但具体怎样增加、如何增加、增加什么等，都缺乏有效的改革依据；提到学生实践能力的缺失，便增设实践或实习课时，但实践学习的效果如何、程度深浅无从得知。同时，我国大学课程体系相对固化，脱离行业需求与技术进步，行业技术的更迭远远超出大学课程对学生知识与能力培养的速度。毕业生在访谈中存有怨言,"专业课中学习到的理论知识多而杂,很多在工作中是应用不到的,工作中往往需要的是专而精的能力","大学课程所学到的知识很多都已经过时了,早已淘汰了的理论和技术却是大学课程的重要内容",毕业生普遍认为大学课程知识与行业就业所需存在很大的缝隙。G 集团人力资源主任表示:"大学课程内容更新太慢,很多新的专业、新的工艺都没有进入大学课程。例如意大利引进的先进技术 ESP(电控行驶平稳系统),高校毕业生对其几乎是一无所知,出了故障需要请外国人来维修。再比如说现在世界最先进的、众人所知的 5G 技术,在大学课程里居然没有一个前沿性的模块内容来介绍。可以说目前我国的大学课程远远跟不上时代发展的脚步。"这些问题的出现主要源于大学课程缺少基于本土的框架模型,造成课程体系在现实建设中的逻辑混乱。

因此,当下大学课程建设应立足我国高校实际,学习和借鉴国外研究成果和成功经验,坚持守正创新,遵循传承本土文化传统,在继承中创新,形成适合我国国情的、具有中国特色的课程建设框架模型,将大学课程建设推向新高度。

第二节 制造强国战略背景下普通高校本科课程体系建设的教育自觉

高质量发展是新时代中国经济社会发展的重要目标,高等教育高质量发展是其中的应有之义。实现高等教育高质量发展,需要加强以大学教师教育自觉为引领的课程建设。课程问题关乎人才培养质量与规格,但对于很多大学教师和学生而言,课程似乎是一个无须研究与言说而具有"自知之明"的概念:课程即教学科目和知识内容。这种"自明性"将课程置于静态知识体系的状态,课程建设被视为专家学者的工作"事项",而不是大学教师主体对课程的自识、自觉与自然的建构过程。这种客观主义认识论立场下的课程被赋予了工具性品质,凸显了课程知识的客观存在,忽视了课程的意义建构品质,致使课程建设主体性、自觉性与行为性丧失,课程的教育意义缺失。课程问题本质上是一个教育问题,离开了教育也就不存在课程,因此课程问题的解决应求助于教育学立场,教育的本质与目的理应成为大学课程建设的逻辑起点。

一 高校课程建设教育自觉的意蕴

"自觉"是以人为主体的，人的主体性是自觉性的前提条件，没有人的主体性也就没有自觉性。一所大学是否具有高度的教育自觉，是否具有自主课程建设的意识与能力，不仅关系到课程自身发展繁荣，而且决定着一所大学的前途命运。当今大学发展的新形势、新任务迫切需要我们增强教师课程建设的教育自觉。美国学者弗兰克·H. T. 罗德斯（Frank H. T. Rhodes）在《创造未来：美国大学的作用》中明确提出课程建设是教师的责任，需要考虑学校应该培养什么样的学生，以此为出发点寻求课程的改进。因此本书将大学教师课程建设的教育自觉定义为大学教师依据教育规律，从教育的本质与目的立场上自觉地对待课程问题的观念和处理课程问题的方式，其内涵至少有三个方面。

（一）课程建设的逻辑起点是人的发展

教育的本质与目的是促进人的发展，课程建设必然围绕人的发展这一本质，合目的性与规律性是大学课程建设的追求。美国哈佛大学前校长德里克·博克（Derek Bok）曾指出："高等教育界关于课程探讨的薄弱之处在于大学教授往往将全部时间用来考虑学生应该学习的内容，而不考虑他们如何学得最有效率，以及是否学到了应该学的知识。"[1] 也就是说，一个受过高等教育的人的标志不是他拥有了多少知识，而是他有意义的学习方式，以及学习这些知识的意义。课程仅仅提供了学生发展的手段，通过这一特殊手段使其生命得以成长。由于大学课程知识对学生发展的价值不同，因此课程设置与课程体系建设应符合学生特点与学科逻辑，"最坏的情况是专业之间是一些不相关课程，每门课程都有各自的兴趣和处理问题的方式，并且最为关键的是它们对于自己的研究方法和学科规划都缺少批判的检验"[2]。因此大学课程建设者首先应清晰把握大学课程与学生发展的关系，厘清各门课程之间的关系与逻辑，以最终

---

[1] ［美］德里克·博克：《美国高等教育》，乔佳义编译，北京师范学院出版社1991年版，第137页。

[2] ［美］弗兰克·H. T. 罗德斯：《创造未来：美国大学的作用》，王晓阳等译，清华大学出版社2007年版，第130页。

促进学生发展的最大化,尽力避免专业上不相关和无价值课程的涌入。

(二)课程建设的内在动力是教师主体意识的觉醒

教师主体意识是教师课程建设教育自觉最根本的特征,它决定了教师在日常课程实践过程中的自我存在与责任,意味着教师能够自觉审视课程的价值追求,主动改变自我的行为方式,以满足学生内在发展需求。英国学者斯腾豪斯(Lawrence Stenhouse)提出"教师即研究者",在他看来,"教师应该处于课程研究的中心,学校教育改进的主要意义是课程研究与开发应该属于教师"[1]。即强调教师课程主体的重要性,它与课程建设教育自觉的理性本质相辅相成,只有具有课程建设的主体性,教师才能自觉地审视课程的过去、现在与未来,并主动从习惯和经验状态中走出来,逐渐形成一种自知、自主、自觉和主动的精神状态,教师课程建设才能从自在走向自为,从他者走向自我转变。

(三)课程建设的关键是教师自身课程能力的提升

关于课程与教师的关系,早在20世纪60年代美国学者施瓦布就提出了"教师即课程"观点,英国教育学者斯腾豪斯提出"教师即研究者""没有教师的发展就没有课程的发展"。[2] 他认为,"所有基础牢固的课程研究与开发,不论是教师个体的工作,还是一所学校的工作,一个教师中心工作小组的工作,或从事全国性项目协调工作小组的工作,都依赖于教师,教师们自己也应该从事这一研究",[3] 强调教师课程建设的重要性,赋予教师课程建设的主体视野与价值关怀。历史证明,任何舍弃了教师的课程理论建构与实践改革最终都会走向失败和低效,20世纪50年代布鲁纳(J. S. Bruner)的结构主义课程改革失败的原因就是舍弃了教师的参与。20世纪70年代末美国学者卡罗尔·H. 帕赞达克(Carol H. Pazandak)呼吁,"大学课程建设模型应将教师融入其中,课程模型应

---

[1] Lawrence Stenhouse, *An Introduction to Curriculum and Development*, London: Heinemann, 1975, p. 142.

[2] [英]约翰·埃里奥特、王红宇:《教师在课程发展中的作用:一个英国课程改革尚未解决的问题》,《外国中小学教育》1993年第4期。

[3] Lawrence Stenhouse, *An Introduction to Curriculum and Development*, London: Heinemann, 1975, p. 143.

建立在教师学术领域之上"。① 只有赋予教师课程专业权力,提高教师课程建设能力,才是大学课程建设的合理性选择。

二 高校课程建设教育自觉的价值

当前,就大学课程存在的问题而言,教师课程建设的教育自觉至少能够加速几个迫切问题的解决。

(一)有助于达成大学课程目标、专业目标与培养目标的一致性

培养目标是大学课程建设的出发点,它决定了学校课程实践的基本价值取向。我国很多大学的培养目标并未体现学校的价值观,专业目标也没有在课程中得到明确表达。从学校培养目标到专业目标再到课程与教学目标,既缺少具体、明确的目标要求和精心设计,也缺少必要的逻辑和证据链。如有的大学将培养目标表述为"有利于使学生掌握认识和改造世界的各种思路和方法;有利于加强大学生的人文素质、创新能力和基础知识;有利于促进不同学科的交叉渗透……"相关表述都较为抽象,难以达成。但教师对此习惯于置若罔闻,不考虑课程与培养目标之间、课程与专业目标之间的关系,更不考虑其与其他课程之间的关系。教师更多的是按照自己的研究兴趣授课,所以多门课程内容之间重复、交叉,或陈旧、缺席。笔者通过对2017年本科教学评估中的四个专业的124门课程进行抽查,考察其课程设置与专业培养目标体系的一致性、课程目标与课程内容的一致性问题,结果出乎意料,有些专业的几门课程同时指向一个专业子目标,有些课程设置与专业目标没有任何相关性,还有些专业目标没有任何课程的支撑等,这些问题必然导致课程实施的混乱。教师课程建设教育自觉的提出能够较好地促使教师主动思考和理顺本课程与专业目标的关系,论证重复的课程是否需要合并,无关课程是否需要剔除,是否需要开设新的课程来支持这些被虚置的目标,开设哪些课程,从逻辑上如何避免课程的随意增减等。

(二)能够促进大学教师理性思考大学课程与完整人的培养

大学课程建设的核心是"培养怎样的人",课程建设应摆脱传统的以

---

① Carol H. Pazandak, *Improving Undergraduate Education in Large university*, San Francisco: Jossey - Bass Inc., Publishers, 1989, p. 65.

知识逻辑代替学生发展逻辑的倾向，建立以学生需求、完整人培养为核心的课程。课程知识只是师生互动的中介，是师生可认同、可批判、可反思、可论证的对象，而不是客观不变的"真理"。"课程的意义不再被当作是为了让教师进行分配和传递而从学术发现者处传递下来的私有财产，知识成为师生合作工作的产物。"[①] 大学课程的终极意义在于促进学生的发展，而不在于传递和占有知识量的多少。"高等教育是推动科技进步和创新发展的关键力量，历史上诸多科技发明和创造都是由大学课程完成的，而当前我国高等教育发展的现状却是人们对'大师断代'的无奈、对'专家低端'的批判、对'毕业生无能就业'的呼吁以及对'钱学森之问'和'乔布斯之问'的哀叹。"[②] 学校通过课程这一中介手段的运用将学生改造成为真正的人，促进学生作为完整人的成长，实现人由本性向人性的提升，这是课程活动的本体价值。因此，如何通过课程知识理性的"教"改变学生的思维和意识，从而达成"育"的效果，为学生的发展提供足够的内在智力和动力，滋养其主体的思维方式和行为方式，乃是课程活动的本质和教师的责任。

（三）唤起教师对课程未来的思考与责任

教师对课程建设的深刻认识和对课程的责任与担当是大学发展最基本的条件，也是学校发展最重要的内在精神力量。一所大学的发展很大程度上取决于教师教育自觉的程度，教师课程建设的教育自觉意味着教师自觉地承担起用先进的思想与理念引领课程发展的责任，这是基于课程价值取向、现实情境和未来发展走向自觉反思基础上的一种信念、情怀和责任，是对未来具有的前瞻性和对未来的预测、判断、构想与架构的能力，也是教师在本体课程理念、课程形态、课程内容、课程实施以及课程评价上做出变革的能力。当前，面对未来社会人才的需求，教师应积极思考如何通过对课程目标、课程内容、课程组织、课程实施以及课程评价体系等多方面的结构性改革，建构完整的育人体系，将人才培

[①] ［美］麦克·扬：《未来的课程》，谢维和译，华东师范大学出版社2003年版，第34页。

[②] 周海银：《高等教育如何适应"中国制造2025"》，《山东师范大学学报》（人文社会科学版）2015年第4期。

养目标转化为课程目标,并自觉建构与之匹配的课程体系,让未来人才画像在课程中找到其载体,这是每一位大学教师必须思考与面对的问题。弗兰克·H.T.罗德斯曾论述教师在课程建设中的角色,"大学教师重建本科课程将会遇到关于目标、优先性和必要性这些难题,董事会、校长以及其他所有人都不能、也不应该预先规定这些课程,这是教师应该担任的角色……"[①] 即课程建设是教师的责任,教师应以研究的视野对待课程,积极主动地研究课程、建设课程、调整课程、引领学生,成为课程的创造者,乃是教师课程建设的追求,也是真正实现课程责任的有效途径。

三 高校课程建设教育自觉的基本立场

(一) 主体立场

大学课程应是在大学中产生的,而不是在教育行政部门安排的,教师即自觉的课程建设者。课程建设的主体立场即教师作为课程建设主体对课程意义的自我认同、自我思考与自我建构,是教师主体的自觉行为。它既是推动课程发展的手段,又是大学发展的重要目标,是学生与学校发展的根本。首先,这一主体立场表明了教师主体对课程建设价值的认识、理解、反思与认同。只有明确认识并认同学校课程建设的价值逻辑与实践逻辑框架,并转化为自己的理念,才能谈得上进行课程建设,也才能主动思考以往课程建设中的经验教训,逐步形成主体的课程框架和准则,并自觉践行。其次,大学课程建设的主体立场消解了科研与教学的分离,实现了大学课堂的深度教学。大学课程建设本质上是科研与教学在教师主体身上的体现,科研是大学课程建设之源,教学是课程建设之流,二者的整合乃大学教师课程建设的源泉。大学教师课程建设的过程实质上是教师将高深科研知识课程化的过程,教师通过理性分析、判断、筛选以及系统化、结构化的备课使其科研知识转化为教学知识,从而实现教师科研的理性化和心理化。没有教师科研的教学化转化,就没有高深知识的实施,也就没有高阶思维的诞生,更谈不上深度教学的真

---

① [美] 弗兰克·H.T. 罗德斯:《创造未来:美国大学的作用》,王晓阳等译,清华大学出版社2007年版,第115页。

正发生。笔者使用《布卢姆关于教育目标分类学》(修订版)作为工具考察了某大学教师"教了什么"和学生"学了什么",结果表明从教师教的角度而言,事实性知识占比最多,概念性知识其次,真正的程序性知识较少,几乎没有元认知知识的呈现;从学生学习过程的维度看,"创造"性高阶思维很少发生,难以实现深度教学。教师主体立场中的课程建设是化解二百多年来"科研与教学"二元对立关系的根本路径,也是大学实现"科研与教学相统一"这一大学理念的基本途径。

(二) 生成立场

教育学立场中课程建设的出发点是学生的成长与生命价值的孕育,所以课程知识不是本体论视域下的一种事实性符号,而是价值论系统中对人发展的意义与价值。一般而言,课程内容的知识特征表现为三个逻辑意义的层次:一是课程知识的符号性特征,二是课程知识的逻辑理性特征,三是课程知识的意义生成性特征。其中,意义生成是课程最本质的特点,没有学习者的意义生成,课程就是一堆无用的工具。对师生而言,课程文本仅仅是供师生讨论、分析、批判、论证的介质,通过课程知识学习丰富学生的学习过程,沉淀学生的素质,产生新思想、新观念、新方法、新经验,生成新的意义与价值。"教育的出发点不是知识的结构,而是知识如何被共同活着的人们所生产……知识不再被当作是为了让教师进行分配和传递从学术发现者处传递下来的私有财产,知识成为师生合作的产物。"[1] 这与杜威强调知识的理解要经历上浮与还原、经验与探究、上浮与反思是一致的,体现了生成立场的课程观,强烈反对那种述而不作的课程观,主张从课程知识的内在价值与构成上思考课程问题,将课程知识的原理与规律和学生的生活整合起来,使其生成自我的意义世界。所以教育中最有价值的知识不是对"什么知识最有价值"的外部讨论,而是"人类理解世界时形成的独特的基本知识和逻辑上明确的知识形式"[2],课程知识只有在教育中生成了意义才能实现课程的真正

---

[1] [美]麦克·扬:《未来的课程》,谢维和译,华东师范大学出版社2003年版,第34页。

[2] Soltis J. F., Knowledge and the Curriculum: A Review, *Teachers College Record*, 1979, No. 80, p. 4.

价值。北京大学和南京高等师范学校早在20世纪20年代的大学改革时相继提出的选课制，就已体现了大学课程的生成立场。

(三) 理性立场

大学课程建设的理性立场是指大学教师在课程建设过程中能够按照课程发展的规律和原则以理性的方式对待课程的态度和行为。它是课程建设主体的一种理性认识与自觉行为，主要表现为通过主体的识别、分析、评价等逻辑推理使课程理念、课程概念符合特定的目的，并通过教师的理性思考确定课程的合理性、合法性和客观性，然后坚持自觉践行和主动追求。对课程建设的理性认识、理性态度、理性抉择，需要教师的审慎态度去审视现存问题，反思自己的责任和使命，预测可能的后果，把握课程建设的发展规律。由于大学课程建设是一种复杂的行为，首先，需要有一个基本的认识论框架：对课程建设是什么，课程建设基本价值取向是什么，历史发展过程怎样，有哪些独有的特征，有哪些理论模型，基本程序如何，需要考虑哪些因素，课程建设过程中出现了怎样的问题，原因是什么等问题，要有基本的认识与评估。其次，教师对课程变迁要有清晰的认识。对当下课程建设现状及潜在问题要有准确地把握与理性思考，包括对优秀传统的认同和对落后传统的批判。同时，教师对课程建设理念的认同不是被动的，而是在对当下教育和课程状况具有自知之明基础上的自觉创建与主动追求。当然，课程建设的教育自觉不是对课程的完美追求，而是一个理性的不断发展完善的过程。最后，教师对课程未来发展方向有合理性的预测与构想。"如果我们不知道人类未来的方向谁都没有资格谈教育。"[1] 传统客观主义认识论下的静态课程观已远远不符合当今社会的需求。当前用"信息化时代"一词已难以描述当今社会，代之以"智能化时代"更为恰切。智能化时代是一个虚拟化的社会，提供的各种平台、技术使得知识学习已不是问题。在这种情形下，教师应自觉追问我们还需要课程吗，需要怎样的课程，大学课程应如何回应当今社会的变革等，这都需要大学教师能够对未来人才走向有基本的预测，在此基础上才能谈得上建设课程、引领学生的发展。"如今我们比任何时候都有必要将课程重点从容易快速落伍的机械记忆知识转向思考、

---

[1] 汪丁丁：《教育是怎样变得危险起来的》，中央广播电视大学出版社2012年版，第2页。

学习和质疑的过程。"① 中国学生核心素养、OECD 面向 2030 年的教育框架等，都已经在回应社会的变革。

第三节 制造强国战略背景下普通高校本科课程体系的创新路径

从某种程度上说，国家科技产业的振兴与发展有赖于产业与大学之间的互动。无论是从制造强国战略需求和未来人才的角度，抑或是从学生解决现实世界复杂问题而需要具备的能力而言，高校本科课程体系的创新势在必行。当前急需做好高校本科课程体系架构的顶层设计，纵向上形成合理的课程梯度结构，横向上从单学科到多学科、跨学科甚至超学科的视角建构基于不同水平、不同需求的课程体系，通过这些关联性课程知识的学习真正实现课程的育人价值。

一 树立制造强国战略的整体思维，做好高校本科课程体系建设的顶层设计

面对工业 4.0 和制造强国战略需求，以及我国高校课程结构不合理、课程内容滞后的现状，已不能仅仅通过在专业课与通识课、必修课与选修课、理论课与实践课上做加减法就能达成的，需要全方位的改革。

1. 普通高校本科课程体系创新的总体思路：立足大学生能力培养和长远发展，以国家战略需求、社会需求、学生职业需求为导引，以问题为导向，以学生满意为标尺，坚持服务需求、加强顶层设计、系统推进改革、突出突破重点，建立科学的课程体系；以打好知识基础、加强能力培养、有利于长远发展为目标组织课程实施，尊重和激发学生兴趣，培育独立思考能力和批判性思维，全面提升创新能力和发展能力；以强化高校责任、加强制度机制建设为保障加强课程管理，充分发挥高校的主体作用，调动教师和学生的积极性，注重特色发展，为提高学生培养质量提供稳固支撑。

---

① Halpern P. f. and Associates, *Changing College Classrooms: New Teacher and Learning Strategies for an Increasingly Complex World*, San FRANCISCO: Jossey – Bass, 1994, No. 2.

2. 普通高校本科课程体系创新的框架：一是立足制造强国战略对高校人才培养的要求，确立培养目标，凝练课程体系，建立真正对国家、对学生发展有益的核心课程框架。二是立足方法论视野，围绕学生科学能力训练、分析解决问题能力，设计科学史、哲学史类课程。三是立足国际视野，设计国际化课程模块。四是立足专业意识，渗透职业能力，加强实践课程。五是增加跨学科课程，树立跨学科理念，培养跨学科复合型教师，加大课程开发投入度；跨院、跨校统筹课程资源，建立开放性、竞争性课程设置申请机制，增开短而精课程和模块化课程，探索将在线开放等形式的课程纳入课程体系的机制办法；将最新科技进展纳入课程，拓宽学生知识视野，使学生得到多角度思维方式的训练。

3. 在课程体系建设的纵向上，在专业课程体系建设上遵循创新专业课程的同时，关注新兴的、综合的和差异性学科的渗透。在致力于使学生拥有专业迁移能力、宽阔的专业能力和产业适应能力的同时，培养学生的批判性思维和创造性思维、合作意识与合作能力，否则可能就如爱因斯坦批判的："通过专业教育，他可以成为一种有用的机器，但不能成为一个和谐发展的人，要使学生对价值有所理解并产生热情，那是最基本的，他必须获得对美和道德上的善有鲜明的辨别能力。否则，他——连同他的专业知识——就更像一只受过很好训练的狗。"①

4. 在课程体系建设的横向上，建立跨学科、跨专业、跨院系甚至跨界的课程整合与升级，**重塑超越通识教育与专业教育的整合课程体系**。当前企业对高校毕业生的能力要求已超越了单一学科与专业的培养，跨学科课程是人才培养的重要途径。为迎接当前人工智能、大数据、虚拟现实、机器人等综合技术，教育部提出了建设"新工科、新农科、新医科、新文科"的"四新"专业，要求在人才培养方式上突破独立学科的边界、思考多学科交叉与产学研融合，国内一些大学也正在尝试建构跨学科课程体系。2017 年清华大学成立跨学科交叉科研机构，围绕国家战略需求和科技前沿，形成跨学科课程体系；西南交大于 2018 年也推出了 30 门跨学科课程，旨在通过跨学科课程的学习，使学生拥有整合知识结构，形成综合解决问题的能力。这一跨学科课程体系既不同于以往的公

---

① 《爱因斯坦文集》，许良英等译，商务印书馆 1979 年版，第 310 页。

共课或通识课程体系，也不同于通识课程与专业课程的简单相加，是跨学科、跨专业、跨领域的整合课程体系。

5. 在课程体系建设方法上，建设一个多层次、多类型、有特色的跨学科创新人才培养体系。依据"中国制造 2025"提出的新人才标准，"以高层次、急需紧缺专业技术人才和创新型人才为重点，培养制造业急需的科研人员、技术技能人才与复合型人才"①。遵循能力需求—知识需求—课程体系建设的路径，有特色地建构专业课程、广域学科课程群、问题解决项目等形式的创新课程体系，使专业课程建设能够满足学生精深专业知识技能目标的要求，形成融高深学问、专业文化、职业取向于一体的课程体系。与传统专业课程的不同在于它兼具通识教育的责任，包含了智力水平、创业意识、专业理解与应变能力等，是跨学科课程能力的基础②；广域学科课程建设能够满足学生跨学科思考的方法论和综合运用知识解决问题的能力，基本路径是课程围绕特定的主题或问题，面向复杂问题的解决，建构跨学科课程群，使学生拥有相对完整的知识体系，能够与学生主修专业形成相互补充；问题解决课程体系是面向不同学院、不同年级，甚至不同学校之间的开放性项目或以问题为核心的课程，通过高阶性、创新性和挑战性项目训练，提升学生跨学科系统分析、设计与集成开发、研究与创新能力。

二 提高大学教师课程建设的能力和责任担当

历次课程改革经验表明，课程改革不是课程本身的问题，而是教师的问题。因此课程改革不能仅停留在制度安排上，而是要通过教师的认同与主动的自我改造才能驾驭并实现改革目标。美国学者罗德斯曾明确提出，"教育中的重点既不是课程设置，也不是课程内容，而是教育中人的问题"。③ 教师对课程建设理念与目标的认同和对课程的责任担当是大学发展最基本的条件，也是学校发展最重要的内在精神力量。

---

① 《中华人民共和国国务院关于印发〈中国制造 2025〉的通知》。
② 王一军：《当代大学课程秩序论》，《在"高深学问"和"个人知识"之间》，教育科学出版社 2014 年版，第 202 页。
③ ［美］弗兰克·H. T. 罗德斯、王晓阳：《创造未来：美国大学的作用》，蓝劲松等译，清华大学出版社 2007 年版，第 115 页。

(一) 增强教师课程建设的理性自觉

一所大学的发展很大程度上取决于教师教育自觉的程度,教师课程建设的教育自觉意味着教师自觉地承担起用先进的思想引领课程发展的责任,这既是教师基于课程价值取向、现实情境和未来发展走向的自觉反思基础上的一种信念、情怀和责任,也是对未来的前瞻和对未来的预测、判断、构想与架构的能力。"课程建设被视为专家学者的工作'事项',而不是大学教师主体对课程的自识、自觉与自然的建构过程。"[1] 这样做消解了教师课程建设的主体性与主动性,压抑了教师的课程能力。"真正好的教学来自教师的自身认同与完整上",[2] 因为教育学立场中的课程知识不是本体论视域下的一种事实性符号,而是价值论系统中人的发展的意义与价值。因此教师应了解国家制造强国战略及其对课程建设提出的需求,走出这种非主体性的自在生活状态,确立正确的价值立场,扬弃课程文本的逻辑运演模式,提高自身课程建设的教育自觉与课程能力,唤起自我的社会责任与使命。

(二) 大学教师应回归教育家精神

课程改革的成败很大程度上是教师的问题,需要建立大学教师教育家标准,回归教育家角色,拥有教育家精神。这一教育家精神除熊波特的创新精神、诺斯在新制度经济学里提的合作精神和韦伯的敬业精神三种品质外,一个理想大学的课程建设者还应保持着较高的教育热情、较强的责任感和教育情怀、对教育的敏感性、对人性的透彻理解以及专业判断力等,这构成了大学课程建设主体教育自觉的基本要素。

教育热情源于对教育真谛的理解,对教育功能、价值、使命的认同,以此为基础才能形成坚定的教育信念、对教育的热爱与独到的见解。教育热情表征了其对教育的情怀和坚守。杜鲁门总统曾说:"成功的人都是有热情的人,冷血动物永远无法取得好的成绩,任何事情要稳步前进都

---

[1] 周海银:《论大学教师课程建设的教育自觉》,《山东师范大学学报》(人文社会科学版) 2019 年第 5 期。

[2] [美] 帕克·帕尔默:《教学勇气:漫步教师心灵》,吴国珍等译,华东师范大学出版社 2005 年版,第 2 页。

需要有热情,任何伟大的成就都是出自一颗燃烧的心。"① 大学课程建设不是一个短时的"事件",而是一个长期的过程,需要教师长时间的投入与坚持,没有持久的热情也就谈不上执着的追求。责任感即是一种有情怀的精神状态,责任感不同于责任,责任是人分内应做之事,需要一定的组织、制度或者机制促使人尽力做好,故责任有被动的属性。而责任感是一种自觉主动地做好分内分外一切有益事情的精神状态,是思想道德素质的重要内容。托尔斯泰曾说:一个人若是没有热情,他将一事无成,而热情的基点正是责任感。纵观历史上有过重大贡献的杰出人物,他们之所以能够创造奇迹皆由其责任感使然,很多伟人即使在自己并非最喜欢和最理想的工作岗位上,也可以创造出非凡的业绩。美国著名心理学博士艾尔森(Elson. J.)曾对世界100名各个领域中的杰出人士做过调查,结果证明其中61名竟然是在自己并不喜欢的领域里取得了辉煌的业绩。正是在高度责任感的驱使下,他们才取得了令人瞩目的成功。② 教育判断力,即分析判断教育问题的能力,是人对事物进行剖析、分辨、单独进行观察和研究的能力。分析判断能力较强的人,往往学有专攻,技有专长,在某一领域有独到的成就和见解,处于常人难以达到的境界。判断力是课程建设者的专业能力,是教育家独具的能力,这种能力是在一定的知识、学识与智慧的基础上形成的专业能力。

(三)提高大学教师的课程建设能力

当前已有一些关于教师课程能力的研究,但是批评类论文偏多,建构性的少,对于改善本科课程没有太多帮助,"因为这些抱怨类文章只表现出了批评家们对课程设置缺乏想象力,充满了注解却过分谨慎小心,面面俱到却没有明确结论,他们虽有见识却毫无生气,虽有理性却很肤浅,分析清晰却无结果"③。因此要提高教师课程建设能力首先要厘清课程建设的基本问题。

---

① [美]乔治·曼宁、肯特·柯蒂斯:《领导艺术》(第二版),刘峰等译,中国财经经济出版社2014年版,第14页。

② https://baike.baidu.com/item/%E8%B4%A3%E4%BB%BB%E6%84%9F/2987842?fr=aladdin.

③ [美]弗兰克·H. T. 罗德斯:《创造未来:美国大学的作用》,王晓阳等译,清华大学出版社2007年版,第108页。

1. 提高教师自身对课程建设的认识与责任

教师课程建设能力是一种独特的专业个性与能力，是教师在日常的课程设计与实施、课程评价与反思、课程研究与改革等活动中反映出来的专门能力。"教师作为课程建设者和实施者，必然拥有课程判断力与规划能力，并能打破对既有学科身份的认定，以及对其他学科的接纳与认同。"[①] 它反映了教师对自我角色的认知、对课程建设的理解与判断、对课程建设的评价以及调节等。教师自我角色认知是教师对其课程建设职责的认识和理解程度，它引导教师的努力方向，并为此而主动沟通、协调，寻求解决方略的方法，是教师课程建设的前提；教师对课程建设的理解与判断是教师对课程建设的理念、目标、内涵、价值等逻辑的认识与理解，以及教师对自我课程建设行为的反思、判断、提升与改进。教师的知识背景、生活境遇、价值取向以及兴趣爱好不同，其行为的方式与效果也不同。课程建设的行为调节即教师在理性的自我评价判断后做出的行为改进，在此基础上教师逐步拥有独特的课程专业敏锐性、课程预见性和成熟的课程建设能力。当前大学教师最迫切的任务是增强课程建设能力，强化课程建设的责任意识，将课程建设作为"分内之事"，明确自己应该做什么、为何这样做以及要有担当的勇气，这种勇气表现为教师课程建设中遇到困难时的果敢，这是教师课程建设的重要品质，更是大学教师的精神品行。

2. 建立专业目标、课程体系和课程实施之间的逻辑链条

大学培养目标和专业目标的笼统往往是导致教师课程目标模糊、课程实施随意的主要原因之一。专业目标是课程建设的逻辑前提，不清晰的专业目标一方面导致课程体系缺乏科学性、逻辑性与一致性，另一方面也使得课程设置与课程实施放任、随意。优质的教育既需要学校和院系专业的周密计划、协调安排，又需要每个教师的认同与主动融入。在课程体系的学习序列中，每门课程都是一个重要环节，需要教师对课程结构、课程内容、实施过程和课程评价进行主动慎思与调整，从而建构具有逻辑证据链的体系结构。综观世界顶尖大学，其都有清晰的目标体

[①] 周海银：《学校课程建设的内涵、取向与路径分析》，《山东师范大学学报》（人文社会科学版）2015年第1期。

系与课程序列，如耶鲁大学、哈佛大学等从学校培养目标的制定到课程体系的建设以及课程的设置与实施都给我们提供了可供参考的范例。因此教师不能将自己的工作仅仅定位为上课，应主动思考学校培养目标与本专业目标以及课程的关系、专业目标与大学培养目标的一致性、课程目标能否支撑专业目标的实现、在哪些方面能够帮助专业目标实现、还缺少什么等。笔者考察了我国几所大学的三层级目标，发现从培养目标到专业目标再到课程目标缺乏清晰的逻辑链条，课程设置难以反映社会与学生需求，课程实施肤浅、单一，课程评价不科学等。究其原因在于，一方面，大学教师缺乏专业分析与课程建设能力；另一方面，在培养目标和专业目标的制定过程中缺少精确的社会需求分析工具，这一需求在课程建设者心目中是模糊的。因此，当前大学教师亟须提高课程建设能力。

3. 形成大学教师课程建设的思考框架

没有清晰的课程建设框架与思路就没有高质量的课程实施。结合当前我国大学课程状况，借鉴国外成熟的模式如美国学者拉尔夫·泰勒的"目标模式"、施瓦布的"实践模式"和英国学者劳顿的"情境模式"等，建立教师课程建设的基本框架：（1）课程需求调研与分析，即明确课程建设的整体计划，确认课程建设指向的需求点。通过对当前学生核心能力模型分析和学生现有水平的落差分析，明确课程建设的方向与目标。（2）制定课程大纲，即根据第一阶段的课程目标分析，制定详细的课程大纲，注重课程结构的科学性与逻辑性。（3）选择与组织课程内容。课程内容开发、选择与组织是课程建设的核心，课程建设者应追问自己到底这门课程给学生最主要的东西是什么，什么知识对学生最有价值，课程的内容到底怎样规划，提供怎样的学习方式等。麦克·扬（Michael Youny）从未来课程的需求方面为我们提供了课程建设的思考框架：一是面向未来的课程必须教给学生未来社会所需要的知识与技能；二是未来的课程必须使学生能够获得专门领域的知识、兴趣，并提供把学生的专门化学习与课程总体目标联系起来的方式；三是为了实现这些目的，新的高级水平课程应使学生学会解决复杂、抽象的数学与科学问题，或者以流畅的文笔处理大量的人文、社会科学方面的材料。① (4) 施测与评估课程。通过小范围的课程实施检验课程满足目标需求的程度，最终提出修正意见，由"课程委员会"评估决定。(5) 修订与确认课程。在完成施测评估后进行全面核查与修订，形成最终的课程方案，并推动与实施。这是课程建设彰显其价值的最终阶段。

4. 提高教师跨学科深度教学能力

当前，高科技引领的产业变化速度已超越人们的适应速度，不对称性、复杂性、不确定性将是未来社会的主要特征。为此，教师必须改变课程与教学观念，提高跨学科深度教学的能力：首先，有意识地从单学科的静态知识教学走向跨学科的动态教学。我国高等教育不得不面对的一个事实是几乎所有的师资均未受过跨学科课程的学习与训练。因此教师先要自觉打破那种固定的单学科常规思维模式，提高自己对知识的应用、整合、跨学科的能力和判断力。在教学过程中重视知识概念之间的关系、信息的分类与整合、知识的转化与迁移等。注重对学生进行批判性思维能力、问题解决能力以及协作创新能力等高阶思维能力的培养。在知识的应用中自觉打破常规的线性演绎，走向复杂的结构转换过程，将知识表征方式与知识结构引入课程。其次，真正实现从浅层教学走向深度教学。近年来深度学习、深度教学已成为课程与教学论研究领域的高频词。加拿大学者艾根（Egan, K.）提出了深度学习的三个基本标准②：知识的广度、知识的深度和知识的关联度，笔者认为在我们缺少深度教学的框架时可以将其作为当前教师深度教学的框架。知识广度的教学是指在教学中不是将知识看作是孤立的、结果性的符号，而是应将知识与其产生的背景、意义、价值等关联起来；知识的深度教学是要将知识所表达的智慧价值呈现出来，是将知识的深层思想观念、认知方式和思维逻辑、批判性思维关联起来的教学；知识的关联度教学就是指教学中能够立体地、多维度地理解课程知识与文化、经验和实践的内在关联。

---

① ［美］麦克·扬：《未来的课程》，谢维和译，华东师范大学出版社 2003 年版，第 145—146 页。

② Kieran Egan, *Learning in Depth: A Simple Innovation That Can Transform Schooling*, London, Ontario: The Althouse Press, 2010, pp. 148 – 149.

最后从知识的广度到知识的深度再到知识的关联度，使教学过程逐层深化。从学生认知发展的过程角度而言，这与20世纪50年代布卢姆认知过程的分类到后现代"4R"课程所强调的丰富性（Richness）、回归性（Recursion）、关联性（Relation）和严密性（Rigor）都是一致的。

三 建立动态灵活的课程体系创设机制

课程是一个不断发展的概念，从其本然上说是一种制度存在。中国制造强国战略的实施是一个逐步完成的过程，社会对人才的需求和要求也是一个不断变化的过程，这也决定了课程体系建设的动态灵活性品质。为此应打造制度环境，建立必要的制度，形成良好的机制。但受传统教育观的影响，我国大学没有形成真正的课程制度，习惯于用教学制度代替课程制度，以科层主导的教学管理制度代替了以专业引领的课程管理制度，致使课程与教学管理重形式轻内容，缺乏课程的创新与生成。在大学课程制度运行中，责权不明，如对谁是课程建设的主体，谁有权设置和改变课程体系，新的课程怎样合法化地进入到课程体系，进入的程序如何，课程的开发、编制、实施、评价需要哪些严格的程序等缺少必要的规定。因此亟须进行课程制度建设，以确保课程的良性运作，否则大学课程建设只能停留在美好的愿景中，难以凝结为具有共识性的课程规范，成为课程实践者的习惯。"捍卫这些思想，贯穿这些思想，要想在社会中不仅找到其精神上的存在，而且找到其物质上的存在，就必须使这些思想制度化。"[1] 因此，确立有效的课程秩序来规范和约束学校课程行动，推进大学课程建设共识，形成课程建设共同体，推动大学课程发展，乃当务之急。

（一）建立专业的大学课程制度，从教学制度走向课程制度

长期以来，我国的大学没有课程制度，一直是教学管理制度主导整个大学的课程与教学、科层制的教学管理代替了专业性的课程管理。大学课程缺乏必要的课程审议、课程选择和课程体系建设机制，缺乏在课程问题上的学校发展的专业自主权。大学课程制度的缺失导致大学课程的同质化和价值创造性立场的缺失。因此高校应建立合理的大学课程制

---

[1] ［美］克利福德·格尔茨：《文化的解释》，韩莉译，译林出版社1999年版，第359页。

度，以有利于消解课程运行中的价值模糊和行为无序。

（二）组建不同学科之间的学术共同体，为不同学科的教师开展协同创新提供平台

跨学科课程体系开发与建设需要不同学科教师围绕某个主题或项目进行碰撞、交流与合作性建构，只有在不同学科教师之间的相互交流、相互启发、深度协作下才能形成一流的课程体系，才能培养学生的创新与解决问题能力。这是一种超越了学科、意识形态、理论藩篱而形成的指向学生发展和社会重大问题解决的共同信念。比如当前正在发生的横扫全球的"新冠肺炎疫情"的最终解决，不是单靠医学界所能解决的问题，它涉及医疗、人工智能、工程技术等多个领域和多个学科，需要不同实践领域、不同学科之间的协同配合。毫无疑问，这是一次跨领域、跨实践、跨学科的重大战役。之后理应考虑将健康教育作为一个重要学习领域以跨学科的课程形式或模块课程形式纳入课程体系，这一学习领域不仅包括健康知识模块，它更是与其他学科领域的跨学科连接。应建立宽松的制度环境，为不同学科的教师开展协同创新提供必要的平台，真正实现跨学科课程的整合。

（三）建立和完善大学课程运行机制

1. 成立大学课程评估委员会

我国大学没有课程委员会，用教学委员会替代了课程委员会，缺失了相应的课程委员会的权责和专业性。当今社会是一个瞬息万变的时代，为使大学生毕业后能够适应这个变化多端的社会，大学需要不断更新课程以适应大学的培养目标、社会需求，彰显教师的能力和学生的发展水平。大学课程委员会能够规范课程提案审批过程、监督课程审批标准、审议各院系提交的课程提案，进而确保课程质量，反映学术前沿和跨学科性、适应社会需求、满足学生发展、符合大学的使命和目标。大学课程委员会的组成成员主要有大学教师、大学课程领导、学科专家、教育专家和学生代表，共同研究同类优秀大学的课程设置与建设情况，提出适合本校的课程以及明确的课程设置原则、实施方案与运作方式。

2. 完善大学课程认定制度

我国大学缺少真正意义上的课程认定制度，课程的去留较为随意，"一门课程＝课程名称＋教师姓名"报到学院，教务处备案即可。程序简

单而随意，缺少对课程的专业审核与合理性审议。事实上，任何一门课程的开设至少需要考虑三个方面：一是课程的质量如何，二是课程的价值是什么，三是开设课程的成本如何，其都应有基本的合法化程序和质量认定标准，这是大学课程良性发展的条件，也是大学教师课程专业成长不可缺少的环节。美国课程认证的三级制度可以为我们完善大学课程认证制度提供一定的参考，从系到学院再到学校，均有严格的审批流程，并遵循五个严格的审批标准：一是学术标准，二是需求标准，三是资源标准，四是节约标准，五是政治标准。①

3. 确立教师课前课程方案提交认定制度

我国大学没有对大学教师提交课程方案的规定，为了便于教学管理程序，教师上课前仅仅提交"教学日历"，它规定了教师的授课时间、简单的教学大纲和参考书目。课程方案不同于"教学日历"，它不仅包括教学大纲与授课时数，而且还包括课程大纲以及课程的支持。其中课程大纲包括教师的基本信息、课程目标、课程内容、课程实施要求以及课程评价等。课程支持包括如授课教师的专业、研究方向及水平。课程方案的形成至少包括四个方面的研究：一是高深知识的课程转化研究，二是课程内容文本研究，三是学生发展水平的研究，四是专业培养目标和课程目标、课程性质及其规范的研究。总而言之，教师应形成自觉制定与提交课程方案的习惯。

4. 强化课程学术制度

我国于1998年出台的《中华人民共和国高等教育法》就规定了高等学校有课程设置自主权，但大学在获得课程设置自主权的同时并没有恢复教师课程建设与生成的活力，其根源在于大学重科研轻教学。教师的学科科研意识强，但课程学术研究意识弱，很多大学教师没有将课程建设视为一种学术，而是将课程建设作为一项教学工作，所以主要关注学生对课程知识的掌握程度，没有课程的生成与深度学习的发生，这样，课程建设与教学研究便成为一个技术流程。作为一项学术研究的课程建设关注的是学生及其发展，重视的是这些课程知识是否促进学生的发展，怎样促进学生的发展，哪些课程知识对学生发展的价值最高，适合学生

---

① 叶信治、林丽燕：《美国大学课程审批制度述评》，《高等教育研究》2014年第4期。

学习的方法是怎样的，怎样才能使学生获得最大化的发展。为此，应建立相应的课程建设学术制度，真正实现教师学术性课程建设。这就要求从大学理念出发，建立基于全体教师共同目标的课程建设共同体，鼓励教师课程建设。同时，建立大学教师专业发展新标准，将课程研究纳入教师专业发展标准，教师的课程建设能力应成为衡量教师专业标准的重要内容之一，将教师的课程建设与研究成果作为评价大学教师的重要指标。没有高质量的课程建设就没有高水平的教学，无法真正实现大学课程的创新与生成。

5. 形成培养目标—课程体系—行业对标之间的联动机制

课程建设首先要考虑的是大学应培养什么样的人，其次才是需要什么样的课程。我国大学的课程建设一直更为重视课程知识结构的逻辑性、完整性，缺少将课程体系建设与大学培养目标、行业需求关联起来的联动机制，课程体系建设中缺少统合和统整方法，没有形成培养目标—课程体系—行业对标的逻辑链条，出现课程体系难以达成培养目标，甚至高校毕业生"就业难"、用人单位"招人难"的局面。为此，高校课程体系建设必须考虑建立在"教育科学"与"职业科学"两个科学研究的基础之上。《国务院办公厅关于深化产教融合的若干意见》（国办发〔2017〕95号）中提到一个很重要的理念即"需求导向"。我国目前最迫切的需求不仅仅是把握学生认知发展规律，还有两个"100年"目标、2035年的目标、2050年的目标等，这些目标的实现也要求作为人力资源供给侧载体的教育提供与其相适配的人才。而这些人才的培养不能仅仅依靠教育科学所提供的基于学生认知需求和学科需求的课程体系，也需要依靠职业科学所提供的基于产业或行业发展需求的课程体系。因此，普通高校课程体系建设必须考虑教育科学与职业科学两门科学的研究成果。形成从培养目标到课程体系建设再到行业对标之间的联动机制，真正实现多年来的校企合作、产教融合的夙愿。

附　　录

附录一　高校本科课程体系对大学毕业生职业能力影响的调查问卷（毕业生）

尊敬的朋友，您好！

　　我们是山东师范大学教育学部国家社科项目"制造强国战略背景下普通高校本科课程体系创新研究"课题组，本课题旨在研究高校本科课程体系与大学生职业的相关性，以期促进普通高校本科课程改革，加强对大学生职业能力的培养提供对策建议。本问卷调查的目的是了解大学的课程体系对毕业生职业的影响，您的意见将为高校课程的改进与完善提供依据。本问卷采用匿名回答的形式，您的资料将被严格保密，请您放心并如实填写。我们诚挚地希望您能参与我们的调研，请在符合的选项前画"√"，或在横线上填写，并务必回答所有问题，期待您热心提供宝贵的建议与想法。

　　对您的配合及参与表示诚挚的谢意！

山东师范大学教育学部院课题组
2019 年 12 月

第一部分：个人基本资料

1.1 性别： □男 □女

1.2 出生地： □农村 □集镇 □县城 □大中城市

1.3 本科专业：□文科 □理科 □工科 □其他

1.4 现已取得的最高学历：□学士 □硕士 □博士

1.5 您参加工作的累积年限：_____年

1.6 您的出生时间：_____年____月

1.7 在大学期间您有过何种社会工作经历（可多选）
□实习或兼职 □寒暑假社会实践 □勤工俭学
□志愿者服务 □社会调研或科技调研 □自主创业
□其他

1.8 与您熟悉的一般大学生相比，您在学校时参与学校社团程度如何？
□高度参与（如投入大量时间） □一般参与
□偶尔参与 □从未参与

第二部分：大学本科阶段相关课程经历

2.1 素质教育课程（指文化素质课程或通识课程，如大学语文、政治理论、大学英语、计算机等）

2.1.1 您大学时所修素质教育课程对你当前工作的帮助程度
□很高 □较高 □一般
□较低 □很低

2.1.2 本科所修素质教育课程在哪些方面对您有促进？（最多限选三项）
□知识面 □文化素养 □创新能力
□社交能力 □学习兴趣 □工具能力（计算机等）
□几乎没有帮助

2.1.3 您认为素质教育课程与基本能力培养的相关程度
□很高 □较高 □一般
□较低 □很低

2.1.4 大学的专业学习能或不能满足工作需求的原因（最多限选三项）
□课程内容的前沿性 □课程开设的系统性

□师资配备　　　　　　□教学资源（用书、实验室）
□课程的教学要求　　　□其他

2.2　专业教育课程

2.2.1　您大学时所修专业课程对你当前工作的帮助程度

□很高　　　　□较高　　　　□一般
□较低　　　　□很低

2.2.2　大学的专业学习能或不能满足工作需求的原因（最多限选三项）

□课程内容的前沿性　　□课程开设的系统性
□师资配备　　　　　　□教学资源（用书、实验室）
□课程的教学要求　　　□其他

2.2.3　本科所修专业课程在下列哪些方面对您有促进？（最多限选三项）

□专业知识　　　□专业技能　　　□专业思维
□专业认同感　　□研究与创新能力

2.2.4　您认为专业课程与职业能力培养的相关程度

□很高　　　　□较高　　　　□一般
□较低　　　　□很低

2.3　实践课程与就业/创业课程

2.3.1　您大学时所修实践课程对你当前工作的帮助程度

□很高　　　　□较高　　　　□一般
□较低　　　　□很低

2.3.2　大学所修的实践课程对您哪些方面有促进？（最多限选三项）

□专业知识的巩固与反思能力
□专业应用能力　　□团队合作能力
□创新能力　　　　□专业认同感　　□职业道德

2.3.3　您在校时选修过下列哪些课程？（可多选，没有选修课程到下一题）

□中外合作培养课程　　□校企合作课程　　□企业课程
□就业指导课程　　　　□创业项目与课程

2.3.4　您在学校时，自费参加过与就业相关的培训与指导吗？

□是　　□否

2.3.5　您认为实践课程与职业能力培养的相关程度

☐很高 ☐较高 ☐一般
☐较低 ☐很低

2.4 本科阶段各类课程对您的整体影响

2.4.1 您认为大学所获得的哪类知识对现有工作帮助较大？（最多限选三项）

☐专业知识 ☐自然科学知识 ☐人文社会科学知识
☐实践知识 ☐外语 ☐计算机
☐组织管理知识 ☐跨学科知识 ☐其他（请注明）

2.4.2 您认为大学中所修的哪些课程对现有工作帮助较大？（最多限选三项）

☐专业课程 ☐外语课程 ☐计算机课程
☐就业教育课程 ☐见习和实习、社会实践
☐文化素质课程、通识教育
☐其他（请注明）

2.4.3 您在大学阶段最大的收获

☐培养了思考和分析、解决问题的能力
☐获得了扎实的基础知识和专业知识
☐掌握了从事工作的技能
☐提高了综合素质 ☐其他（请注明）

2.4.4 您认为本科毕业时自己最欠缺的素养和能力

☐专业知识和专业能力 ☐职业认识能力
☐自我管理能力 ☐团队工作能力
☐沟通和表达能力 ☐解决问题的能力
☐领导能力 ☐应变和创新能力

2.4.5 下列是高校课程与职业能力相关的具体描述，请根据您自身的本科课程经历，相应判断。

	非常不同意	不同意	有点同意	同意	非常同意
1. 大学课程学习使我充分具备了职业所需的专业知识	1	2	3	4	5
2. 大学课程让我充分了解职业相关的产业知识及发展前沿性知识	1	2	3	4	5
3. 大学课程让我掌握了广博的专业知识		2	3	4	5
4. 大学课程让我掌握了深层次的专业知识	1	2	3	4	5
5. 大学课程学习使我充分具备了职业所需的专业技能	1	2	3	4	5
6. 大学课程使我充分具备了职业所需的先进的专业技能	1	2	3	4	5
7. 大学课程学习使我充分具备了职业所需的丰富的专业技能	1	2	3	4	5
8. 大学课程学习使我充分具备了职业所需的熟练的专业技能	1	2	3	4	5
9. 大学课程学习使我充分具备了职业所需的专业能力	1	2	3	4	5
10. 大学课程使我充分具备了职业所需的专业学习能力	1	2	3	4	5
11. 大学课程使我充分具备了职业所需的专业分析能力	1	2	3	4	5
12. 大学课程使我充分具备了职业所需的专业思考能力	1	2	3	4	5
13. 大学课程学习使我充分具备了职业所需的专业解决问题能力	1	2	3	4	5
14. 大学课程使我充分具备了职业所需的专业反思能力	1	2	3	4	5
15. 大学课程使我充分具备了职业所需的专业创新能力	1	2	3	4	5
16. 大学课程使我具备了职业所需的专业思维能力	1	2	3	4	5
17. 大学课程学习使我对所从事的职业产生了兴趣	1	2	3	4	5
18. 大学课程使我充分认识到现在所从事职业的价值	1	2	3	4	5
19. 大学课程使我对所从事的职业产生较高的积极性	1	2	3	4	5
20. 大学课程学习使我具备了解决一般问题的能力	1	2	3	4	5
21. 大学课程学习使我具备了信息检索和处理能力	1	2	3	4	5
22. 大学课程学习使我具备了书写能力	1	2	3	4	5
23. 大学课程学习使我具备了自主学习能力	1	2	3	4	5
24. 大学课程学习使我具备了创造创新能力	1	2	3	4	5
25. 大学课程学习使我具备了批判性分析能力	1	2	3	4	5
26. 大学课程学习使我具备了信息技术应用能力	1	2	3	4	5
27. 大学课程学习使我具备了数理分析能力	1	2	3	4	5

续表

	非常不同意	不同意	有点同意	同意	非常同意
28. 大学课程学习使我具备了外语能力	1	2	3	4	5
29. 大学课程学习使我具备了人文素养和艺术欣赏能力	1	2	3	4	5
30. 大学课程有助于对职场所遇到问题进行深度分析	1	2	3	4	5
31. 大学课程使我对职场各类信息有很强的综合能力	1	2	3	4	5
32. 大学课程训练使我在职场也能从多角度思考问题	1	2	3	4	5
33. 大学课程使我在职场能不断想出新方法改进工作	1	2	3	4	5
34. 大学课程训练使我具备了较好的领导能力	1	2	3	4	5

第三部分：工作现状

3.1 您目前从事的工作类型

□管理　　　　　□科研　　　　　□技术工程
□宣传　　　　　□生产工作　　　□办公室事务工作
□其他

3.2 您现在的工作与大学所学专业的关系

□高度相关　　　□有关联　　　　□有点关联
□没多大关系　　□完全无关

3.3 您对目前工作的满意度如何？

□非常不满意　　□不满意　　　　□一般
□满意　　　　　□非常满意

3.4 您感觉自己再次求职的竞争力如何？

□很强　　　　　□较强　　　　　□一般
□较弱　　　　　□很弱

3.5 您对于自己未来的职业生涯发展前景

□非常乐观　　　□乐观　　　　　□有点乐观
□有点悲观　　　□悲观　　　　　□非常悲观

3.6 您认为下列哪些职业能力和素养是您胜任目前工作的主要原因？（最多限选6项）

□外语能力　　　□专业知识与技能　□电脑技能

□能将理论应用于实践的能力

□团队合作能力　　□心理调适能力　　□创新能力

□学习的意愿与可能性　　　　　　　□沟通能力

□问题深度分析与解决能力　　　　　□对产业环境与发展的洞察力

□工作态度　　　　□领导能力　　　□不畏艰难、勇于挑战的气魄

□灵活应变性

3.7　为提高大学生的职业能力，您对学校课程改革还有什么建议？

再次感谢您拨冗填答！祝您一切顺利！

附录二 大学生课程满意度调查问卷
（大学毕业生问卷）

您好，为调查你在大学期间的课程开设状况，我们开展了此次调查，请您在合适的选项下面画（√），谢谢您的支持。

第一部分：您的基本情况

1. 性别：A. 男　　　B. 女
2. 专业：A. 文科　　B. 理科　　C. 工科　　D. 其他
3. 毕业日期：_____年
4. 目前单位：A. 政府机关或事业单位　　B. 企业（或公司）
　　　　　　　C. 在读研究生　　　　　　D. 待业

第二部分：在下列各问题的答案中，选择最符合您想法的一项打对号

1. 您对大学课程目标和要求

   A. 几乎不清晰　　B. 较不清晰　　C. 一般
   D. 较清晰　　　　E. 非常清晰

2. 大学课程与您的个人发展需求是否符合

   A. 非常不符合　　B. 较不符合　　C. 不确定
   D. 较符合　　　　E. 非常符合

3. 大学课程与社会需求的关联程度

   A. 几乎没有　　　B. 较少　　　　C. 一般
   D. 较大　　　　　E. 非常高

4. 本专业的培养方案能否满足您能力、智力的发展

   A. 几乎不能　　　B. 较少　　　　C. 一般
   D. 较大　　　　　E. 非常高

5. 课程是否激发了您的学习热情

A. 几乎没有　　　　B. 较少　　　　　C. 一般

D. 较大　　　　　　E. 非常大

6. 课程是否触发了您对专业领域的兴趣

A. 几乎没有　　　　B. 较少　　　　　C. 一般

D. 较大　　　　　　E. 非常大

7. 您是否经常讨论专业问题

A. 几乎没有　　　　B. 较少　　　　　C. 一般

D. 较大　　　　　　E. 非常多

8. 课程体系的合理性

A. 几乎不合理　　　B. 很不合理　　　C. 合理

D. 比较合理　　　　E. 非常合理

9. 在学校为您开设的选修课目录中，真正想去学习的课程有多大比例？

A. 几乎没有　　　　B. 比例较小　　　C. 半数左右

D. 比例很大　　　　E. 几乎全部

10. 在您所学过的并已计入学分的所有课程当中，切合您自身学习需要的有多大比例？

A. 几乎没有　　　　B. 比例较小　　　C. 半数左右

D. 比例很大　　　　E. 几乎全部

11. 在所修高校本科课程提供的教材中，您饶有兴趣、多次阅读的有多大比例？

A. 几乎没有　　　　B. 比例较小　　　C. 半数左右

D. 比例较大　　　　E. 几乎全部

12. 实践类课程所占的学时

A. 几乎不合适　　　B. 很不合适　　　C. 合适

D. 比较合适　　　　E. 非常合适

13. 您认为本专业提供实践机会的次数

A. 几乎不合理　　　B. 很不合理　　　C. 合理

D. 比较合理　　　　E. 非常合理

14. 您认为实践类课程是否关注学生综合素质的培养

A. 几乎不关注　　　B. 比较不关注　　C. 关注

D. 比较关注　　　　E. 非常关注

15. 课程提供的实习与社会实践的机会
   A. 几乎不合适   B. 比较不合适   C. 合适
   D. 比较合适   E. 非常合适

16. 课程内容的实用性
   A. 很不满意   B. 较不满意   C. 一般
   D. 较满意   E. 很满意

17. 您对课程内容的深度与广度
   A. 很不满意   B. 较不满意   C. 一般
   D. 较满意   E. 很满意

18. 课程内容在本门学科的前沿动向上
   A. 几乎不合适   B. 很不合适   C. 合适
   D. 比较合适   E. 非常合适

19. 课程内容在强调解决问题的方法上
   A. 很不满意   B. 较不满意   C. 一般
   D. 较满意   E. 很满意

20. 课程内容在强调基础知识的掌握上
   A. 很不满意   B. 较不满意   C. 一般
   D. 较满意   E. 很满意

21. 教师的教学简明易懂
   A. 非常少   B. 比较少   C. 一般
   D. 比较多   E. 非常多

22. 教师的教学目标清晰明确,教学内容清晰易懂
   A. 很不符合   B. 较不符合   C. 一般
   D. 比较符合   E. 非常符合

23. 教师的教学内容具有一定的难度(挑战性)
   A. 很不符合   B. 较不符合   C. 一般
   D. 比较符合   E. 非常符合

24. 教师经常恰如其分地应用教学素材
   A. 很不符合   B. 较不符合   C. 一般
   D. 比较符合   E. 非常符合

25. 教师在课堂教学中注重学生参与

A. 很不符合 B. 较不符合 C. 一般
D. 比较符合 E. 非常符合

26. 教师专业知识的宽度与深度
A. 很不满意 B. 不太满意 C. 一般
D. 比较满意 E. 很满意

27. 教师的学术水平及科研能力
A. 很不满意 B. 不太满意 C. 一般
D. 比较满意 E. 很满意

28. 与教师交流的机会与效果
A. 很不满意 B. 不太满意 C. 一般
D. 比较满意 E. 很满意

29. 学校文化氛围（校风、学风等）
A. 很不满意 B. 不太满意 C. 一般
D. 比较满意 E. 很满意

30. 多媒体设备教学
A. 很不满意 B. 不太满意 C. 一般
D. 比较满意 E. 很满意

31. 图书馆的馆藏资源（图书与电子期刊）
A. 很不满意 B. 不太满意 C. 一般
D. 比较满意 E. 很满意

32. 教学课件与网络资源
A. 很不满意 B. 不太满意 C. 一般
D. 比较满意 E. 很满意

33. 教材的选择
A. 很不满意 B. 不太满意 C. 一般
D. 比较满意 E. 很满意

34. 课程考试及考核方式
A. 很不好 B. 比较不好 C. 一般
D. 比较好 E. 非常好

35. 一般来说，您认为课程成绩能反映您的真实学习收获吗？
A. 很少 B. 较少 C. 一般

D. 较多 　　　　　　E. 很多

36. 一般来说，考试内容和手段能反映课程本身的学习要求吗？

A. 很少 　　　　　B. 较少 　　　　　C. 一般

D. 较多 　　　　　E. 很多

37. 您如何评价当前所在院（系）的本科教学质量？

A. 很差 　　　　　B. 比较差 　　　　C. 一般

D. 比较好 　　　　E. 很好

附录三　用人单位对毕业生职业能力评价访谈提纲（主要负责人）

一　基本信息

1. 贵公司名称：_____
2. 贵公司成立时间：_____年
3. 贵公司所属产业：_____
4. 贵公司规模：

□50 人以下　　　□50—100 人　　　□100—500 人

□500—1000 人　　□1000 人以上

5. 贵公司的所有制：

□国有　　　　　□集体　　　　　□民营

□三资企业　　　□其他

6. 贵公司近 3 年内招聘应届毕业生的平均数量：

□5 人以下　　　□5—10 人　　　□10—50 人

□50—100 人　　□100—500 人　　□500 人以上

7. 贵公司近 5 年内招聘应届毕业生的专业结构：

文科（如经济学）____%，理科（如数学）____%，工科（如电子工程）____%，其他____%。

8. 贵公司招聘毕业生最多的 3 个省份是：_____。
9. 贵公司招聘毕业生最多的 3 所大学是：_____。
10. 您的性别：□男　□女
11. 您的出生年份：_____年
12. 您到贵公司工作的年份：_____年
13. 您的职位：_____
14. 您第一学历所学专业：□文科　□理科　□工科　□其他（如果选择，请填写）_____。

二 访谈题目

1. 近 5 年来贵单位接收的大学毕业生多吗？主要是哪些专业和哪些学校的？
2. 他们来了主要从事什么工作？比如？
3. 请您对近 5 年毕业生职业能力和工作表现进行总体评价。满意度如何？
4. 您感觉他们的专业水平适合当前工作要求吗？有什么表现？如果不适合的话，有什么表现？
5. 您认为大学毕业生在高校所学的专业知识和能力与职场的需求之间的吻合程度如何？
6. 您感觉他们的文化素养适合贵单位的要求吗？有什么表现？如果不适合，有什么表现？
7. 您认为通识教育/人文素质课程对于学生职业能力培养有什么作用？您感觉他们的工作能力适合贵单位的工作要求吗？有什么表现？如果不适合，有什么表现？
8. 你感觉他们的创新意识和能力适合贵单位的工作要求吗？有什么表现？如果不适合，有什么表现？
9. 你感觉这些大学毕业生有哪些特点？最大的优点是什么？不足有哪些？
10. 贵公司近 5 年内所招聘的毕业生的优点有哪些？最需要补充的知识或提升的能力有哪些？
11. 贵公司在招聘员工尤其是应届毕业生的时候，初步的筛选标准是什么？有无纸质的招聘标准？最看重毕业生哪些方面？
12. 您是否赞同大学生在校期间就能经常到业界见习或实习？
13. 您认为大学生在校期间加强外语的学习，通过外语等级考试，对职业有多大帮助？
14. 您认为大学生所应具备的核心竞争力是什么？
15. 您觉得目前高校的课程是否能让学生在毕业后具备良好的职业技能？
16. 您认为目前高校的课程不能让学生在毕业时具备良好就业技能的

原因是什么？

17. 您认为要提高大学生的职业能力，高校应该从哪些方面着手？

18. 你认为当前的大学教育应该在哪些方面对大学生重点教育和培养？

19. 你对当前大学教育，特别是其中的课程体系有什么意见和建议？

20. 为提高学生的就业能力，您对普通高校本科课程改革有什么其他的建议？

附录四　高校本科课程体系对大学毕业生职业能力影响访谈提纲（每单位的 10 个毕业生）

1. 毕业的本科学校：_____
   毕业时间：_____
   所学专业：_____
   首次就业时间：_____
2. 在校期间的社会工作经历：_____
3. 谈谈你对工作适应性的情况；哪些地方适应？哪些地方不适应？原因是什么？
4. 大学所学课程对工作有无影响？哪些课程对工作影响最大？哪些课程影响小甚至无用？
5. 你在业务上的适应性如何？知识素养方面的适应性如何？是否达到单位的要求？能否满足单位工作需求？
6. 您现在是否具备了职场所需的知识和能力？您能胜任目前工作的能力是如何形成的？
7. 您在校期间修读过哪些类型的课程？对您的职业发展又有何作用？
8. 您所在大学开设哪些素质类（通识类）方面的课程？您认为这些课程对学生的就业力以及未来职业生涯发展空间有多大影响？
9. 您当时所在学院主要通过哪些课程来培养本科生的职业能力？
10. 您当年所在专业有哪些课程是注重学生实践能力培养的？您觉得效果如何？根据您现在工作的体会，您觉得高校应该如何来提升这类实践课程的效果？
11. 您本科同学从事的职业与专业相关的人数多吗？您所在专业毕业生求职难吗？现在许多毕业生反映学校所学专业知识难以满足工作需求，您认为难以符合的原因是什么？大学教育中对现有工作最有帮助的是什么？
12. 您认为本科生顺利就业需要哪些能力？对于学生就业来说，您认为综合素质、专业技能、实践能力和创新精神哪个更重要？你们专业那些工作找得特别好的同学有些什么突出的优势？您觉得有哪些好的方法可以提升这些能力？

  13. 您觉得现在的毕业生普遍缺乏哪类知识？他们的哪些能力普遍较弱？大学教育应该优先强化哪些方面的教育？大学最需要增设哪些课程来提高学生的就业能力？如何调整各类课程结构来增强毕业生的就业竞争力？

  14. 您认为您目前所在行业招聘毕业生时最关心的是什么？企业对大学毕业生的普遍看法怎样？您认为大学毕业生今后的就业前景如何？

  15. 您认为大学应如何通过课程改革来促进大学生职业能力的提高？您对高校的课程和课程体系、人才培养有何建议？

附录五　用人单位人力资源部门访谈提纲

1. 请您谈谈贵单位对大学毕业生的要求。
2. 招聘时重点看什么？
3. 对毕业生专业能力要求有哪些？
4. 索要招聘大学生的标准。
5. 请从不同专业岗位选出 10 名毕业 5 年以内的大学毕业生，并索要这 10 名学生在校时的成绩单（以便研究大学课程与工作适应性之间的关系）。

附录六　用人单位各部门主管访谈提纲

1. 您对大学毕业生工作适应性的总体评价，如对工作要求是否适应，人际合作、执行力如何，解决专业问题的能力、技术应用能力等，越详细越好。

2. 分别对抽出的 10 名毕业生逐一评价，包括工作适应性、工作胜任力、执行力、解决问题的能力等。重点谈谈他们的职业能力、技术、知识、素养等方面的适应性能否满足工作需求。

参考文献

一　英文部分

Alan B. Cobban, English University Life in the Middle Ages, Columbus: Ohio State University Press, 1999.

Carol H. Pazandak, Improving Undergraduate Education in Large university, San Francisco: Jossey – Bass Inc., Publishers, 1989.

Conrad C. F., The undergraduate Curriculum: A Guide to Innovation and Reform, Colorado: Westview Press, 1978.

Diamond R. M., Designing and Assessing Courses and Curricula: A Practical Guide, San Francisco: Jossey – Bass Publishers, 1998.

Hollis L. Caswell, Doak S. Campbell, Curriculum Development, Newyork: American Book Company, 1935.

Kieran Egan, Learning in Depth: A Simple Innovation That Can Transform Schooling, London, Ontario: The Althouse Press, 2010.

Lawrence Stenhouse, An Introduction to Curriculum and Development, London: Heinemann, 1975.

Oliva P. F., Developing the curriculum (4th ed.), New York: Longman, 1997.

Paul Dressel, College and University Curriculum 2nded, Berkeley: McCutchan, 1971.

Ronalde C. Doll, Curriculum Improvement: Decision Making and Process, 4thed, Boston: Allyn&Bacon. Inc, 1978.

Axelrod Joseph, Curricular Change: A Model for Analysis, Curriculum Development, 1968(3).

Dahlman Kevin A. &Geisinger Kurt F., The prevalence of measurement in undergraduate psychology curricula across the United States, Scholarship of Teaching and Learning in Psychology, 2015(1).

Halpern, P. f. and Associates, Changing College Classrooms: New Teacher and Learning Strategies for an Increasingly Complex World, San FRANCISCO: Jossey-Bass, 1994(2).

Harden R M., AMEE Guide No. 21: Curriculum mapping: a tool for transparent and authentic teaching and learning, Medical Teacher, 2001(2).

Henry F. Kaiser, An Index of Factorial Simplicity, Psychometrika, 1974(1).

Joseph J. Schwab, The Practical: Arts of Eclectic, The School Review, 1971(4).

Lupi C. S., Ward-Peterson M., Lozano J. M., The Impact of a Structured Research Scholarship Course on Evidence-Based Medicine Skills among Undergraduate Medical Students, Medical Science Educator, 2018(28).

Manuela Paechter, Brigitte Maier, Daniel Macher, Students' expectations of, and experiences in e-learning: Their relation to learning achievements and course satisfaction, Computers and Education, 2010(1).

Oxenham J., Internationalizing the undergraduate curriculum: An initiative by the International Association of University Presidents (IAUP), International Review of Education, 1982(28).

Soltis J. F., Knowledge and the Curriculum: A Review, Teachers College Record, 1979(80).

The University of California Commission on General Education, General Education in the 21st Century, Center For Studies in Higher Education, 2007(10).

Varma Roli, Changing research cultures in U.S. industry, Science, Technology&Human Values, 2000(4).

Walid El Ansari, Student nurse satisfaction levels with their course: Part 2-effects of academic variables, Nurse Education Today, 2002(2).

Warren D., Curriculum Design in a Context of Widening Participation in Higher

Education, Arts and Humanities in Higher Education, 2002(1).

BIBB, AusbildungPlus, Duales Studium in Zahlen 2016, Trends und Analysen, Bonn 2017: 6.

Deloitte Insights& Manufacturing Institute, A look ahead: How modern manufacturerscan create positive perceptions with the US public, Washington D. C. : Manufacturing Institute, 2017: 11.

National Committee of Inquiry into Higher Education, Higher Education in the Learning Society, London: HMSO, 1997: 132.

The Boyer Commission on Educating Undergraduates in the Research University, Reinventing Undergraduate Education: A Blueprint for America's Research Universities, Carnegie Foundation for the Advancement of Teaching, 1998: 9.

The Subcommittee on Advanced Manufacturing Committee on Technology of the National Science & Technology Council, Strategy for American Leadership in Advanced Manufacturing, Washington D. C. : The White House, 2018: 19.

UNESCO, Policy Paper for Change and Development in Higher Education. United NationEducation, Scientific and Cultural Organization, 1995: 13.

Word Bank (IBRD), World Development Report 201: The Changing Nature of Work, Washington D. C. : World Bank, 2018: vii.

MIT School of Engineering. Learning to learn – NEET as an Education in Ways of Thinking, http://neet.mit.edu/neet-ways-of-thinking/learning-tolearn/, 2019-04-25.

Duke University, Degree Programs, http://www.registrar.duke.edu/bulletins/Undergraduate/2003-04/degree.pdf, 2021-04-26.

Oxford University, http://www.ox.ac.uk/admissions/undergraduate/courses-listing/biology, 2019-09-09.

Hochschule Niederrhein, Dual Studieren nach dem Krefelder Modell, https://web.hs-niederrhein.de/fileadmin/dateien/FB03/Studieninteressierte/Broschuere_ Dual_ Studieren, 2018-09-15.

二 中文部分

［法］埃米尔·迪尔凯姆：《社会学方法的规则》，胡伟译，华夏出版社1999年版。

鲍威：《未完成的转型：高等教育影响力与学生发展》，教育科学出版社2014年版。

［美］伯顿·R. 克拉克：《高等教育系统》，王承绪等译，杭州大学出版社1995年版。

［美］伯顿·R. 克拉克：《探究的场所——现代大学的科研和研究生教育》，王承绪译，浙江教育出版社2001年版。

［美］德里克·博克，乔佳义编译：《美国高等教育》，北京师范学院出版社1991年版。

［美］弗兰克·H. T. 罗德斯：《创造未来：美国大学的作用》，王晓阳等译，清华大学出版社2007年版。

［日］关正夫：《日本高等教育的改革动向》，陈武元译，厦门大学出版社1991年版。

［德］汉斯—格奥尔格·伽达默尔：《真理与方法 哲学诠释学的基本特征（下）》，上海译文出版社1999年版。

［德］Hans W Prahl：《大学制度の社会史》，山本尤译，东京：法政大学出版局1988年版。

［奥］赫尔穆特·费尔伯：《术语学、知识论和知识技术》，商务印书馆2011年版。

［美］亨利·A. 吉鲁：《教师作为知识分子——迈向批判教育学》，朱红文译，教育科学出版社2008年版。

［美］克利夫顿·康拉德、劳拉·达内克：《培养探究驱动型学习者：21世纪的大学教育》，卓泽林译，上海科技教育出版社2017年版。

［美］克利福德·格尔茨：《文化的解释》，韩莉译，译林出版社1999年版。

［美］L. 迪·芬克：《创造有意义的学习经历——综合性大学课程设计原则》，胡美馨、刘颖译，浙江大学出版社2006年版。

联合国教科文组织国际教育发展委员会编：《学会生存 教育世界的今天

和明天》，华东师范大学比较教育研究所译，职工教育出版社 1989 年版。

［美］罗伯特·M. 戴尔蒙德：《课程与课程体系的设计和评价实用指南》（修订版），黄小苹译，浙江大学出版社 2006 年版。

［德］马克斯·韦伯：《社会科学方法论》，杨富斌译，华夏出版社 1999 年版。

［美］迈克尔·阿普尔：《教科书政治学》，侯定凯译，华东师范大学出版社 2005 年版。

［英］麦克·扬：《未来的课程》，谢维和译，华东师范大学出版社 2003 年版。

［美］帕克·帕尔默：《教学勇气：漫步教师心灵》，吴国珍等译，华东师范大学出版社 2005 年版。

［美］派纳等：《课程理解：历史与当代课程话语研究导论》，张华等译，教育科学出版社 2003 年版。

［美］齐格蒙特·鲍曼：《个体化社会》，范祥涛译，上海三联书店 2002 年版。

［美］乔治·曼宁、肯特·柯蒂斯：《领导艺术》（第二版），刘峰、郇天莹译，中国财经经济出版社 2014 年版。

［英］斯宾塞：《教育论》，胡毅译，人民教育出版社 1962 年版。

［苏］斯卡特金主编：《中学教学论　当代教学论的几个问题》，赵维贤、丁西成译，人民教育出版社 1985 年版。

［美］约翰·S. 布鲁贝克：《高等教育哲学》，王承绪等译，浙江教育出版社 2002 年版。

［美］约翰·杜威：《确定性的寻求——关于知性关系的研究》，傅统先译，上海人民出版社 2005 年版。

［英］约翰·亨利·纽曼：《大学的理想》，徐辉等译，浙江教育出版社 2001 年版。

［美］詹姆士·G. 亨德森等：《革新的课程领导》，志平等译，浙江教育出版社 2005 年版。

［美］戴维·珀金斯：《为未知而教　为未来而学》，杨彦捷译，浙江人民出版社 2015 年版。

《中国教育年鉴》编辑部编：《中国教育年鉴（1988）》，人民教育出版社1989年版。

北航高研院通识教育研究课题组：《转型中国的大学通识教育：比较、评估与展望通识教育》，浙江大学出版社2013年版。

蔡先金，宋尚桂等：《大学学分制的理论与实践》，中国海洋大学出版社2006年版。

陈兴明：《中国大学"苏联模式"课程体系的形成与变革》，社会科学文献出版社2012年版。

辞海编辑委员会编：《辞海 1979年版 缩印本》，上海辞书出版社1989年版。

董艳：《教育研究的方法与工具》，清华大学出版社2014年版。

巩建闽：《高校课程体系设计研究——兼论OBE课程研究》，高等教育出版社2017年版。

顾明远：《世界教育大事典》，江苏教育出版社2000年版。

顾明远主编：《教育大辞典 简编本》，上海教育出版社1999年版。

郭德红：《美国大学课程思想的历史演进》，中央编译出版社2007年版。

国家制造强国建设战略咨询委员会：《2017中国制造2025蓝皮书》，电子工业出版社2017年版。

郭志明：《博耶论教育》，山西人民出版社2019年版。

郝德永：《课程研制方法论》，教育科学出版社2000年版。

郝维谦、龙正中：《高等教育史》，海南出版社2000年版。

贺国庆、华筑信：《国外高等学校课程改革的动向和趋势》，河北大学出版社2000年版。

胡弼成：《大学课程体系现代化》，湖南大学出版社2007年版。

胡建华：《比较视野中的高等教育研究》，中国海洋出版社2009年版。

胡建华：《现代中国大学制度的原点：50年代初期的大学改革》，南京师范大学出版社2001年版。

胡建华：《战后日本大学史》，南京大学出版社2001年版。

华霞虹、郑时龄：《同济大学建筑设计院60年：1958—2018》，同济大学出版社2018年版。

黄福涛：《外国高等教育史》，上海教育出版社2008年版。

黄坤锦：《美国大学的通识教育　美国心灵的攀登 the climbing of the A-merican mind》，北京大学出版社 2006 年版。

黄蓉生、许增纮：《西南大学史》（第二卷），西南师范大学出版社 2016 年版。

季诚钧、付淑琼：《大学课程与教学》，上海教育出版社 2018 年版。

李曼丽：《通识教育——一种大学教育观》，清华大学出版社 1999 年版。

李兴业：《七国高等教育人才培养：法、英、德、美、日、中、新加坡人才培养模式比较》，武汉大学出版社 2004 年版。

李云梅：《工商管理本科教育课程研究：比较的视角》，中国社会科学出版社 2012 年版。

李子江：《学术自由在美国的变迁与发展》，北京师范大学出版社 2008 年版。

梁忠义：《战后日本教育研究》，江西教育出版社 1993 年版。

刘英杰：《中国教育大事典 (1949—1990)》，浙江教育出版社 1993 年版。

刘宇：《顾客满意度评价》，社会科学文献出版社 2003 年版。

龙献忠：《大学治理与大学发展》，中央编译出版社 2018 年版。

欧用生：《课程研究方法论　课程研究的社会学分析》，复文图书出版社 1984 年版。

钱为钢、杭仁童：《逻辑与方法论》，生活·读书·新知三联书店 2004 年版。

强连庆：《中美日三国高等教育比较研究》，复旦大学出版社 1995 年版。

清华大学校史研究室编：《清华大学九十年》，清华大学出版社 2001 年版。

清华大学校史研究室编：《清华大学一百年（百年校庆）》，清华大学出版社 2011 年版。

邱生：《当代世界教育改革与教育立法》，辽宁教育出版社 1989 年版。

全国十二所重点师范大学联合编写：《课程论》，教育科学出版社 2007 年版。

施良方：《课程理论：课程的基础、原理与问题》，教育科学出版社 1996 年版。

宋争辉：《高校职业能力课程开发与实施》，河南大学出版社 2008 年版。

汪丁丁：《教育是怎样变得危险起来的》，中央广播电视大学出版社 2012 年版。

汪霞等：《高校课程结构调整与大学生就业问题研究》，南京大学出版社 2013 年版。

王伯庆、陈永红主编：《2019 年中国本科生就业报告》，社会科学文献出版社 2019 年版。

王德清、欧本谷：《教育测量与评价学》，西南师范大学出版社 2000 年版。

王立人、顾建民：《国际视野中的本科应用型人才培养》，浙江大学出版社 2008 年版。

王伟军、蔡国沛：《信息分析方法与应用》，清华大学出版社 2010 年版。

王一军：《当代大学课程秩序论：在"高深学问"和"个人知识"之间》，教育科学出版社 2014 年版。

魏莱：《留学英国攻略：一个人的精彩英国》，中国旅游出版社 2012 年版。

魏姝：《政策中的制度逻辑 美国高等教育政策的制度基础》，南京大学出版社 2007 年版。

吴明隆：《结构方程模型——AMOS 的操作与应用》，重庆大学出版社 2009 年版。

吴明隆：《统计应用实务——问卷分析与应用统计》，科学出版社 2003 年版。

吴明隆：《问卷统计分析实务》，重庆大学出版社 2010 年版。

吴明隆：《问卷统计分析实务——SPSS 操作与应用》，重庆大学出版社 2010 年版。

谢安邦主编：《高等教育学》，高等教育出版社 1999 年版。

杨春梅：《英国大学课程改革与发展》，北京理工大学出版社 2006 年版。

姚启和、文辅相：《90 年代中国教育改革大潮丛书：高等教育卷》，北京师范大学出版社 2002 年版。

易红郡：《战后英国高等教育政策研究》，湖南师范大学出版社 2012 年版。

余小波：《大众化背景下的高等教育质量与保障研究》，湖南大学出版社

2013年版。

张楚廷:《高等教育哲学》,湖南教育出版社2004年版。

张圻福:《大学课程论》,江苏教育出版社1992年版。

张琦、程文新等编:《日本现代高等教育》,四川大学出版社1988年版。

张泰金:《英国的高等教育 历史·现状》,上海外语教育出版社1995年版。

钟启泉:《课程的逻辑》,华东师范大学出版社2019年版。

周海银:《学校课程管理运作过程》,山东人民出版社2009年版。

Adecco集团发布2017全球人才竞争力指数:《中国领跑金砖国家》,《国际人才交流》2017年第2期。